Vous êtes doué et vous ne le savez pas

Comment trouver sa voie et s'épanouir

Traduit de l'américain
par Agathe Fournier de Launay

*À la mémoire de mon père bien-aimé, Sam Sher,
qui a éclairé nos existences.*

Titre original :
I COULD DO ANYTHING IF I ONLY KNEW WHAT IT WAS
Publié par Delacorte Press, États-Unis

Copyright © Barbara Sher, 1994

Pour la traduction française :
© Éditions Jean-Claude Lattès, 1996.

Remerciements

Un grand merci aux nombreuses personnes qui ont donné leur temps pour lire et critiquer ce manuscrit. Il y en a trop pour les nommer toutes, mais elles se retrouveront dans ces pages. Quatre d'entre elles méritent des remerciements tout particuliers : Susan Brauser, lectrice attentive, Julie Schonfeld, grand écrivain, et son père qui lui a appris ce qu'était une vie comblée. Il est cité dans l'introduction. Judith Riven a relu le manuscrit ligne par ligne et m'a beaucoup aidée. La quatrième personne est ma merveilleuse Maman, Nettie Sher, qui, fascinée par ces pages, m'a dit une fois sa lecture terminée : « Dommage que tu n'aies pas de jumelle. »

Kris Dahl, mon agent, et Leslie Schnur, ma directrice littéraire, sont mes anges gardiens, descendus du ciel. Je les remercie pour cette grande expérience. Puissent-ils vivre longtemps et heureux !

Je souhaite surtout remercier mes clients qui ont toujours eu le courage de regarder leur vie en face pour la transformer en une vie qu'ils aimaient. Ils m'ont inspirée année après année, et, en me permettant de travailler avec eux, ils m'ont offert une vie que j'aime.

B. SHER

Merci à Jane, Elaine et à Maura Walker. En mémoire de Stella Smith.

B. SMITH

Sommaire

Préface 9
Introduction 11

1. Qu'êtes-vous censé faire ? 21
2. Comment avoir de la chance 34
3. La résistance
ou « Qu'est-ce qui, diable, vous arrête ? » 42
4. Le plan sécurité 62
5. La crainte du succès : laisser
ceux que vous aimez sur le bord du chemin 93
6. Je veux trop de choses : je suis partout à la fois 127
7. Sur la mauvaise voie à grande vitesse 150
8. Je veux quelque chose
que je ne devrais pas vouloir
parce que c'est futile ou pas digne de moi 190
9. Au secours ! Je ne suis pas encore prêt à naître 207
10. Réorganiser sa vie : une tout autre histoire 238
11. Mon grand rêve est parti en fumée :
il ne me reste plus rien 268
12. Rien ne m'intéresse jamais 291
13. En rage contre l'ordinaire 321
14. Faire diversion en s'efforçant à tout prix
d'aimer quelque chose
que l'on ne veut pas vraiment 359

Épilogue 377

Préface

Ignorer ce que vous voulez faire de votre vie n'est pas une plaisanterie : avancer sans but est douloureux. Mon premier livre intitulé *Wishcraft : How to Get What You Really Want*[1] explique que *gagner*, c'est obtenir ce que vous voulez et il montre, étape par étape, comment vous transformer en gagnant, comment vous construire une vie qui satisfera vos rêves les plus grands. À la suite de sa parution, de nombreux lecteurs m'ont appelée pour me dire : « J'ai beaucoup apprécié *Wishcraft*, mais je ne peux rien en faire parce que je n'arrive pas à me trouver de but. Je ne sais pas ce que je veux. »

Cela m'a intriguée. J'ai voulu découvrir quel était le problème. J'ai rencontré ces personnes qui ne savaient pas ce qu'elles voulaient. Je les ai laissées raconter leur histoire puis je leur ai posé des questions. *Chaque fois, et très vite, est apparue la même évidence* : elles étaient toutes la proie d'un combat intérieur et elles ne le savaient pas.

Elles ne s'étaient jamais rendu compte qu'au fond elles savaient ce qu'elles voulaient, mais que leurs désirs étaient masqués par un conflit interne. Découvrir le problème les a surprises et soulagées. Il ne restait plus qu'à mettre au point un programme pour surmonter chaque conflit, ce qui, curieusement, a été facile. En une ou deux séances, elles étaient prêtes à entrer en action !

---

1. *L'art des vœux ou comment obtenir ce que vous désirez vraiment. (N.d.T.)*

C'était merveilleux. J'ai décidé de rassembler ces découvertes et ces stratégies dans un livre.

Vous tenez ce livre entre vos mains.

Vous est-il difficile d'obtenir ce que vous voulez dans la vie parce que en fait vous ne savez pas vraiment ce que c'est ? *Je tiens à ce que vous sachiez que vous n'êtes pas seul(e) dans ce cas.* Ce problème est fréquent et il existe une solution. Vous allez vous reconnaître au fil de ces pages, peut-être même dans plusieurs chapitres, et vous apprendrez chaque fois des techniques qui vous aideront. Lisez-les tous. La plupart d'entre nous sommes des êtres complexes et l'exercice qui changera votre vie peut se trouver n'importe où dans ce livre.

Votre cheminement le long de ces pages sera stimulant, instructif, parfois un peu douloureux et souvent très amusant. Apprendre ce qui se passe en soi est difficile mais c'est aussi tonifiant et cela en vaut largement la peine.

Vous pouvez réussir, le tout c'est de savoir dans quel domaine. Vous êtes sur le point de le découvrir.

Introduction

L'objet de ce livre est de vous aider à trouver la vie dans laquelle vous vous épanouirez le mieux. Je ne parle pas ici de piscines, de châteaux ni de jets privés, à moins que ceux-ci ne soient votre vraie passion. Si vous avez choisi un livre intitulé *Vous êtes doué et vous ne le savez pas,* c'est que vous recherchez probablement plus qu'une piscine !

Vous voulez une vie que vous aimerez.

Le père d'une de mes amies disait avec justesse : « On a une vie comblée quand on se lève le matin en étant impatient de tout recommencer. »

Est-ce votre cas ? Sa vision de l'existence vous paraît-elle au contraire un paradis inaccessible ? Si vous ne sautez pas de votre lit tous les matins excité à la perspective de la journée qui vous attend, c'est que vous êtes désespérément en quête d'un but qui vous ferait éprouver ce sentiment. Vous mourez d'envie d'avoir un travail passionnant qui vous fera bouillonner d'énergie. Vous recherchez le domaine où vous pourrez laisser votre empreinte. Albert Schweitzer a trouvé le sien, tout comme Golda Meir, ou votre jeune voisin qui joue de la guitare du matin au soir.

Ils savaient vivre. Ils croyaient en ce qu'ils faisaient de tout leur cœur. Ils *savaient* que leur travail était important. Lorsque vous côtoyez des personnes qui suivent leurs inclinations, vous pouvez lire la passion sur leur visage.

La vie est bien trop courte pour vivre sans but.

Au début des années 80, deux psychologues de l'université de Harvard ont mené une enquête sur les personnes qui se disaient heureuses. Qu'avaient-elles en commun ? L'argent ? La réussite ? La santé ? L'amour ?

Rien de tout cela.

Elles n'avaient que deux choses en commun : elles savaient exactement ce qu'elles voulaient, et elles avaient le sentiment qu'elles étaient en voie de l'obtenir.

Voilà ce qui rend la vie passionnante : quand vous avez un but, quand vous foncez pour obtenir ce que vous aimez.

Je dis bien *aimer*.

Je ne parle pas ici de vos compétences. *Elles ne m'intéressent pas vraiment*. Lorsque j'étais seule avec deux bébés, vous savez quelles étaient mes compétences ? Je savais faire le ménage comme une vraie tornade, je savais attraper un bus au vol les bras chargés de linge, de courses et d'enfants, et froisser un billet d'un dollar jusqu'à ce que l'effigie de George Washington implore ma pitié.

Je ne veux pas d'un métier nécessitant ces aptitudes, merci bien !

Je ne pense pas que l'on soit heureux quand on fait ce que l'on *sait* faire ; non, on l'est quand on fait ce que l'on *veut* faire. Je ne crois même pas que vos talents les plus importants se retrouvent nécessairement dans vos compétences. Nous sommes tous bons dans des domaines qui ne nous passionnent pas. *Et nous avons tous des talents que nous n'avons jamais utilisés.*

Compter sur vos aptitudes pour qu'elles vous guident dans la vie est tout simplement inacceptable. Voilà pourquoi je n'ai aucunement l'intention de vous proposer des bilans de compétences ou des tests psychologiques pour découvrir ce que vous devriez être en train de faire.

Moi, je *sais* ce que vous devriez être en train de faire : ce que vous aimez.

Ce que vous aimez égale ce pour quoi vous êtes doué. Seule la passion vous procurera l'énergie nécessaire pour vous accrocher à une chose jusqu'à ce que vous ayez développé votre don. C'est comme ça que de grands projets se réalisent dans ce monde, grâce à des gens qui ne sont pas différents de vous et moi, mais qui savent ce qu'ils veulent et investissent tout ce qu'ils ont pour l'obtenir.

Si vous ne savez pas ce que vous voulez, impossible pour vous de quitter les starting-blocks ! C'est décourageant. Mais vous n'êtes pas seul. Des chiffres récents montrent que 98 % des Américains ne sont pas heureux dans leur travail. Ce ne sont pas uniquement les considérations financières qui les retiennent là où ils sont ; ils ne savent tout simplement pas quoi faire d'autre. Ce que vous croyiez être votre petit cauchemar personnel apparaît en fait terriblement fréquent.

J'ai une surprise pour vous.

Vous *savez* ce que vous voulez.

Tout le monde le sait. C'est pourquoi vous êtes si fébrile lorsque vous ne trouvez pas la bonne voie. Vous sentez qu'il y a un travail particulier que vous êtes censé faire. Et vous avez raison. Einstein éprouvait le besoin de formuler des théories en physique, Harriet Tubman de guider les gens vers la liberté et vous, vous avez besoin de suivre *vos* propres aspirations. Comme le disait Vartan Gregorian : « L'univers n'est pas près de revoir quelqu'un comme vous. » Chacun de nous est unique. Chaque personne a une façon totalement originale de considérer le monde, et l'originalité a *toujours* besoin de s'exprimer.

Mais nombre d'entre nous sont bloqués. Chaque fois que nous décidons de changer de vie, chaque fois que nous prenons le témoin et que nous nous lançons dans la course, quelque chose se produit. Pour une raison inconnue, notre détermination s'évanouit. Nous regardons le témoin en pensant « Qu'est-ce que je fais ici ? »

Et nous le laissons tomber, mal à l'aise parce que le temps passe, et inquiets en songeant que nous ne trouverons *jamais* la solution.

Il y a deux raisons à cela.

Il est d'abord difficile de savoir ce que nous voulons parce que l'éventail de nos choix est très vaste. Il n'en a pas toujours été ainsi. Nos parents, nos grands-parents avaient moins d'options et leurs buts étaient plus précis. C'est un tribut au succès de notre culture que tant d'entre nous ont la liberté de choisir leur vie professionnelle.

La liberté est magnifique. Mais elle nous tourmente aussi parce qu'elle exige que nous créions nos propres buts.

Savez-vous que les gens sont moins déprimés en période de guerre qu'en temps de paix ? Pendant la guerre, tout est important. On sait exactement ce que l'on doit accomplir chaque jour. On a peur, mais la lutte pour la survie est en soi un but qui donne de l'énergie. Pas de temps à perdre à se demander ce que l'on vaut et ce que l'on est censé faire de son existence. On essaie juste de survivre, de sauver les siens, d'aider ses voisins. Nous aimons regarder des films dans lesquels la vie des personnages est en péril parce que chaque geste est chargé de sens.

Quand nous n'avons pas à affronter des urgences, nous devons nous *créer* des buts porteurs de sens. Vous le pouvez si vous savez quel est votre rêve. Ce phénomène est très récent : nos ancêtres laissaient la nécessité leur imposer un but dans la vie. Aujourd'hui, ce sont nos rêves qui nous permettent d'imaginer celui-ci. Et nous manquons encore d'entraînement !

La seconde raison est que quelque chose en vous vous empêche de savoir ce que vous voulez. Vos rêves sont obscurcis par un conflit interne. Il n'est pas aussi facile que vous pourriez le croire de mettre le doigt dessus. Ces conflits sont souvent déguisés en reproches dirigés contre soi comme : « Je n'ai peut-être aucun don », « Je suis trop paresseux » ou : « Si j'avais été plus intelligent, j'aurais tiré meilleur parti de ma vie. »

S'il y a bien une chose que je veux que vous reteniez, c'est qu'aucune de ces affirmations n'est vraie.

Le premier objet de ce livre est de mettre en lumière votre conflit interne pour que vous puissiez le cerner. Dès que vous verrez ce qui se dressait sur votre passage, vous saurez exactement pourquoi vous ne vous êtes pas fait la vie que vous vouliez. Vous cesserez de vous accabler de reproches. Vous comprendrez que vous n'avez pas pu avancer pour *une raison bien particulière.*

Notre société se repaît de réponses toutes faites, bien simplistes et culpabilisantes du genre « Quand on veut, on peut » ou « Si on se saborde, c'est que l'on manque de caractère ». Personne, pourtant, ne se pose cette question évidente : « Qui pourrait bien avoir envie de se faire du mal sciemment ? » Il faut être curieux pour trouver une réponse à cette question, et ceux qui passent leur temps à juger les autres manquent toujours de curiosité.

Au cours des prochains chapitres, nous allons balayer tous ces reproches et les remplacer par une curiosité honnête et déculpabilisante. La curiosité sincère suscite mon respect, pas l'hypocrisie bien-pensante. Les réponses qui nous aident à résoudre nos problèmes seront toujours celles qui ne nous culpabiliseront pas. *Elles partent du principe qu'il y a une bonne raison à tout*. Il y a sûrement une bonne raison qui explique que vous ayez perdu le nord et ce livre va vous aider à le retrouver.

En attendant, rappelez-vous que vous n'êtes ni paresseux, ni stupide, ni trouillard. Même les programmes de développement personnel, bien qu'utiles par ailleurs, sont la plupart du temps culpabilisants. Ils sont souvent fondés sur l'idée que vous n'avez pas ce que vous voulez parce que vous n'avez pas acquis la bonne façon de penser. Ils considèrent que vous devez être « soigné » avant de pouvoir l'obtenir.

Oubliez tout cela.

Vous n'avez pas besoin de devenir une personne meilleure ou de changer d'attitude. Vous êtes très bien comme vous êtes. En fait, le plus intelligent est d'aller de l'avant et d'obtenir ce que vous souhaitez *avant* d'essayer de vous améliorer. Vous mettre en route fera des miracles sur votre « mauvaise » attitude !

Je n'ai nullement l'intention de vous duper en vous disant : « Tenez-vous debout, bien droit, et soyez une personne différente ! » La vie n'est pas aussi simple, et prendre ses désirs pour des réalités n'arrangera rien. Je ne pense pas davantage que l'on puisse résoudre ses problèmes par la pensée positive. Trafiquer vos pensées et vous persuader que vous ressentez autre chose que ce que vous éprouvez réellement ne vous mènera pas bien loin. La visualisation créatrice a aussi ses limites. J'ai rencontré de nombreuses personnes incapables de visualiser et d'autres qui se sentaient en conflit rien qu'en *imaginant* ce qu'elles aimaient. Quant à « créer sa propre réalité », cela *semble* tentant mais le revers de la médaille est que vous risquez de vous culpabiliser si les choses vont de travers. C'est injuste. Vous n'êtes pas tout-puissant. Vous ne pouvez donc pas être responsable de tout, et d'ailleurs vous n'en avez pas besoin.

Vous *devez* en revanche comprendre pourquoi vous ne savez pas ce que vous voulez. Lorsque vous commencerez à entrevoir les raisons sous-jacentes à votre confusion, vous pourrez entreprendre d'y remédier.

Le deuxième objectif de ce livre est de vous montrer comment. Chaque chapitre comprend des outils et des stratégies destinés à vous aider à vous sortir de vos conflits internes toutes les fois que cela sera nécessaire, maintenant et dans l'avenir.

Les trois premiers chapitres sont pour *tout le monde*. Ils vous permettront de mieux cerner votre conflit interne. Quand vous aurez une idée de la nature de celui-ci, vous pourrez passer au chapitre qui vous fournira des stratégies pour surmonter ce type de conflit.

Il n'est pas difficile de découvrir autour de quoi il tourne. Dès que vous tendrez l'oreille pour l'entendre, vous verrez que les conflits internes sont très bruyants ! Une voix s'élève pour que vous obteniez ce que vous voulez tandis que son opposée est déterminée à vous en empêcher. Il ne vous reste plus qu'à écouter attentivement la voix la plus forte : elle vous conduira tout droit aux stratégies qui pourront vous aider.

Est-ce que cette voix vous dit quelque chose du style : « *Il faudrait que je démissionne pour obtenir ce que je veux réellement, et je ne le peux pas car je n'aurais plus rien à bouffer* » ? Si oui, rendez-vous chapitre 4 : « Le plan sécurité », où vous découvrirez les risques considérables que vous courez lorsque vous refusez l'aventure !

Est-ce que cette voix vous dit : « *Chaque fois que j'essaie d'obtenir ce que je veux, je laisse tout tomber sans savoir pourquoi* » ? Lisez alors le chapitre 5 : « La crainte du succès : laisser ceux que vous aimez sur le bord du chemin. »

Si cette voix vous dit : « *Je veux faire tant de choses que je n'arriverai jamais à me décider* », vous verrez, au chapitre 6, comment tout avoir. (Vous apprendrez aussi à vous focaliser sur une seule chose si c'est ce que vous souhaitez au fond de vous-même.)

Et si vous réussissez merveilleusement aux yeux des autres, si votre carrière est fulgurante mais que vous ne soyez pas heureux ? Est-ce que votre voix vous dit : « *Comment tourner le dos à la réussite ? De quoi vivrais-je ?* » Passez à nouveau en revue vos options. Lisez le chapitre 7 : « Sur la mauvaise voie à grande vitesse ».

Si vous pensez savoir ce que vous voulez et si votre voix vous dit : « *Je veux quelque chose que je ne devrais pas vouloir parce que c'est futile ou pas digne de moi* », lisez le chapitre 8. Vous avez peut-être ce que j'appelle

« un problème tribal » avec votre famille, vos amis ou votre culture : vous recherchez une chose qui entre en conflit avec tout ce que l'on vous a appris.

Si vous venez de passer votre bac, de quitter l'université, ou de terminer une formation professionnelle et si votre voix vous dit : « *J'ai peur de choisir quelque chose. Je pourrais me retrouver coincé !* », choisissez le chapitre 9 : « Au secours ! Je ne suis pas encore prêt à naître ! » Vous verrez comment éviter d'être coincé et commencer à vivre.

Le chapitre 10 : « Réorganiser sa vie : une tout autre histoire » vous aidera si vous venez de vivre un grand changement, tel que la retraite ou le départ de vos enfants. Vous entendez peut-être une voix qui vous dit : « *Je n'ai pas la moindre idée de ce que je vais faire maintenant.* »

Si votre voix vous dit : « *À quoi bon ? Je serai déçu(e) de toute façon. Rien ne remplacera jamais ce que j'ai perdu* », rendez-vous chapitre 11 : « Mon grand rêve est parti en fumée : il ne me reste plus rien. » Vous y découvrirez que la vie vaut encore la peine d'être vécue.

Si votre voix vous dit : « *J'ai essayé tant de choses mais rien ne me dit rien* », lisez le chapitre 12 : « Rien ne m'intéresse jamais. » Votre désir est probablement en panne.

Si votre voix vous dit : « *Ce n'est pas ma faute si je ne fais pas ce que je veux : personne ne me donne jamais ma chance !* », lisez le chapitre 13 : « En rage contre l'ordinaire. »

Et si vous entendez une voix vous dire : « *Je cours après quelque chose mais le cœur n'y est pas et j'ignore pourquoi* », votre situation n'est pas aussi mystérieuse que vous le croyez. Lisez le chapitre 14 : « Faire diversion en s'efforçant à tout prix d'aimer quelque chose que l'on ne veut pas vraiment. » Vous découvrirez peut-être que vous voulez *réellement* quelque chose que vous êtes en train d'essayer de laisser tomber.

Si vous « n'entendez » aucune voix porte-parole de votre conflit pour l'instant, ne vous inquiétez pas. Vous en aurez des nouvelles avant la fin du troisième chapitre. Je vous le garantis.

Faire carrière dans les années 90

Lorsque vous aurez découvert votre voie, vous serez à l'orée d'un changement historique majeur. Dans notre société industrielle de la fin du xxe siècle, chacun d'entre nous, qu'il le veuille ou non, va devoir déterminer quel genre de travail et de vie il souhaite avoir.

Autrefois, les étudiants choisissaient la voie du moindre effort en s'engageant dans la banque ou dans des études de droit, et considéraient que c'était là leur seul plan de carrière. Ce temps est révolu. D'après des enquêtes, ceux qui sortent aujourd'hui de l'université peuvent s'attendre à occuper entre dix et douze emplois différents, et à changer de domaine d'activité trois à cinq fois dans leur vie : chacun aura une deuxième vie professionnelle. Et peut-être davantage.

Les entreprises continuent à licencier pour des raisons qui ne tiennent pas uniquement à la crise actuelle. Nous entrons dans une nouvelle ère sur le plan économique. La concurrence oblige les sociétés à être plus petites et plus inhumaines. Leur effectif est le tiers de ce qu'il était auparavant et il ne s'accroîtra probablement jamais. Les petits cadres n'existent plus. Les secrétaires sont remplacées par la technologie. Les vingts meilleurs élèves des écoles de commerce ou de l'université sont peut-être sollicités, quant aux autres, ils doivent se débrouiller seuls.

La tendance future est claire : nous allons devenir une nation d'experts – consultants et entrepreneurs –, beaucoup d'entre nous travailleront à domicile, au coup par coup, en fonction de leurs compétences particulières.

Et qui va briller au cours de tous ces changements culturels ? Celui qui sera disposé à transformer ce qu'il aime en une niche où il pourra exceller. *Nous n'avons jamais eu tant besoin de cerner ce pour quoi nous sommes doués.*

Alors en route ! Voyons pourquoi vous ne savez pas ce que vous voulez et réfléchissons à ce que nous pouvons faire pour y remédier.

1

Qu'êtes-vous censé faire ?

Qu'êtes-vous censé faire de votre vie ?

Voilà une question intéressante, non ? Car même si vous ne savez pas exactement ce que vous *voulez* faire, vous savez probablement très bien ce que l'*on attend de vous*.

J'étais censée être mère au foyer et habiter à côté de chez mes parents.

Toutes les personnes que j'ai interrogées avaient une réponse à cette question :

« J'étais censé travailler aux côtés de mon père à l'imprimerie. »

« J'étais censée épouser un homme issu d'une famille riche et établie, et élever cinq petits génies dans une demeure près de la mer. »

« Mon père voulait que je devienne associé dans un grand cabinet d'avocats à Wall Street, ou président d'une grosse banque ou d'une grande entreprise – en tout cas *quelque chose* de gros. »

« Je n'étais pas censé dépasser mes frères. »

« J'étais censé accomplir *quelque chose* de spécial mais je n'arrivais jamais à savoir quoi. »

Quelque chose au fond de nous nous murmure ce que l'on attend de nous. Il se peut que nous ne formulions pas ce message à voix haute, que nous nous rebellions contre lui, ou que nous refusions de nous y plier. Mais nous savons toujours, quelque part, de quoi il retourne. Et ce message exerce un pouvoir colossal sur la manière dont nous menons notre vie.

Et vous ? Qu'êtes-vous censé faire ? Vous êtes peut-être de ceux qui ont eu la chance, comme Picasso, de savoir qu'ils étaient nés pour peindre. Le message silencieux que vous percevez peut provenir du plus profond de votre âme ou être un leurre.

Et *si c'est* un leurre, et si vous n'avez aucune idée de ce que vous voulez réellement faire, il peut vous être pénible de voir tous les Picasso de ce monde aller leur petit bonhomme de chemin. Vous vous demandez alors : « Pourquoi ai-je été si malchanceux ? »

Nous avons tous été élevés dans des familles, des communautés, et même des cultures, qui nous ont bombardés de messages nous disant ce qu'*elles* voulaient que nous fassions. Ils sont parfois clairs comme de l'eau de roche : « Marie-toi », « Gagne beaucoup d'argent », « Achète un appartement. » D'autres fois, ces messages sont plus feutrés : *ils se glissent furtivement*. Puis ils s'installent. Ils n'apparaissent jamais là où nous pourrions les examiner pour décider de les chasser, ou de les adopter ouvertement.

Nous avons généralement oublié quand et comment nous avons reçu ces injonctions, tout comme nous avons oublié quand et comment nous avons appris à manger avec une fourchette, ou à ne plus faire pipi au lit. Quels que soient le moment et la manière dont ces messages nous sont parvenus, ils sont désormais en nous et nous les écoutons quasiment sans réfléchir. Certains d'entre nous leur obéissent, d'autres se rebellent, mais nous y sommes tous sensibles.

Prenez un moment pour penser à votre vie et à vos objectifs. *Votre vie satisfait-elle toutes les attentes ?*

J'étais censée habiter à côté de chez mes parents, tout en étant une journaliste-espionne internationale voyageant sans cesse dans un luxe inouï et en danger perpétuel. J'ai toujours eu du mal à remplir ce programme de vie époustouflant. D'abord, c'est impossible. Ensuite ce n'est pas ce que je veux. Je suis plus aventureuse que casanière mais moins téméraire qu'un espion.

Mais comme vous, j'ai été bombardée d'idées sur le bien et le mal et je voulais faire ce qui était bien. Quoiqu'il ait été impossible de remplir toutes les exigences que l'on m'avait formulées, je me suis échinée pendant des années à essayer de trouver un moyen de toutes les satisfaire.

Les idées que nous recevons peuvent être en contradiction les unes avec les autres et contraires à nos intérêts, mais elles font partie de notre premier petit univers. *Elles s'infiltrent profondément.* Les enfants sont influencés de toute façon, même si leurs parents ne souhaitent pas consciemment qu'il en soit ainsi. Ils apprennent vite et captent des messages même s'ils ne sont pas formulés oralement.

Et chaque message que nous recevons – évident ou invisible – s'incruste au fond de nous, là où il peut demeurer tranquillement sans être remis en question et saper notre bonheur tout au long de notre vie d'adulte. Même si vous avez le sentiment de savoir ce que vous voulez et si vous vous investissez dans un travail qui vous passionne, *vous pouvez, par exemple, éprouver l'impression désagréable que vous ne faites pas ce que vous êtes censé faire.*

Jack M. était reporter à vingt-neuf ans sur les lignes de front en Afrique du Sud aux pires moments des conflits sur l'apartheid. Il savourait chaque instant de son travail. Il m'a pourtant dit : « J'étais censé devenir médecin. Le journalisme était un pis-aller, d'une certaine façon. »

Benita B., une célibataire de trente-six ans travaillant à Wall Street et gagnant beaucoup d'argent, m'a dit : « J'étais censée *épouser* une personne ayant réussi, pas en *être* une moi-même. »

Susan C., quarante-sept ans, auteur d'un roman ayant remporté un succès d'estime, m'a confié : « J'étais censée devenir une très belle femme. Pas une intellectuelle. Je ne suis pas élégante. Vous avez en face de vous une ratée. »

Il est aisé de constater à quel point les injonctions reçues par Jack, Benita et Susan les ont blessés. Il est malheureusement moins évident de voir en quoi de telles attentes vous blessent, vous.

Pour examiner votre propre situation, essayez de vous poser cette simple question :

Qui dit quoi ?

Qui dit que vous n'êtes pas censé faire ce que vous faites ? Qui dit que vous *êtes* censé le faire ? Qui ?

Soyez précis. Si vous voulez vous libérer des contraintes qui pèsent sur vous pour découvrir ce que vous voulez réellement, vous allez devoir préciser comment ces messages vous sont parvenus, et qui les a envoyés.

Notre communauté, nos camarades de classe, peut-être même un professeur ou un entraîneur nous ont inculqué des idées. Mais pour la plupart d'entre nous, c'est avant tout, et en premier, notre famille qui nous a bombardés de messages. Si vous êtes comme la majorité des gens, les désirs de celle-ci se manifestent sans cesse dans un coin de votre tête – encore aujourd'hui – à tel point que vous avez créé un monologue interne interminable pour leur faire face : « Cela leur montrera bien » ou : « Ils vont adorer cela » ou : « Ils ne doivent pas être contents de ce que je fais. Je devrais leur téléphoner pour leur dire un petit bonjour. » Les souhaits de votre famille donnaient un sens – bon ou mauvais – à tous vos actes. *Même si vous croyiez que cela ne vous importait pas le moins du monde.*

Et *votre famille* ? *Comment* receviez-vous des messages de sa part ? Vous disait-on clairement ce que l'on attendait de vous ?

« Tu seras médecin. Tout le monde l'est dans la famille. »

« Tu dois devenir comptable et travailler dans la famille. Nous nous sommes décarcassés pour créer cette entreprise et t'envoyer à l'université. Tu as une dette envers nous. »

Ou bien étaient-ils plus subtils ? Vous disaient-ils de manière claire ce que vous n'étiez *pas* censé faire ?

John L. rêvait de devenir politicien mais son père, qui s'était toujours plaint de l'intervention du gouvernement dans ses affaires, méprisait les hommes politiques. « Les députés, disait-il, ils vous poignarderaient dans le dos pour un rien. »

Carol G. voulait être actrice. Le jour de ses quatorze ans, elle a fait part de son rêve à table et toute sa famille s'est écriée : « Tu ne t'en sortiras jamais dans ce métier. Personne n'y arrive. Laisse tomber. »

Votre famille ne vous a peut-être jamais rien dit *directement* ; elle vous faisait comprendre ses désirs en parlant d'autres personnes :

« Quel dommage que la femme de Bill gagne tellement plus que lui ! » (Cela veut dire que si vous êtes un garçon, vous avez intérêt à gagner beaucoup d'argent, et que si vous êtes une fille, c'est tout le contraire.)

« Le petit Smith avait un avenir prometteur mais c'est finalement un minable. Le petit *Jones*, lui, s'en tire à merveille : il vend et achète des immeubles et roule en Mercedes. À vingt-sept ans ! » (Ce que l'on attend de vous est clair !)

Votre famille ne vous a peut-être rien dit. Les messages que vous receviez de sa part étaient implicites.

Vous « sentiez » ce que l'on attendait de vous.

De nombreux parents disent : « Fais ce que tu veux du moment que tu es heureux. » Si vous appartenez à une famille qui le pense *réellement* (une sur mille !), alors je vous envie. Vous n'êtes en effet pas en proie aux conflits internes qui sont le lot de la plupart d'entre nous quand vous vous mettez en quête de la carrière de vos rêves. (Si vous vous demandez encore si vous appartenez à une de ces familles rarissimes, dites simplement à vos parents que vous êtes heureux[se] d'être strip-teaseur[se] ou que vous allez arrêter vos études de médecine et vous serez rapidement fixé[e].)

Maintenant que vous savez *comment* vous avez eu vent des souhaits de votre famille, demandez-vous : « *Que* voulaient-ils de moi ? »

Exercice 1 : Que voulaient-ils de moi ?

Prenez une feuille de papier et inscrivez le nom de tous les membres de votre famille proche et éloignée. Écrivez également celui de toutes les personnes importantes pour vous dans votre enfance : professeurs, entraîneurs, voisins, cousins, amis plus âgés.

En dessous du nom de chacune de ces personnes, écrivez ce qu'elle voulait que vous fassiez de votre vie. Si vous avez fondé une famille, vous pouvez donner du piquant à cet exercice en l'incluant aussi. Allez-y, rédigez une longue liste comprenant tous ceux qui partagent et partageaient votre vie.

Qu'attendent/attendaient-ils de vous ?

Ne réfléchissez pas trop. Notez votre première impression. Vous pensez peut-être que vous avez mal interprété ce que ces personnes vous ont dit et qu'en réalité elles ne vous ont pas dit ce que vous, vous avez compris. Peu importe. *Ce qui compte avec les messages internes n'est pas la réalité mais ce que l'on comprend des informations transmises.* Vos erreurs d'interprétation vous ont tout autant influencé que vos bonnes intuitions.

Réfléchissez. Qu'attendait de vous chacune d'entre elles ?

Bon. Regardez vos réponses maintenant.

Il y a des chances pour que votre feuille de papier ressemble à cela :

MA FAMILLE VOULAIT QUE JE...

MAMAN : sois une personne respectable et prudente, en deux mots : un avocat.
PAPA : sois audacieux et que j'aime la compétition : un financier.
BENNY : sois un héros.
KAREN : sois invisible, que l'on ne s'occupe pas autant de moi.
GRAND-MÈRE : lui tienne toujours compagnie.

Vous avez peut-être commencé à rédiger votre liste et vous vous êtes soudain rendu compte d'un grand nombre de choses tout comme George J.

Voici sa liste :

PAPA : Il se foutait royalement de moi, mais l'opéra était sa passion. Alors j'ai senti que je devais faire quelque chose ayant un rapport avec l'opéra. J'ai épousé une chanteuse d'opéra et il m'a finalement accepté. Ma femme et moi étions mal assortis et très malheureux. Elle voulait me quitter mais j'étais terrifié à cette idée. Je n'avais jamais vu le lien entre tout cela.

MAMAN : Elle essayait toujours de calmer le jeu à la maison. Papa était silencieux et irritable. Maman voulait que tout *paraisse* calme et normal. J'ai dû sentir que je devais aussi faire en sorte que tout paraisse calme et normal parce que j'ai accepté ce boulot de cadre très convenable bien que je le déteste. Voilà, la vie est bien tranquille. Et ennuyeuse comme la pluie.

Jetez à nouveau un coup d'œil à votre liste et vous verrez autre chose de très intéressant. Si vous êtes comme la plupart d'entre nous, vous remarquerez des contradictions entre toutes ces injonctions : vous avez reçu *plus d'un* message et certains *sont probablement en complète opposition*. Vous vous rappelez que je devais rester à la maison *tout en étant* journaliste-espion ? Il y a fort à parier que personne dans votre entourage n'attendait exactement la même chose de vous. Et de plus, il y a des chances pour qu'un membre de votre famille ait eu des attentes tellement chargées de conflits internes que vous n'avez jamais très bien compris de quoi il retournait.

Voici un exemple : la mère de Lois M. *disait* qu'elle souhaitait que sa fille soit très aimée et même célèbre. Pourtant lorsque celle-ci était adolescente, sa mère la priait de ne pas trop attirer l'attention. Comment devient-on célèbre sans attirer l'attention ?

Bill R. a aussi reçu des messages contradictoires : « Je devais me marier et fonder ma propre famille *tout en restant* auprès de mes parents pour toujours. » *Où* Bill était-il censé installer sa famille ? Dans le salon de ses parents ?

Ces messages nous mettent dans une situation impossible. Nous sommes censés foncer et accomplir des choses que l'on nous a dit de ne jamais faire. Ou dont nous sommes incapables. Et pendant ce temps-là, nous ne nous occupons pas d'une chose fondamentale : celle qui consiste à développer nos dons singuliers. Les enfants ont deux tâches considérables à mener à bien : découvrir ce que les autres veulent qu'ils fassent, et ce qu'ils veulent, *eux. Quand la première nous empêche d'accomplir la seconde, nous sommes perdus.*

Pas étonnant que nous ne sachions pas ce que nous attendons de la vie !

Nos familles nous aiment du mieux qu'elles le peuvent, croyez-moi. Mais on ne leur a pas appris à *écouter* les enfants, on leur a appris à les *dresser*. Si nos parents ne nous écoutent pas, il y a peu de chances qu'ils découvrent – et encore moins qu'ils respectent – nos aspirations. *Et ces aspirations sont ce que nous sommes.*

Un parfait étranger les respecterait davantage que notre propre famille. Vous ne me croyez pas ? Faites le test suivant la prochaine fois que vous vous trouverez au milieu d'inconnus. Dites-leur l'idée la plus saugrenue qui vous passera par la tête, par exemple, que vous rêvez d'élever des dalmatiens dans l'Himalaya mais que vous ne connaissez personne au Tibet. Vous observerez leur intérêt croître. Ils essaieront même de résoudre votre problème !

L'intérêt est la forme la plus sincère du respect.

Vous n'aimez pas particulièrement ces inconnus, et c'est réciproque, mais nous sommes tous fascinés par les rêves des autres. Parce que c'est le propre de la nature humaine, nous sommes intrigués par toute nouvelle idée, à moins que des raisons personnelles ne nous en empêchent. Nos familles ont de nombreuses raisons, mais un inconnu est une âme « pure ». Il est possible qu'un inconnu sur vingt réagisse négativement pour des raisons qui lui appartiennent, mais vous verrez que les dix-neuf autres vous diront quelque chose comme : « Génial ! Mon cousin élève des chiens ! » ou : « Ma voisine est allée au Népal ! Est-ce que tu veux la rencontrer pour en parler ? »

Maintenant, pour achever la comparaison, rentrez chez vous et faites part à votre famille du même genre d'idées fantasques :

« Je vais démissionner de mon poste de P.-D.G. d'IBM pour m'engager dans l'équipage d'un bateau qui pêche au large de Saint-Pierre et Miquelon. »

« Je vais quitter mon bateau de pêche et devenir président d'IBM. »

Quelle tête ont-ils faite ? Se sont-ils précipités pour vous dissuader de votre « folie » avant ou après avoir laissé tomber leur fourchette ?

« Minute papillon, me dites-vous. Est-ce une nouvelle attaque en règle de la famille, parce que j'en ai assez ? Ma famille n'était pas pire qu'une autre, et puis tout cela, c'est du passé. »

29

Je crois que votre famille *était* probablement aussi bonne qu'une autre. Et un jour, même si nous nous mettons très en colère, il faudra bien que nous lui pardonnions et que nous prenions de la distance sinon nous ne pourrons jamais aller de l'avant, être nous-mêmes et libres.

Mais il n'y a pas de raccourci pour le pardon. Si vous pardonnez le passé avant de l'avoir vraiment regardé en face, *vous risquez de vous accuser de tout ce qui vous est arrivé.* Vous ne pourrez pas avancer d'un centimètre en direction de votre but si vous vous flagellez. Vous devez cesser de vous culpabiliser, prendre votre courage à deux mains, oublier que vous allez encore attaquer la famille et repérer la source de toutes les injonctions que vous avez reçues. Si vous y réfléchissez vraiment, vous vous apercevrez que votre problème existe depuis *longtemps,* ce qui signifie qu'il plonge ses racines dans l'enfance.

Comment notre famille peut-elle nous faire du mal alors qu'elle nous aime ? Trop facilement. La plupart d'entre nous oublient un point important quand ils croient que l'amour suffit : *l'amour et le respect ne sont pas la même chose.*

L'amour, c'est la *fusion.* Un bébé appartient à ses parents, c'est un prolongement d'eux-mêmes. La fusion est importante pour la survie du nourrisson. Le respect, c'est la *différenciation.* Vous vous appartenez et vous n'êtes le prolongement de *personne. Cette différenciation est essentielle au bonheur des adultes.*

Relisez soigneusement votre liste. Vous avez tous ces messages en tête, O.K. ? Maintenant, dites-moi où est le message qui vous dit de vous réaliser vous-même ? Qui a insisté pour que vous découvriez à tout prix votre vrai moi ? Très peu d'entre nous trouvent ce message sur leur liste. Malgré tout l'amour qu'elles nous portent, nos familles nous disent rarement : « Nous te respectons, nous savons que tu es unique et que tu souhaites découvrir ce que tu veux faire dans la vie. Fonce et pars à la recherche de ce dont tu as besoin. Nous sommes là. »

Nos parents ont leurs propres rêves, et *ce sont ces rêves qu'ils essaient de nous pousser à réaliser, pas les nôtres*. Ils voient déjà leurs fils parvenus au sommet, leurs filles, belles et riches, des enfants établis et puissants. Peu de parents ont la possibilité et la tranquillité d'esprit nécessaires pour comprendre que la chose la plus sensée qu'un enfant puisse faire est de découvrir puis de poursuivre ses propres aspirations.

Tant que vous vivrez en fonction des messages de votre famille, ce sera un peu comme si vous passiez votre existence habillé en garçon d'honneur au mariage de quelqu'un d'autre. Il est très rare que les rêves d'une autre personne nous aillent, mais les vôtres vous iront toujours comme un gant. Les découvrir vaut toutes les peines du monde.

Pendant que vous vous traînez dans une vie qui ne vous réussit pas vraiment, en faisant des choses qui ne vous conviennent pas tout à fait, ne passez pas des heures à vous demander comment vous avez pu vous y prendre si mal ! *Ne vous culpabilisez pas.*

Dès que le mécanisme des messages familiaux est pointé dans votre direction puis mis en marche, plus rien n'est votre faute. Nous avons tous pris des décisions importantes sur la manière de gérer notre vie trop tôt, au moment où, enfants, nous recevions les premiers messages et que nous y réagissions. *Puis nous avons traîné avec nous ces solutions d'enfants jusqu'à l'âge adulte où elles ne sont plus toujours adaptées.* Elles peuvent être cause de mariages désastreux ou de comportements autodestructeurs.

J'ai rencontré une femme récemment divorcée d'un homme violent. Elle m'a dit : « Je ne sais pas comment j'ai pu être aussi stupide ! J'aurais dû m'en douter. Mon père était une brute sauvage ! Je détestais cela.

Comment ai-je pu me mettre dans un pétrin pareil en épousant à mon tour une brute sauvage ? »

En essayant de survivre, voilà tout.

Elle avait appris, étant enfant, à « être bonne fille » pour que son père ne sorte pas de ses gonds. Elle a dû développer cette capacité de manière importante par la force des choses, et lorsqu'elle a cherché un mari, elle s'est tout naturellement mise dans la situation de pouvoir l'utiliser.

Mark a appris l'inverse dans son enfance. Le message émis par sa famille était : « Le monde est fou à lier et tu es tout seul. » Quatrième d'une fratrie de cinq garçons, il avait dû se battre pour ne pas se faire écraser. Il a ainsi perdu deux bons postes parce que sa réponse automatique au conflit était la colère et les cris.

« Pourquoi est-ce que je ne peux pas m'arrêter ? J'essaie d'oublier ce que j'ai appris étant enfant, mais les mots sortent de ma bouche avant que je ne m'en aperçoive », m'a-t-il confié.

Ce n'est pas en faisant comme s'ils n'existaient pas que Mark arrivera à faire disparaître les messages transmis par sa famille et sa culture. Vous et moi non plus. Nous devons prendre en compte ces messages internes lorsque nous réfléchissons à notre vie future, parce qu'ils seront du voyage, que nous le voulions ou non. Je vous montrerai plus loin comment les faire taire pour qu'ils ne couvrent pas le message que votre âme vous souffle à ce moment même :

Ce que tu dois faire est ce qui fait vibrer ton cœur.

C'est la chose la plus sensée que vous puissiez faire.

Lorsque vous ferez ce que vous *aimez* – materner, dessiner des avions, nager –, vous excellerez. Et quand vous ferez ce que vous aimez, vous durerez dans votre profession (durer est *le* facteur essentiel de la réussite).

Et si vous marchez à votre rythme, vous aurez peut-être une longueur d'avance sur la mode : voyez tous ces avocats et ces commerciaux licenciés au début des années 90. Combien d'entre eux voulaient faire autre chose dans la vie ? Combien ont été influencés par des parents qui voyaient dans la profession d'avocat sécurité et prospérité ? Certains auraient été plus en sécurité et plus prospères s'ils s'étaient mis à leur compte comme entrepreneurs ou agents du spectacle, non ?

Dans le prochain chapitre, je vais vous montrer comment partir en quête de ce que vous voulez – *avant même que vous sachiez ce que c'est*. Mais avant d'aller plus loin, je voudrais que vous élaboriez votre propre antidote contre le poison que constitue le sentiment agaçant *que vous ne faites pas ce que l'on attend de vous*.

Exercice 2 : Leur rêve impossible

Dessinez le portrait d'une personne comprenant tout ce que votre famille attendait de vous. Allez-y. Découpez des magazines pour que cela soit plus amusant puis accrochez « leur enfant parfait » au mur pour bien le voir.

Jetez un coup d'œil sur ce que vous êtes censé être.

« On attendait de moi que je sois intelligent mais ignorant de tout ce qui constitue notre monde, riche mais pas plus riche que mon pauvre papa, enveloppé de rondeurs grâce à la cuisine de maman tout en étant mince pour que je n'aie pas de crise cardiaque comme oncle Frank », raconte Joe en riant.

Anita a découpé la photo d'une cadre super-élégante, a ajouté la coiffe d'une nonne et collé le tout sur un fond représentant un village africain. Puis elle a reculé et dit : « Voilà, maintenant *tout le monde* est content. »

Reconnaissez-le : c'est impossible. Ce qu'ils veulent n'est pas réalisable. Alors laissez votre dessin là où il est pour que vous vous en souveniez, et passons à la suite.

Ce que *vous* voulez est *réalisable*.

2

Comment avoir de la chance

Lorsque nous rencontrons des personnes passionnées par leur travail, qui ont trouvé une niche parfaite, le monde nous semble alors très injuste.

Comment *ont-elles* eu une telle chance ?

Ce qu'elles ont fait, je vais vous le dire : elles se sont mises à agir et elles ont continué d'agir.

L'ampleur de votre bonne fortune dépendra de votre volonté d'agir.

Vous vous sentez probablement coincé parce que vous ne savez pas ce que vous voulez. Nous avons tous tendance à essayer de deviner avant de faire un pas, pourtant *quand on ne sait pas ce qu'on veut, il est essentiel d'agir.*

Et ce, pour quatre raisons au moins :

1. L'action vous aidera à réfléchir

L'action, en vous exposant à une foule d'expériences et donc à toutes sortes d'impressions, vous donnera de quoi réfléchir. Ce sera plus efficace que de rester assis dans votre fauteuil à peser les pour et les contre. *Toute action, même dans la mauvaise direction, apporte une information.*

2. L'action augmentera l'estime que vous vous portez

L'indécision n'est pas la seule cause de l'inaction. Il y a aussi la peur. Chaque fois que vous entreprenez quelque chose que vous appréhendez, l'estime que vous vous portez monte de quelques crans. Vous vous rendez ainsi un grand service. Même si une personne vous claque la porte au nez, refuse de répondre à votre lettre ou vocifère contre vous (le pire que vous puissiez imaginer), aucune importance ! *Surmonter sa peur est en soi un succès.* Ce succès, vous pouvez le ressentir. Vous planez sur un nuage ou vous foncez comme un bolide mais quelle que soit votre réaction, l'impression est grisante.

Chaque fois que vous abandonnez *en n'agissant pas*, l'estime que vous vous portez dégringole. Votre moral sombre également.

J'ai été formée au départ pour travailler avec d'anciens toxicomanes au sein d'un programme mis en place par la mairie. À l'aide de thérapies de groupe, nous essayions de créer une nouvelle vie pour ces personnes qui avaient réussi à se sortir de la drogue. Aucune d'elles ne possédait les capacités nécessaires pour se débrouiller dans la vie réelle. Elles ne se considéraient que comme des ex-toxicomanes.

Il leur fallait un emploi rapidement. Mais elles n'avaient pas le temps d'attendre de s'être reconstruit une image de soi suffisamment bonne pour acquérir des capacités et trouver ainsi un travail. Aussi pratiquions-nous ce que nous appelions « agir comme si ». Nous leur disions : « Habillez-vous comme si vous vous respectiez, même si ce n'est pas le cas. » « Agissez comme si vous méritiez ce job. Faites ce travail comme si vous étiez très qualifié. »

Et cela marchait. Parce que l'estime de soi vient *après* l'action, pas avant.

Très vite, ces personnes courageuses se montraient capables de choses qu'elles n'avaient jamais faites auparavant : elles accueillaient des gens, parlaient en public ou travaillaient en équipe ! Comment avaient-elles appris aussi vite ?

« Fais-le d'abord, apprends ensuite », m'a dit un jour l'une d'elles.

Voilà qui confirme ma propre expérience : l'action rehaussera l'estime que vous vous portez bien mieux que des affirmations. Se répéter que l'on est quelqu'un de bien ne marche plus à la longue. Enfin, pas pour moi. Après que j'ai expliqué à mon miroir pendant deux jours combien j'étais merveilleuse, celui-ci a commencé à se montrer sceptique. « Qui essaies-tu de berner ? » semblait-il me dire. Mon esprit n'aime pas la propagande, même si elle est bonne pour moi.

Agir « comme si » est la technique de pensée la plus efficace parce que après *avoir fait quelque chose*, vous êtes fier de vous, même si votre réalisation n'est pas parfaite.

La plupart des choses gratifiantes dans la vie – monter à bicyclette, voyager à l'étranger ou faire l'amour – commencent par l'incompétence et la gêne. *Ce qui déterminera le cours de votre existence sera avant tout votre capacité de tolérer la frustration nécessaire.* Pensez à votre adolescence. À cet âge, le moindre faux pas donne envie de ramper jusqu'à un trou pour s'y terrer. On fuit comme la peste toute situation potentiellement gênante. Rappelez-vous combien vous étiez mal à l'aise lors de vos premières sorties. Mais vous ne regrettez pas d'y être allé, non ? Si vous devenez maître ès évitements, vous ne commencerez jamais à vivre.

Mon ami Pete n'a jamais appris à monter à cheval parce que, lorsqu'il avait dix ans, il a aperçu, au manège où il prenait ses leçons, une fillette de huit ans meilleure cavalière que lui. Il est alors descendu de cheval et n'est jamais remonté. Ce n'est pas un drame, me direz-vous. Si. « Parce que c'est comme cela que j'ai vécu le reste de ma vie », m'a-t-il confié. Et une vie non vécue, c'est déjà l'enfer.

Je ne suis jamais à l'aise quand je m'apprête à partir pour donner une série de conférences. Après plusieurs mois passés sans séminaire, j'ai envie de rester chez moi tranquille, de promener mes chiens, d'acheter des croissants et d'écrire. Quand le moment d'animer un atelier approche, je deviens tendue. Je grogne et je me plains de ne pas trouver mes feutres, d'avoir à préparer mes vêtements et à sauter dans un avion aux aurores, ou de devoir porter des collants...

Mais quand je me lève devant la salle, j'éprouve quelque chose d'extraordinaire, et je suis contente d'avoir eu à le faire. Et je me sens plus forte parce que je n'ai jamais songé à annuler une conférence.

3. L'action provoque la chance

Je me suis retrouvée conseillère, conférencière et auteur d'une manière tout à fait imprévue : c'est arrivé comme ça. J'ai téléphoné à un ancien petit ami installé au loin pour me plaindre de ma vie malheureuse : il m'a alors conseillé de participer à des groupes de thérapie qui l'avaient beaucoup aidé. C'est ce que j'ai fait. Le psychiatre a apprécié ma façon d'agir et m'a engagée pour travailler avec lui. C'est ainsi que je me suis retrouvée à vivre cette vie que j'aime. Il s'est produit un faisceau de coïncidences, d'accidents heureux. C'est aussi comme cela que l'on invente les meilleures recettes et que l'on rencontre les gens les plus merveilleux : par accident.

Je crois à la planification bien qu'en vérité ce soit surtout de la science-fiction. Un programme n'est jamais qu'un vœu pieux. Même les projets commerciaux ne sont que des plans sur la comète : « Grâce à cette nouvelle couleur, nous comptons vendre 50 000 exemplaires l'année prochaine, 150 000 l'année d'après et 500 000 l'année suivante. Donc nous voulons un prêt bancaire de deux millions de dollars. »

Pas mal, non ? C'est avec des histoires comme celle-là que les gens obtiennent des prêts, et le meilleur conteur décroche les plus gros !

Il est probable que la meilleure raison pour *suivre un programme établi est que cela nous plonge dans la vraie vie*. Si vous allez à la bibliothèque, si vous téléphonez aux gens, si vous adhérez à des associations, ou si vous allez à des rendez-vous, *quelque chose pourra vous arriver*.

Essayez. Fixez-vous un but, n'importe lequel, et faites tout pour l'atteindre. Je vous garantis que votre vie va changer. *Vous ne vous retrouverez peut-être pas là où vous l'escomptiez mais il se pourrait que ce qui vous arrive soit encore mieux que prévu*. Vous aurez des opportunités que vous n'auriez jamais pu envisager parce que vous ne saviez pas qu'elles existaient.

Laissez-moi ajouter encore une chose. À chacun son type de programme. Il existe une autre forme de planification encore plus subtile que celle qui consiste à se fixer des buts et *elle marche aussi bien* : chaque fois que vous devez faire un choix, demandez-vous : « Est-ce que cela va ou non dans le sens de ce que je veux ? » Choisissez toujours l'option qui va dans votre sens. Si vous projetez de travailler dans une ferme cet été et que vous vouliez devenir urbaniste, laissez tomber la ferme. Trouvez un job en ville. C'est ce que l'on appelle suivre son inspiration, et c'est plus sage que vous ne le croyez. Participez à tout. Parlez à tout le monde. Ne vous inquiétez pas, votre but se précisera à mesure que vous puiserez des informations nouvelles. Quelle que soit la nature de votre programme, soyez attentif et adaptez votre trajectoire à ce que vous éprouvez. Que votre désir soit votre étoile du berger et vous mettrez en œuvre un projet considérable.

4. Il y a un animal en chacun de nous tous et il a un instinct qui ne le trompe pas

Parfois vos souhaits ou votre « timing » paraissent un peu bizarres, mais s'ils vous conviennent, n'en changez pas. Vous pouvez vous fier à votre instinct. L'animal au fond de nous sait à quelle vitesse aller, et quelle charge nous pouvons porter. Il nous dit des choses qui ne nous semblent pas toujours sensées, au moins au départ. C'est ce qui est arrivé à Jessie.

La quarantaine, Jessie était silencieuse et timide. Elle habitait Atlanta, en Géorgie, et dirigeait l'agence de son mari, architecte de renom. Il participait à des réunions et à des soirées pendant que Jessie s'occupait de la paperasse peu gratifiante.

Jessie ne savait pas quoi faire de son existence. Avec six autres personnes, elle a formé une « Équipe de Réussite » (c'est un groupe d'environ six personnes qui se rencontrent régulièrement pour permettre aux rêves de chacun de devenir réalité). Son équipe a tout fait pour l'aider à trouver quelque chose qu'elle aimerait, mais rien ne lui venait à l'esprit.

« Pourquoi ne recherches-tu pas un job qui te plairait plus ? lui demandait-on.

— Je ne sais pas, répondait-elle. Je n'en ai pas envie. »

Des mois ont passé.

Puis, un jour, Jessie est arrivée en annonçant : « Je veux faire la course de chiens de traîneaux de Bear Grease cet hiver. » (Bear Grease est un petit village du Minnesota.)

Son équipe était sidérée. « Tu en es sûre ?

— Oui, a-t-elle répondu, c'est ce que je veux faire.

— Est-ce que tu peux nous dire pourquoi ? lui ont-ils demandé.

— Je ne sais pas.

— Est-ce que tu t'y connais en courses de chiens ?

— Pas du tout. »

Cela a été la fin des questions. Ses amis étaient tellement contents pour Jessie qu'ils se sont immédiatement mis à l'œuvre pour l'aider à trouver une école, un coureur, tout pour que son rêve se réalise. Ils abordaient les personnes qui promenaient leur chien pour leur demander si elles connaissaient quelque chose aux courses de chiens de traîneaux. Jessie a ainsi appris qu'il existait un camp d'entraînement d'été. Par une chaude journée, elle est entrée dans ce camp, s'est approchée du moniteur et lui a dit : « Je veux apprendre à faire courir des chiens de traîneaux. »

Il l'a regardée. C'était une petite femme de quarante-cinq ans vêtue d'une jupe droite et de chaussures légères, aussi a-t-il décidé de la décourager. Il a attelé une meute de chiens à un traîneau sur roulettes et lui a tendu les rênes.

« Tenez, entraînez-vous un peu et voyez si cela vous plaît toujours », lui a-t-il dit. Il s'est soudain mis à crier et les chiens sont partis ventre à terre. Jessie arrivait à peine à les suivre. Elle a trébuché, glissé et elle est presque tombée la tête la première mais elle a tenu bon pendant tout le tour de piste. Après avoir repris haleine, elle a dit à l'entraîneur en souriant : « J'adore ça ! » Il a ri et a accepté de s'occuper d'elle.

L'hiver est venu et, lorsqu'il a été temps de partir pour Bear Grease, Jessie s'est rendu compte qu'elle ne connaissait personne là-bas. Elle a demandé à son moniteur si elle pouvait se recommander de lui et il lui a répondu : « Non, je ne peux pas te recommander. Tu es encore débutante et je dois sauvegarder ma réputation. »

Aussi l'Équipe de Réussite de Jessie l'a-t-elle accompagnée à l'aéroport avec des encouragements bruyants et des craintes dissimulées. Arrivée à Bear Grease, elle a découvert un petit village organisé autour d'une rue principale, recouvert de neige et envahi de coureurs expérimentés assis en groupe avec leurs chiens. Elle s'est forcée à demander à chaque équipe si celle-ci avait besoin d'aide. Quelqu'un dont l'assistant avait la grippe l'a finalement engagée.

Jessie a ainsi couru avec une meute de chiens sur une distance de cent cinquante kilomètres.

Son Équipe de Réussite était très excitée lorsqu'elle l'a appelée après la course. Quand Jessie est rentrée chez elle, c'était une femme comblée. Elle a fait part à ses amis des détails captivants de son épopée, un grand sourire aux lèvres.

« Maintenant, c'est le bonheur, lui a dit l'un d'eux.
— Ça oui, a-t-elle répondu.
— Et maintenant, tu vas encore t'entraîner ?
— Non, c'est fini. Je ne veux plus faire ça. »

Un silence perplexe s'est abattu sur ses amis, puis ils lui ont demandé : « Alors, que *veux-tu* faire désormais ? »

Jessie a répondu : « Démissionner. »

Personne n'avait imaginé qu'il faudrait que Jessie remporte un défi important pour arriver à quitter son travail peu gratifiant et se lancer dans la vie. Mais l'animal au fond d'elle-même savait cela.

Vous pouvez vous fier à votre désir.

Creusez-vous la cervelle jusqu'à ce que vous trouviez un désir, et soyez comme Jessie : ne vous demandez pas si c'est sensé ou non. Commencez à agir. Il y a un bon sens dans nos aspirations qui dépasse la pensée rationnelle. Votre désir vous indiquera la bonne direction infiniment mieux que n'importe quelle règle ou n'importe quel conseil bien intentionné.

Vous connaissez désormais quatre bonnes raisons d'agir pour avoir enfin la chance qu'ont déjà tous ceux qui font exactement ce qu'ils souhaitent.

Ai-je réussi à vous convaincre de vous mettre en route ? Ou ressentez-vous une résistance ?

3

La résistance
ou « Qu'est-ce qui, diable, vous arrête ? »

Si vous ne savez pas ce que vous voulez, c'est que quelque chose vous empêche de le découvrir. Voilà ma conviction. Une résistance cachée vous empêche de trouver votre véritable désir et de le réaliser. La pensée positive ne suffira pas à vous faire surmonter cet obstacle invisible. Prétendre que tout va bien ne vous mènera pas très loin non plus.

Je voudrais que vous démasquiez cette résistance pour que vous puissiez ensuite imaginer comment la liquider.

Voici une chose simple qui la fera surgir au grand jour : *mettez-vous en marche vers un but qui vous tient vraiment à cœur et votre résistance bondira hors de sa cachette pour vous convaincre de ne pas bouger*. Votre résistance se manifestera pour vous persuader que les obstacles dressés entre vous et votre objectif sont insurmontables. Je vous le garantis.

Voilà ce qu'il vous reste à faire : trouvez-vous un but temporaire si attirant que votre résistance croira que vous désirez vraiment l'atteindre. Puis efforcez-vous de l'atteindre – tout de suite.

Je vous ai déjà donné quatre bonnes raisons de vous lancer dans l'action le plus tôt possible : 1) l'action vous aide à réfléchir, 2) elle rehausse l'estime que vous vous portez, 3) elle provoque la chance grâce à des données ou des opportunités nouvelles et 4) elle affûte vos instincts.

Voici la cinquième raison, et la plus importante : *si vous vous forcez à poursuivre un but en pleine période de blocage, vous activerez – et mettrez en évidence – toutes les résistances qui vous bloquent.*

Votre résistance jouera les endormies tant que vous ne la menacerez pas. Mais elle se réveillera à la minute où vous commencerez à bouger et se fera annoncer bruyamment : « Qu'est-ce que tu fais ? », « Tu vas t'attirer des ennuis », « Ce n'est pas pour toi », « C'est une idée stupide », « Tu vas échouer ».

Comment puis-je savoir qu'une résistance bloque votre désir ?

Parce que rester enlisé n'a aucun sens.

Vous savez en toute logique que vous pourriez choisir une carrière et en changer si elle ne vous convenait pas. C'est ce que pensent la plupart des gens. Alors où est le problème ? Pourquoi n'arrivez-vous pas à bouger ? C'est qu'il *y a* un vrai problème, autrement vous ne seriez pas resté dans cette position inconfortable si longtemps.

La seule conclusion sensée est que vous percevez une espèce de danger sur votre chemin. Votre résistance essaie de vous en protéger. Regardez un animal qui refuse de bouger, et vous recevrez un message infaillible : il y a un danger devant. *Les animaux ne disposent pas nécessairement des informations les plus justes et n'ont pas un jugement parfait mais quand ils restent immobiles, c'est pour une bonne raison.* C'est vrai pour nous aussi.

Lorsque vous plongerez dans l'action pour accomplir votre souhait « dangereux », toutes vos résistances commenceront à se manifester. Elles tenteront d'entraver votre cheminement en vous culpabilisant, ou en vous faisant éprouver honte, incapacité ou désespoir.

« Et ta pauvre mère ? » vous diront-elles. « Si tu réussis trop bien, tout le monde te détestera », « Tu devais être avocat ! », « Ton frère t'a dit que tu étais un(e) idiot(e) et c'est bien ce que tu es ! »

Et c'est exactement ce que nous voulons !

Nous voulons que le couvercle saute et que ces messages apparaissent, car ce n'est que lorsque vous saurez à quoi vous avez affaire que *vous pourrez élaborer une stratégie pour le vaincre.*

Alors allumons les fumigènes !

Avant cela, permettez-moi de changer apparemment de sujet et de vous entraîner dans une direction différente. Je veux vous poser des questions importantes.

UN TRAVAIL ESTIMABLE

Quelle est la véritable différence entre « travail » et « job » ? Dans les deux cas, c'est un emploi qui vous rapporte de l'argent. Mais il existe une différence réelle et vous le savez bien. Un job ne sert qu'à payer le loyer. Il n'a peut-être pas davantage de sens à vos yeux.

Mais votre vie professionnelle vaut vraiment la peine d'être vécue, elle a un sens, qu'elle vous rapporte ou non de l'argent.

Le mot « sens » est plus complexe que « job » ou même « travail ». Prenons un moment pour en parler.

Qu'est-ce qui, *selon vous*, donne un *sens* au travail ? Voulez-vous que le vôtre ait un sens comme celui de Mère Teresa avec les lépreux ? Ou comme celui d'Einstein et sa théorie de la relativité ? Allez-vous sauver l'humanité de la destruction ou créer un chef-d'œuvre ? Ou devez-vous gagner des millions de dollars ? Je ne me moque pas de vous. Je suis très sérieuse. La plupart d'entre nous éprouvent en effet le sentiment qu'un travail n'a de sens que s'il est grandiose ou s'il conduit à une renommée mondiale comme l'obtention d'une médaille olympique.

Il faut que vous découvriez quelles pensées vous viennent à l'esprit lorsque vous évoquez la phrase « un travail qui a un sens ».

Exercice 1 : « Un travail qui a un sens »

Sur une feuille de papier blanc, écrivez ce que les gens entendent selon vous par « un travail qui a un sens ». Si vous le souhaitez, citez les personnes qui ont, de votre point de vue, une vie particulièrement significative, et expliquez pourquoi. Vos impressions sont essentielles pour que nous arrivions à vous connaître.

Qu'est-ce qui rend le travail vraiment estimable ? Ne vous inquiétez pas si les sondages ou les autres ne sont pas d'accord avec vous. La question n'est pas de savoir si vous avez tort ou raison. Nous avons simplement besoin de découvrir ce que vous *pensez*. Alors jetez vos impressions sur le papier à la vitesse où elles vous viennent !

Lisez maintenant ce que vous avez écrit. Vos pensées ressemblent-elles à celles-ci ?

« Un travail qui a un sens doit apporter quelque chose au monde. Il doit aider l'humanité. »

« Pour avoir un sens, vos efforts doivent surprendre. Il faut que vous réussissiez quel que soit le domaine. »

« Je pense que les personnes ayant un travail significatif ont le feu sacré. Elles ne mangent et ne dorment plus parce qu'elles ont fait une découverte comme Christophe Colomb ou Newton, ou parce qu'elles ont eu une vision géniale comme Beethoven. »

« Je crois que le monde pense que faire de son mieux est significatif : fonder une famille, avoir une maison et un bon job. Être un pilier de la communauté. »

Si vous faites partie de ceux qui croient que ce concept de travail significatif ne leur pose aucune difficulté, qu'ils seraient ravis de trouver n'importe quoi pourvu qu'ils soient heureux, ne soyez pas si sûr de vous. *Chaque fois que vous craignez de vous retrouver coincé dans un job qui ne vous intéresse pas, vous avez affaire à ce problème de « sens ».* Je suis persuadée qu'au fond de vous vous pensez que vous devez apporter votre contribution, être reconnu, *faire quelque chose qui a de l'importance, et que sinon* vous perdez votre temps. Mais que devient cette théorie lorsque vous entendez quelqu'un dire : « Quand j'ai pénétré dans la réserve de cette librairie, remplie de revues américaines des années 1890 empilées du sol au plafond, j'ai eu l'impression que l'on m'enlevait un fardeau comme si j'étais *chez moi, alors que c'était la première fois que je mettais les pieds dans un tel endroit* ! Je savais que cette boutique intéressait probablement peu de gens mais j'ai eu le sentiment que je devais travailler là. Tout ce que j'avais été jusqu'alors et tout ce que j'avais fait prenait ainsi un sens. »

Des revues poussiéreuses ne veulent peut-être rien dire pour vous ou pour la plupart des gens. Ce n'est pas « grand », ce n'est pas un traitement du cancer ni un exploit mais je parie que *vous* aimeriez éprouver la même chose que cette personne. *Eh bien, c'est le cas.* Ce qui compte est le sens que revêt tel ou tel travail à vos yeux, alors oubliez ce que l'on vous a inculqué à ce sujet et commencez à repérer tout ce qui a un sens pour *vous*.

Le véritable sens, le *vôtre*, est aussi pur et unique que vous l'étiez enfant. Nous ignorons d'où il provient. Tout comme votre identité, il existe. Il n'a pas besoin d'être inventé, il doit simplement être découvert. Il met en relation vos dons les plus profonds avec le reste du monde. Que vous deveniez jardinier, entrepreneur, réalisateur ou médecin, lorsque vous faites le travail qui vous convient, vous vous sentez *en contact* avec votre âme et avec le monde extérieur. Le jardinier a le sentiment de créer de la beauté et révère la nature. Un entrepreneur ou un réalisateur a le sentiment d'utiliser ses meilleures aptitudes pour créer quelque chose qui enchantera le monde. Un docteur pense qu'il utilise son savoir et ses capacités de son mieux pour guérir les gens.

La première étape pour que vous trouviez un travail qui vous *convienne* consiste à comprendre le lien entre faire ce que vous *aimez* et ce qui en vaut la peine, c'est-à-dire ce qui a un *sens*.

Parce qu'il s'agit d'une unique et même chose.

Vous ne serez jamais heureux si vous ne faites que vous divertir. Je vous déconseille de choisir de longues vacances pour but de votre existence. Même si vous attendez la fin de votre trépidante vie professionnelle pour partir humer les roses, lorsque sonnera l'heure de la retraite, allez au-delà de ce que vous appréciez simplement pour rechercher ce qui revêt un véritable sens pour vous. *Lorsque quelque chose est réellement important à vos yeux, vous vous devez de l'intégrer à votre vie.*

Si votre activité ne vous intéresse pas vraiment, vous allez éprouver un sentiment de vide, même si vous vivez dans un petit paradis et que vous soyez riche et célèbre. Si vous ne vous impliquez pas dans un domaine qui vous tient réellement à cœur, vous aurez toujours l'impression d'être enfermé.

Et ce n'est pas tout.

Si vous pensez qu'il est égoïste de vous faire ainsi passer en premier, réfléchissez ! Lorsque vous aimez votre travail, *c'est un cadeau que vous offrez au reste de l'univers !* Picasso n'essayait pas d'aider qui que ce soit. Pas plus qu'Einstein quand il élaborait sa théorie de la relativité. Ils voulaient simplement faire leur métier. Celui-ci était important à leurs yeux et les absorbait complètement. Leurs efforts étaient égoïstes, en tout cas, le bien-être des autres ne leur venait pas à l'esprit quand ils travaillaient. Même les sauveteurs satisfont un désir personnel lorsqu'ils volent au secours des malades ou de la planète. Ce ne sont pas seulement de bons Samaritains, ils sont aussi à l'écoute de leurs propres urgences. Il est grand temps de démolir le mythe qui nous dit que nous devons choisir entre nous faire plaisir et faire quelque chose qui ait un sens.

L'un ne va pas sans l'autre.

Pour faire de l'excellent travail, il faut être passionné. Et dans l'amour du travail comme dans l'amour tout court, on ne compte pas. Pour avoir une vie excitante et gratifiante, il ne s'agit pas de faire ce qui est « bien » mais ce qui est bien *pour vous*. C'est à long terme la chose la plus généreuse que vous puissiez accomplir. Penser que c'est grâce au monde que vous faites ce pour quoi vous êtes doué, et que vous aimez le plus, peut être une expérience qui vous réchauffera le cœur. Cela vous donne le droit de le *faire* en vous en donnant l'obligation.

Savez-vous ce que l'on éprouve alors ? J'ai posé la question autour de moi et voici quelques réponses :

— « Cela vous comble, ça fait appel à toutes vos capacités. »

— « J'adore mon travail parce que c'est un défi permanent et que c'est toujours nouveau. »

— « Je sais que j'aime ce que je fais quand j'oublie l'heure. »

— « J'ai l'impression que c'est honnête. Un travail dur et honnête. Comme le métier de pompier ou de fermier. »

— « Lorsque j'aime mon travail, je suis le patron. Je bosse pour moi. Il faut que j'éprouve cela pour donner le meilleur de moi-même, même si je suis payé par quelqu'un d'autre. »

C'est chouette si on peut y arriver, non ?

Vous le *pouvez*. Le chemin que nous allons emprunter à partir de maintenant pourra ressembler à un détour mais il vous conduira en fin de compte au travail que vous aimerez. Alors libérez votre imagination de toute contrainte et préparez-vous à fantasmer en roue libre. Nous allons nous amuser un peu.

TROUVER UN TRAVAIL

Exercice 2 : Le job rêvé
(ou le job cauchemardesque !)

Oui, j'ai bien dit « job ». Au cours de cet exercice, nous n'aurons pas l'ambition d'aller jusqu'à trouver un travail qui ait un sens. Il comporte deux parties et peu importe celle que vous effectuerez en premier.

Partie A : Le job rêvé.

Laissez votre imagination vagabonder et offrez-vous la possibilité d'inventer « le job parfait ». Créez votre emploi du temps, vos propres attributions, l'environnement rêvé. Ne vous laissez pas arrêter par la réalité parce que c'est le Temps des Fantaisies. La seule contrainte est qu'il faut que ce soit un *job*, pas un mode de vie. Il doit donc comporter des tâches à effectuer, des horaires et une rémunération. C'est tout, maintenant vous êtes libre ! Vous pouvez décider d'être un cow-boy pendant la semaine que l'on viendrait chercher tous les week-ends en hélicoptère pour l'emmener dans une station thermale de luxe. Pendant ses vacances d'hiver, il tournerait des documentaires.

Rappelez-vous d'inclure les réponses à ces questions : quoi, où et avec qui ?

Que feriez-vous toute la journée ? De la bicyclette ou des affaires ? Crier dans un haut-parleur sur un tournage ? Dessiner ou construire, patiner ou sauver des vies ? Seriez-vous ténor dans *Boris Godounov* ? Feriez-vous un discours devant des milliers d'auditeurs sous le charme ? Ou bien seriez-vous en train de parcourir votre usine un carnet de notes à la main pour vous assurer que vos tissus sont imprimés à la perfection ?

Où exerceriez-vous ce job ? Décrivez l'environnement. Que préféreriez-vous ? Une douillette petite maison avec une cheminée ronflante, l'Antarctique, le centre de Manhattan ou une gigantesque ferme où vous feriez de l'élevage de pur-sang arabes ?

Les petits boulots ingrats et sans intérêt, vous en avez eu votre part. Maintenant laissez-vous aller. Rendez-vous dans le coin secret de votre cerveau où vous êtes une femme fatale, mère d'un champion de football ou le sauveteur de la forêt amazonienne.

N'oubliez pas de mentionner qui serait avec vous. C'est un job, alors vous devez imaginer toutes les personnes avec lesquelles vous aimeriez *travailler* : votre employeur, vos collègues, vos employés, votre associé, votre bras droit ou même votre concurrent. Voudriez-vous avoir une équipe d'assistants qui réaliseraient tous vos souhaits à la perfection et qui répareraient vos erreurs sans se plaindre ? Ou un entraîneur de génie, un mentor qui ne vous accorderait aucun répit tant que vous n'auriez pas donné le meilleur de vous-même ? Ou les collègues les plus intelligents, les plus drôles, les plus coopératifs pour travailler avec vous sur un projet ?

Cet exercice provoque généralement une explosion d'enthousiasme quand je le propose dans mes ateliers. Nous passons tellement de temps à notre travail et si peu de ce temps est gratifiant. La plupart des groupes que j'anime expriment un soulagement intense en effectuant cet exercice.

Je prends toujours plaisir à écouter leurs réponses et je pense que vous en éprouverez autant.

Adrienne, quarante-quatre ans, juriste dans une entreprise : « Je veux des caméras, un équipage de premier ordre, une ligne de crédit importante et je réaliserai un documentaire complet sur le fleuve Amazone de sa source à son estuaire. J'irai ensuite m'installer dans les montagnes péruviennes ! »

Bernice, vingt-neuf ans, écrivain free-lance : « Je veux me rendre chaque matin dans une grande entreprise. J'aurais un bureau, une secrétaire, un ordinateur et un modem, des téléphones, des tampons, des photocopieuses, des télécopieurs et plein de monde autour de moi en train de vaquer à ses occupations pendant que j'écrirais *mes romans*. Mais j'irais déjeuner avec toute la troupe et j'aurais des gens à qui parler à la cafétéria. Nous organiserions des dîners ou des sorties au ciné ensemble et des anniversaires tout le temps. »

Philip, vingt-sept ans, correcteur d'épreuves juridiques : « Je veux avoir un café sur une île grecque. Après mon travail, j'irais pêcher l'anguille avec mon associé qui serait aussi mon meilleur ami, et nous ferions cuire notre dîner sur la plage en parlant de la vie et de toutes les femmes qui nous auraient brisé le cœur. Pendant la morte saison, je m'engagerais sur un navire et je ferais le tour du monde. »

Jeannie, trente-huit ans, directrice d'une des cent plus importantes entreprises du pays : « Je suis à la tête d'un département de ma société et j'ai une équipe de cracks qui travaille avec moi. Chacun, de l'archiviste aux esprits les plus brillants, est toujours alerte, toujours de bonne humeur et ne souhaite que faire du bon boulot. Si c'était comme ça en vrai, peu m'importerait *le travail* que je ferais ! »

Louisa, trente-neuf ans, réceptionniste dans un cabinet juridique : « Je veux distribuer le courrier dans une jolie banlieue. Je veux marcher et être dehors toute la journée sans avoir à me préoccuper chaque matin des vêtements que je porterai. J'aurais une mutuelle bon marché, la sécurité de l'emploi et je quitterais mon travail à cinq heures pile tous les jours. Je serais ravie de distribuer les cartes de Noël et de la Saint-Valentin. En plus, j'aime les chiens. Ils ne me mordraient jamais ! »

Et *vous* ? Avez-vous pris plaisir à inventer *votre* job rêvé ? Ou bien n'y êtes-vous pas parvenu ?

« Vous vous êtes trompé d'adresse, m'a dit Bill, un ancien joueur de base-ball. Je ne peux pas imaginer un super-job. Si je le pouvais, je l'*aurais déjà* ! »

« Vous ne comprenez pas, m'a dit Chris, un machiniste. Rien ne m'emballe jamais vraiment. C'est ça, mon problème ! »

Est-ce que vous vous retrouvez dans les propos de Bill et de Chris ?

Faites alors la deuxième partie de l'exercice : « Le job cauchemardesque ». (Je n'ai jamais rencontré quelqu'un qui ne puisse pas le faire !)

Partie B : Créer une image négative : le job cauchemardesque.

Ne me demandez pas pourquoi, mais *chacun sait ce qu'il ne veut pas, et en détail* ! Incluez dans votre description tout ce que vous détestez dans chaque job que vous avez eu ou que vous imaginez. Si le diable en personne prenait la peine de concevoir celui qui vous rendrait malheureux à coup sûr, quel serait-il ?

Quelle fonction occuperiez-vous, *où* et *avec qui* travailleriez-vous ? Même si l'exercice du job rêvé ne vous a pas posé de difficulté, faites celui-ci pour vous amuser.

Ce genre d'exercice provoque une espèce de délectation morbide. J'ai vu des gens grimacer, plisser les yeux pendant qu'ils décrivaient par écrit chaque aspect épouvantable du job de leurs pires cauchemars... et impossible de les arrêter ! Ils voulaient toujours en rajouter ! J'aime bien faire cet exercice en groupe. Chacun stimule les autres et se voit rappeler des détails affreux qu'il aurait pu oublier ! Voici ce qui a été dit dans un des groupes que j'ai récemment animé :

Louisa dont le job rêvé était de distribuer le courrier nous a raconté : « Je suis la dame de compagnie d'une vedette de cinéma riche, terriblement gâtée et hargneuse. Je n'ai aucun temps libre parce qu'elle m'appelle à n'importe quelle heure du jour ou de la nuit. Je dois habiter une chambre de bonne dans l'immense tour qu'elle occupe au centre d'une grande ville. Je dois faire toutes les courses, y compris acheter ses vêtements (je *déteste* acheter des vêtements). Le personnel attaché à l'immeuble est froid et refuse de me parler. Je dois regarder des feuilletons toute la journée et des jeux télévisés et je n'ai jamais le droit de lire. Je dois porter un uniforme jaune avec d'affreux boutons dorés. »

Elle s'est interrompue et Elliott, diplômé d'une grande école de commerce et actuellement chauffeur de taxi, s'apprêtait à parler quand elle a ajouté : « Et puis, elle ne mange que des surgelés. Son micro-ondes ne marche pas, alors ils sont toujours froids à l'intérieur. Et je dois dîner avec elle. Et puis, elle pourrait me virer n'importe quand sans préavis. »

Elliott a enchaîné : « Je fais neuf heures-cinq heures tous les jours. Je dois prendre mes vacances au mois d'août quand tout est plus cher. Je passe quatre heures par jour dans les embouteillages. Je travaille avec des chiffres, je fais des budgets. Mon chef est le fils du patron, il est plus jeune que moi et c'est un vrai petit con ! Je dois l'écouter en souriant ! Mon bureau se trouve au milieu de centaines d'autres, cela grouille de personnes qui tapent sur leur ordinateur ou qui téléphonent, et nous n'avons pas le droit de nous parler. Pas de fenêtre. Je ne supporte pas cela. »

Juan, un banquier, s'est exclamé : « *J'ai* déjà mon job cauchemardesque ! C'est exactement ça. Il faudrait en plus que j'anime des conférences avec des diapos sur les possibilités d'investissement. Tout cela jusqu'à la fin de mes jours. Et que je rédige des rapports. Beaucoup de rapports. »

Martina, une mère célibataire avec deux enfants, nous a dit : « Le pire pour moi serait un bureau avec du fouillis partout, impossible à réorganiser, et ce serait mon boulot de mettre de l'ordre dans tout ça. Alors j'irais d'échec en échec. Et je me ferais enguirlander tous les jours. Et je n'aurais pas le droit de baisser les bras. Et tous les vendredis, je serais convoquée chez le grand patron pour être sermonnée. »

Quel est le but de ce petit jeu ? Il est très important.

D'abord, une crise de négativité vous fera du bien chaque fois que vous vous sentirez sous pression. Elle autorise cette partie de vous qui refuse obstinément et secrètement de rêver, de s'offrir une petite colère. Vous serez ensuite en mesure de vous reposer et d'investir votre énergie ailleurs. Et je veux que vous l'utilisiez dans un domaine particulier.

Inverser le négatif

Si vous étiez de ceux qui ne pouvaient imaginer un job rêvé, ce dernier exercice vous a montré que vous aviez la capacité de vous montrer furieusement et négativement créatif. J'adore la négativité. Elle est amusante et utile : c'est souvent le meilleur moyen de contourner une résistance tenace qui bloque l'imagination. Le job cauchemardesque que vous venez d'inventer vous montrera exactement comment créer celui dont vous rêvez ! Il vous guidera tout droit vers vos souhaits et vos besoins profonds que vous pensiez avoir oubliés. Voici comment :

Prenez chaque détail de votre job cauchemardesque : horaires, activités, environnement, attitudes des collègues et surtout les sentiments que vous éprouvez. *Inversez-les complètement.* Trouvez leurs opposés exacts. Si vous avez dit comme Louisa que dans votre job cauchemardesque vous travailliez pour une célébrité gâtée, transformez celle-ci en une philosophe sage, attentionnée et discrète. Si vous passiez des heures dans les transports, changez cela en disant : « Je travaille chez moi. »

Vous avez compris ? Alors, à votre crayon !

Exercice 3 : Le scénario inversé ou comment le négatif devient positif

Prenez votre job cauchemardesque et décrivez exactement son opposé sur une feuille de papier. Si vous détestez vivre dans une tour en centre-ville comme Louisa, écrivez : « Je vis dans une merveilleuse petite maison à la campagne », ou ce qui pour vous constitue son opposé. Si vous ressemblez à Elliott dont le cauchemar est de n'avoir pas une minute à lui, écrivez : « Je ne travaille que six mois par an. » Si vous détestez l'idée d'être isolé dans un endroit désert, installez-vous au cœur de Londres ou de Paris, allez danser et dîner dans de grands restaurants. Si vous avez la dactylographie et le classement en horreur, imaginez quel pourrait être leur extraordinaire opposé. Créer des vêtements ? Écrire sur le Costa Rica ? Produire des pièces de théâtre ? Aider les autres ? Écrivez simplement l'inverse de tout ce que vous avez dit plus haut et *observez votre job rêvé se dessiner progressivement* !

Vous avez fait bien plus que de relâcher un peu de vapeur ! En imaginant le pire et en découvrant son opposé (comme un négatif permet d'obtenir un positif en photographie), vous avez exposé ce qui était le plus important pour vous. *Vous avez créé une image qui prouve que vous en savez bien plus sur ce que vous voulez que vous ne l'imaginiez*. Que vous ayez commencé par la première ou la seconde partie de cet exercice, vous avez désormais une image de votre job rêvé. Utilisons cette information dans l'exercice suivant pour en inventer un que vous pourriez réellement exercer.

Exercice 4 : Le scénario corrigé

Cet exercice a deux versions, l'une pour ceux qui ont un bon copain disposé à les aider et l'autre pour ceux qui préfèrent se débrouiller tout seuls.

Version 1: Faites équipe et écrivez un film

Un scénario n'est rien de plus qu'une brève description d'un film. Lorsqu'on veut vendre un film à un producteur, on lui dit quelque chose du style : « Un professeur issu d'un milieu social élevé rencontre une jeune fleuriste à la sortie de l'Opéra de Londres et décide avec un ami de lui apprendre à s'exprimer convenablement pour la faire passer pour une aristocrate lors d'un bal à la cour. Puis il tombe amoureux d'elle. » Voilà un scénario.

Je veux que votre ami vous vende le scénario de *votre* brillante carrière. Comment s'y prendra-t-il ? Il partira de vos descriptions du job rêvé et du job cauchemardesque. Il vous dira : « D'accord, tu détestes le désordre alors voici le scénario : tu travailles dans un bureau parfaitement organisé et tu maîtrises tout. Chaque jour, on te félicite pour tes performances exceptionnelles. »

Écoutez attentivement le scénario de votre ami. Lorsqu'il aura terminé, aidez-le à améliorer l'histoire. Décidez si la vie qu'il a décrite vous convient ou si vous souhaitez la modifier. « J'aime le bureau parfaitement organisé mais je n'ai pas envie d'être félicité. Je crois que je ne veux pas avoir de patron du tout.

— D'accord, vous dira votre ami. Je vais recommencer. Tu es dans un bureau parfaitement organisé et c'est le tien. Tu travailles pour toi.

— Ah oui, j'aime cette idée. »

Je veux que votre ami ajuste sans cesse votre histoire en éliminant les éléments que vous n'appréciez pas et en intégrant ceux que vous aimez et qu'il avait omis. Il vous fera part du nouveau scénario à chaque « retouche ».

« Bon, alors est-ce que ça va ?

— Presque. Quel est mon domaine ?

— Tu vends des caleçons.

— Non, je ne veux rien vendre.

Rien ?

— Non. Je veux accomplir quelque chose dans ce monde. Je veux montrer aux gens comment améliorer leur vie. »

Oh.

Regardez un peu qui vient de découvrir ce qu'il voulait.

Petit à petit, en retouchant le scénario, vous trouverez ce qui est réellement important à vos yeux. Le « scénario corrigé » est une ruse. *Nous avons utilisé tous les exercices de ce chapitre pour contourner vos défenses et nous produisons ainsi des preuves tangibles !*

Version 2 : Deux stylos

Si vous n'avez pas d'ami près de vous, vous pourrez effectuer cet exercice tout aussi bien à l'aide d'un bloc-notes ou d'un cahier et de deux stylos de couleurs différentes : l'un pour créer le scénario, l'autre, pour le corriger. Alternez simplement les rôles : un stylo servira aux suggestions de votre « ami » et l'autre, aux vôtres.

Une fois que vous aurez créé votre scénario parfait, vous aurez un but qui vous paraîtra valable, en tout cas pour le moment. Rappelez-vous qu'au début de ce chapitre je vous ai dit que si vous commenciez à bouger en direction d'un objectif, vous activeriez et feriez ressortir toutes les résistances qui vous bloquaient. Eh bien, maintenant, vous avez un but. Voyons si j'avais raison.

Exercice 5 : L'engagement temporaire permanent

Votre scénario est-il parfaitement corrigé ? **Pas d'objections ?** Bon.

Maintenant, je vais vous faire un coup tordu. *J'insiste pour que vous me promettiez de suivre votre scénario.* Oui, c'est bien ce que j'ai dit. Les jeux sont faits, vous avez pris votre décision. Votre objectif professionnel est clair.

Avant que vous ne paniquiez, ou que vous pensiez que j'ai perdu la tête, laissez-moi vous donner la fin de mes instructions : *faites cet exercice pendant une heure seulement.*

Pendant quelques instants, je vais vous retirer votre liberté, *parce que cette liberté peut aussi être meurtrière.* Les simples mots « Vous pouvez faire tout ce que vous voulez » sont un petit enfer privé à eux seuls. *Tout* ? Le choix est trop vaste ! Les limites procurent parfois un soulagement considérable et vous allez maintenant pouvoir en faire l'expérience. Vous savez très bien que vous détestez le flou qu'implique l'absence d'objectif. Vous souhaitez avant tout prendre une décision et avancer dans la vie.

La seule chose qui vous ait précipité dans cette chute libre d'hésitations interminables est votre crainte de vous tromper et de vous retrouver coincé. Je tiens à vous dire que, bon ou mauvais, vous avez fait un choix et que vous voilà bel et bien coincé.

Vous allez vous engager totalement envers ce scénario qui était si juste que vous ne pouviez l'améliorer. Toutes les autres options vous sont désormais inaccessibles, et vous devez vous mettre à l'œuvre pour que votre scénario devienne réalité.

Pendant une heure.

Minute papillon, pensez-vous. Vous n'êtes pas prêt à vous engager. Pas même pour une heure. D'abord, vous ne saviez pas ce que nous étions en train de faire. Si vous *aviez su*, vous auriez été plus prudent, n'est-ce pas ?

C'est sûr, vous vous seriez montré plus prudent. *Et vous n'auriez rien pu imaginer.*

« Non, pas du tout, a protesté Georgia, une institutrice dont le rêve était d'être une poétesse célèbre installée au pays de Galles. Ce n'est pas *vraiment* ce que je veux faire. *Je ne sais pas* ce que je veux faire, je vous l'ai déjà dit. *Et si je me trompais ?* Je suis sûre que *c'est* un mauvais choix ! Vous ne tenez tout de même pas à ce que je m'engage dans une action qui ne me convient pas ? »

Si !

Mais seulement pendant une heure. (Il est probable que cette heure sera la plus longue et la plus enrichissante que vous ayez passée depuis longtemps !)

Je veux que vous vous engagiez pour que vous interrompiez le débat. Laissez tomber tous vos « Et si... ». Votre avenir est arrêté. Je veux que vous vous disiez : « N'y pensons plus car je ne peux pas revenir en arrière. Je vais devenir comique, ou j'achèterai une île et un avion privé, ou je vivrai dans un kibboutz. Bon, quelles sont les premières étapes à franchir pour y arriver ? »

Je veux que vous preniez l'annuaire, que vous téléphoniez à un club de comédie, que vous lisiez le journal pour voir où en est l'immobilier concernant les îles, ou que vous appeliez un voisin ayant vécu dans un kibboutz. *Au cours de l'heure qui vient, je veux que vous fonciez vers votre objectif.* Branchez l'alarme de votre réveil pour qu'il sonne dans une heure (plus si vous pouvez) et ne vous arrêtez que lorsqu'il vous le dira.

Je veux que pendant une heure vous éprouviez ce que c'est que de s'investir irrémédiablement dans quelque chose, et le scénario corrigé conviendra aussi bien qu'un autre.

Alors, c'était comment ?

« Je ne pensais pas que ce serait si difficile, a dit un homme. J'ai essayé de gérer cela comme n'importe quel autre projet, organiser un dîner, par exemple. La seule différence est que ce dîner, c'était ma vie ! »

« J'ai eu froid dans le dos, nous a confié Louisa qui voulait devenir postière. Mais je l'ai fait. J'ai téléphoné à une amie à Colombus, dans l'Ohio, et je lui ai demandé comment le courrier était distribué. Les facteurs parcourent encore les rues. Je lui ai demandé si les quartiers résidentiels étaient toujours aussi beaux et elle m'a répondu que oui. Puis, j'ai téléphoné à la poste et j'ai demandé qu'on m'envoie un formulaire d'inscription ! Je n'arrive pas à croire que vous me fassiez faire ça ! »

Philip nous a dit : « Je me sens vidé alors que je n'ai même pas commencé ! Si c'est seulement *pour de faux*, pourquoi est-ce aussi effrayant ? »

Cela fait peur parce que nous faisons comme si c'était pour de vrai *et que cela réveille toutes vos résistances, celles qui vous empêchent d'agir depuis si longtemps.*

Si vous avez sauté cet exercice, et décidé que vous préfériez regarder une série à la télévision, promener le chien ou même remplir votre déclaration d'impôts, vous êtes persuadé que c'est parce que vous en aviez assez. Eh bien, c'est faux ! Vous avez simplement enfoui votre tête dans le sable avant que les voix négatives ne se réveillent !

Vous avez esquivé l'exercice parce que vous aviez peur.

Au fait, si vous n'avez éprouvé ni peur ni ambivalence lors de cet engagement d'une heure, mais joie sans mélange et enthousiasme, c'est que vous êtes prêt à vous lancer et à réaliser le merveilleux scénario que vous avez créé. Posez ce livre dès maintenant et en avant ! Bonne chance à vous !

Si traiter votre scénario comme un objectif réel vous a, en revanche, déconcerté, très bien ! Votre résistance est sur le point de se manifester. Prenez une nouvelle feuille de papier – ou un magnétophone si vous préférez – et enregistrez sur-le-champ la voix de votre résistance que vous avez sur le bout de la langue.

Exercice 6 : Écouter la voix

Voilà des années d'une certaine manière que vous l'écoutez. Vous l'avez peut-être appelée votre voix négative mais c'est en fait une résistance, et *elle est là pour une bonne raison*. Elle vous dit des choses comme : « Je me ferai tuer si j'essaie de devenir un type important », « Les choses n'ont plus aucune saveur une fois qu'on les a obtenues », etc. Ne laissez pas de tels énoncés vous perturber. Prêtez simplement attention à cette voix, *parce que c'est elle que nous attendions.*

À LA RENCONTRE DE VOTRE RÉSISTANCE

Votre résistance est bien en vue. *Campée sur ses pieds, elle vous défie d'aller à la recherche de ce que vous voulez.* Cette petite provocatrice pense qu'elle vous défend en faisant tout son possible pour vous décourager dès qu'elle sent un danger quelconque... et elle le sent toutes les fois que vous partez en quête de ce que vous voulez. En vous murmurant à l'oreille des choses négatives, elle se dresse obstinément contre vous et crée ainsi le conflit qui vous paralyse et vous perturbe.

Mais chaque mot qu'elle vous susurre contient le secret de votre liberté.

Maintenant que vous avez sorti votre résistance de sa cachette et que vous l'écoutez attentivement, vous vous trouvez dans la position idéale pour la chasser de votre chemin.

C'est tout le sujet du reste de ce livre. Chaque chapitre a pour mission de vous aider à surmonter un type de résistance particulier et vous fournira des outils et des stratégies pour vaincre la vôtre. Retroussez vos manches et en route !

4

Le plan sécurité

Vous connaissez personnellement quelqu'un qui mène une vie exaltante ou exotique. Un de vos amis – ou peut-être même votre sœur ou votre conjoint – enseigne à Istanbul, écrit dans sa maison de campagne dans les Rocheuses ou parcourt le monde pour ses affaires. Cela doit être génial d'avoir une vie comme ça, pensez-vous, mais vous savez que cela ne vous arrivera jamais. Vous avez reculé devant les opportunités mirobolantes qui se présentaient à vous parce que vous recherchiez la sécurité. Quel que soit le courage requis pour prendre des risques, vous êtes convaincu de ne pas l'avoir ! *Vous longez la côte sans pouvoir détacher votre regard de l'horizon.*

Beaucoup de gens passent leur vie à la longer et en sont très heureux. Pas vous. Vous êtes rempli de désirs et de regrets. Au fond de vous, *vous voulez partir à l'aventure*. Vous savez très bien que vous occupez le même poste depuis trop longtemps. Vous savez que d'autres, à votre place, se seraient jetés dans l'action, auraient profité de chaque instant et seraient partis pour de nouveaux horizons depuis belle lurette. Mais quelque part, vous avez appris à vous accrocher à ce que vous aviez sans essayer d'obtenir davantage.

Voici un petit questionnaire : êtes-vous prudent ?
Laissez-moi vous poser quelques questions sur vous-même pour vérifier simplement que vous vous trouvez dans le bon chapitre :

1. Êtes-vous toujours en répétition ? Je veux dire par là, suivez-vous des cours ou apprenez-vous des techniques sans jamais mettre en pratique ce que vous avez étudié ?

2. Quand vous partez en voyage, ou que vous redécorez votre chambre, vous lancez-vous dans des préparatifs sans fin, hésitez-vous constamment, téléphonez-vous à vos amis pour leur demander leur avis avant chacune de vos actions ?

3. Trouvez-vous que vous résistez farouchement à toute tentative pour vous pousser un peu ou pour vous faire aller plus vite que vous ne le souhaitez ? Ignorez-vous les dates limites jusqu'à ce qu'elles se rapprochent dangereusement et vous braquez-vous si quelqu'un essaie de vous mettre en garde ? (Certaines personnes ne détestent pas qu'on les secoue un peu, vous savez. D'autres n'aiment pas cela particulièrement mais ne sont pas tétanisées pour autant. Vous, si !)

4. Vous accrochez-vous aux choses trop longtemps (y compris à celles qui vous font du mal comme des relations amoureuses insatisfaisantes) ? Conservez-vous des vêtements ou des appareils inutiles ? Restez-vous membre de cercles alors qu'ils ne vous apportent plus rien ?

5. Vous plaignez-vous de ne pas avoir le temps de faire ce que vous souhaitez alors que vous en passez beaucoup à regarder la télévision ou à traînasser dans la maison ?

6. Observez-vous la vie des autres comme si c'était un spectacle ? Les personnes qui aiment les « plans sécurité » s'intéressent de manière excessive à la vie des autres, célèbres ou proches. C'est peut-être parce qu'elles ont l'impression que la leur n'est pas assez remplie ou bien… qu'elles recherchent des trucs pour la fuir !

7. Pensez-vous souvent à changer de vie tout en ne faisant qu'y rêver ?

Si vous avez répondu « oui » à trois de ces questions au moins, c'est que vous avez opté pour le plan sécurité et *il faut que vous y réfléchissiez un peu.*

Parce que vous jouez avec le feu.

La sécurité est plus dangereuse que vous ne l'imaginez.

Vous avez choisi la sécurité il y a probablement longtemps. La plupart d'entre nous savent dès l'âge de huit ans s'ils vont la jouer prudemment, dangereusement ou quelque part entre les deux. Certains enfants sautent sans regarder. Certains regardent puis sautent. Vous avez regardé et vous n'avez pas sauté. Nous avons fait ces choix pour de bonnes raisons que nous avons oubliées. Mais, devenus adultes, nous continuons à appliquer ce que nous avions décidé enfant, sans chercher à savoir si cela a encore un sens aujourd'hui. Nos habitudes se font leur petite vie à elles et nous partons du principe qu'elles sont bonnes.

La plupart d'entre nous ne savent pas pourquoi ils sont aussi prudents. S'il a jamais existé une raison à cette prudence, voilà bien longtemps qu'elle a disparu. Et nous oublions quelque chose d'encore plus important : *quand on joue la carte de la prudence, on prend le plus gros risque de sa vie !*

On dirait à première vue que vous construisez bien votre vie, pas à pas. Mais derrière vous, le temps s'envole comme des billets par une fenêtre ouverte. Le temps est la seule richesse qui nous soit réellement offerte mais nous en avons déjà épuisé la moitié quand nous en prenons conscience car lorsqu'il s'agit du temps, les enfants ont l'impression d'être millionnaires ! Les personnes âgées en savent quelque chose, et elles vous diront que leurs plus grands regrets sont ce qu'elles n'ont pas pu faire. Il n'est pas besoin d'être bien vieux pour comprendre ce dont elles parlent. Pensez à votre adolescence et demandez-vous ce que vous regrettez le plus. Regrettez-vous ce que vous avez fait ou ce que vous n'avez pas eu le courage de faire ? Regrettez-vous les soirées auxquelles vous êtes allé, bien que vous vous sentiez maladroit et peu sûr de vous ? Ou celles que vous avez fuies pour ne pas avoir l'air d'un imbécile ?

Que doit-on faire ?

Personne ne veut qu'on lui rappelle à quel point il gaspille son temps. Voilà un échantillon de nos préjugés : « Croyez-vous vraiment que je vais vendre tout ce que j'ai, acheter un bateau et faire le tour du monde ? D'abord, je ne crois pas que je supporterais cette vie. Et puis que se passerait-il à mon retour quand je n'aurais ni boulot ni argent ? J'ai, contrairement aux gens aventureux, la chance d'avoir conscience qu'il y a toujours un lendemain. Quand je reviendrai de ma grande escapade, il faudra que je recommence tout à zéro. Non, merci. »

J'ai de bonnes nouvelles pour vous. *Tout ça est un faux problème.* Dire que vous avez le choix entre le risque total et la sécurité absolue est ce que j'appelle une « belle construction ». Est-ce que tout ce laïus sur le lendemain qui déchante vous semble vraiment raisonnable ? Ne vous y trompez pas, c'est une croyance typique de ceux qui ont opté pour « le plan sécurité » ! Cela vous calme et vous empêche de réfléchir à ce qui pourrait vous tourmenter. Mais peut-être faudrait-il que vous vous tourmentiez parce que voilà trop longtemps que vous restez au bord de votre vie !

Première raison : Il n'y a pas de plus grand gâchis que d'ignorer ce que vous désirez ardemment

Vous possédez un grand trésor que vous n'utilisez ni ne partagez.

Au fond de vous réside un authentique génie qui est original, curieux et bourré de potentialités. Il crève d'envie que vous ouvriez la porte de sa prison pour pouvoir sauter dans la vie à pieds joints. Tant que vous ne puiserez pas dans cette énergie, votre vie restera en suspens. Lorsqu'on a un souhait insatisfait qui attend dans l'ombre, on ne peut s'investir à fond dans son travail, sa famille, ses vacances. On traînasse sans conviction.

Vous devez réaliser votre rêve. Dès que vous vous lancerez, votre vie s'animera et tout aura un sens. Peu importe quelle sera l'issue finale. Il faut que vous donniez un sens à votre vie si vous voulez qu'elle devienne passionnante.

Alors, qu'est-ce qui vous retient ?

Voici peut-être la réponse :

Deuxième raison : Nous n'avons pas compris ce qu'était l'aventure

L'aventure est censée être passionnante, innovatrice et excitante et avoir un sens. Sinon, ce n'est pas l'aventure. La plupart d'entre nous pensent qu'ils doivent pour cela risquer leur vie ou tout au moins la bouleverser complètement. Ils croient qu'il faut sauter en parachute, traverser l'Atlantique sur un radeau ou laisser tomber pour de bon famille, maison et travail !

C'est parce que nous ne savons pas vraiment ce qu'est l'aventure. Considérer qu'elle demande le sacrifice radical de notre style de vie actuel, c'est nous créer tout un roman qui nous permet de ne rien entreprendre. Pour illustrer cela, je vais vous raconter ce qui m'est arrivé. Il y a quelques années, je lisais des poèmes dans un cercle. Dans ces poèmes, des personnes décédées s'avançaient une par une pour dire quelle était la chose la plus importante de leur vie. Celui qui me touchait le plus était le poème d'un homme qui parlait de ce qui était gravé sur sa pierre tombale. C'était un bateau, toutes voiles repliées parce qu'il n'avait jamais quitté le port.

C'était pour moi le poème le plus triste.

Un soir dans le métro, retournant chez moi après une répétition, j'ai décidé de changer de vie et de la vivre pleinement. Après tout, petite, j'étais aventureuse. J'avais quitté la maison et fait ce que je voulais. J'étais allée à l'université de Berkeley puis je m'étais installée à New York, et j'avais parcouru les États-Unis avec des amis. Après mon mariage, j'avais même persuadé mon mari de renoncer à une vie classique pour partir en Alaska avec moi. C'était merveilleux. Et je me suis aussi montrée aventureuse quand notre couple s'est mis à battre de l'aile. Lorsqu'il est devenu évident que la situation ne pourrait s'améliorer, j'ai pris mes enfants par la main et nous sommes partis. J'avais beaucoup d'assurance.

C'est là que tout a changé. Sans argent et avec de lourdes responsabilités, ma confiance en moi en a pris un coup. La sécurité avait pour moi un attrait nouveau. Aussi quand je suis rentrée à la maison ce soir-là, en pensant reprendre une vie vraiment aventureuse, j'ai regardé mes deux enfants endormis et je me suis dit : « Comment vais-je m'y prendre exactement ? Les jeter sur mon dos et partir en Afrique ? » J'avais deux emplois auxquels je m'accrochais désespérément. Je n'avais ni le temps ni l'argent pour aller voir un film de Tarzan !

Alors j'ai renoncé à l'idée de partir à l'aventure et je me suis à nouveau tournée vers mes vraies préoccupations : payer le loyer, laver le linge, éviter que les enfants ne tombent par la fenêtre – et j'ai décidé de ne plus jamais faire un pas sans y regarder à deux fois. Des années auparavant, un serveur dans le bar de mon père m'avait dit : « Barbara, tu as plus de tripes que de cervelle. » En 1967, j'ai eu de la cervelle. Et j'ai perdu mes tripes.

Qui peut m'en blâmer ? Si mener une vie aventureuse, c'était quitter mon travail et entraîner mes enfants dans des lieux exotiques, alors cela n'était pas envisageable. Je pense aujourd'hui que c'était une décision raisonnable... *si aller dans des endroits exotiques était la vraie question.*

Elle ne l'a jamais été.

J'avais en partie raison : une véritable aventure aurait été très excitante. Mais j'avais aussi raison sur un autre point : me retrouver en Afrique avec deux enfants, sans un sou, n'aurait pas été génial. Mais j'avais tout faux pour le reste et je parie que vous aussi.

Partir en safari n'est peut-être pas votre grande aventure. En tout cas, ce n'était pas la *mienne*. L'aventure, la vraie, vous donne le cœur léger, vous ouvre l'esprit et vous coupe le souffle. Et elle est différente pour chacun d'entre nous. Je calquais en fait l'idée que je me faisais d'une « vie bien vécue » sur mes « rêves d'évasion ».

Il ne faut pas confondre « rêves d'évasion » et « véritables rêves ».

Les rêves d'évasion ressemblent à des sorties de secours. Ce sont de brèves échappées hors de la réalité dont nous avons besoin. Nous avons des rêves d'évasion sur le chemin du travail ou lorsque nous écoutons le récit de la vie des célébrités. Nous nous évadons alors en nous imaginant astronaute, rock star ou navigateur. Je ne pense pas que nous prenions ces rêves très au sérieux. Mais examinons-les de plus près parce qu'ils contiennent des informations importantes sur votre vie.

Exercice 1 : Quels sont vos rêves d'évasion ?

Est-ce que vous imaginez posséder des millions de dollars, être avant-centre au P.S.G., vous faire séduire par la personne la plus attirante qui existe ? Laissez-vous aller. Veillez simplement à ce qu'il s'agisse de fantaisies et qu'elles soient complètement irréalistes.

JOE : « J'imagine que je suis pilote de chasse dans un super-jet et que je descends un ennemi vraiment dangereux. »

GERT : « J'observe la vie des célébrités. Ce n'est pas leur richesse qui m'impressionne, c'est leur assurance, leur insouciance. Elles s'amusent et ne s'inquiètent de rien. »

Moe : « J'imagine que je vis dans les bois et que j'étudie les mœurs des animaux. J'habite dans une petite maison, je lis beaucoup. Je vais à la station-service du coin et au restaurant de l'autoroute d'Alaska et je parle à tout le monde en buvant un café. »

May : « Faire un film sur Bornéo et sur les cannibales. »

Kelly : « Prendre simplement l'avion en première classe, étendre mes jambes, me faire servir du champagne et partir très loin. »

Sue : « Vivre dans un monastère au sommet d'une montagne où tout est clair et calme. Si calme. »

Et vous ? Qu'avez-vous dit ?

Votre rêve d'évasion comporte des indications importantes sur ce dont vous avez vraiment besoin. C'est comme le négatif du film de votre vie. Tout ce qui manque dans votre vie apparaît dans cette rêverie. Joe, le pilote de chasse, a besoin de liberté et de puissance. Gert envie la confiance en soi et la vie insouciante des célébrités. Moe a besoin d'un lieu de retraite proche de la nature, de temps et d'amis qui aiment bavarder. (Il n'a pas vraiment besoin d'aller en Alaska pour cela.)

Nous devrions tous fouiller dans nos rêves d'évasion, parce qu'ils nous disent ce qui ne va pas dans notre vie, puis chercher comment y remédier. *Si vous n'utilisez pas ces informations pour améliorer votre existence, c'est que vous utilisez vos rêves d'évasion pour fuir la vie.* Servez-vous-en comme de jalons pour la prochaine étape de votre existence. Vous n'en aurez plus autant besoin par la suite.

Les rêves d'évasion sont si grandioses que vous n'envisageriez jamais sérieusement de les réaliser. Ce n'est qu'une activité tranquille de plus et vous êtes déjà bien trop tranquille. Ce n'est pas tout. Ces rêveries vous empêchent d'éprouver la sensation d'étouffement et l'énervement que votre vie actuelle devrait susciter en vous. À la manière d'un anti-douleur, elles vous procurent un bien-être artificiel qui masque la réalité dans laquelle vous vous trouvez, et elles font ainsi obstacle à votre changement.

Maintenant, nous attaquons le gros morceau : vos véritables rêves.

LES RÊVES RÉELS

Les véritables rêves ne sont pas une évasion. La seule raison pour laquelle je les appelle « rêves » est qu'ils ont trait à l'avenir. Lorsqu'ils surviendront, ils seront bien réels. Les rêves d'évasion sont superficiels, les rêves réels, eux, sont profonds et propres à chacun. Les films réalisés à partir de rêves réels sont rares parce que nous avons des envies bien à nous qui ne sont pas celles des autres. Nous voulons, par exemple, fouler la terre de nos ancêtres, aller à l'université ou apprendre l'astronomie. Ces rêves sont bien souvent difficiles à faire comprendre aux autres parce qu'ils nous appartiennent en propre comme des empreintes digitales. Ils proviennent de ce génie interne dont je parlais plus haut.

Vous pouvez compter là-dessus. Chaque fois que vous voulez *vraiment* quelque chose, une chose qui vous fait vibrer sans savoir pourquoi, celle-ci provient d'une partie de vous qui est unique. C'est votre moi véritable, celui qui considère le monde sous un angle qui vous est totalement personnel.

Les rêves réels, contrairement aux autres, ne sont pas l'objet de vos méditations. Il est possible que vous soyez obligé de creuser un peu pour les découvrir car ils se cachent souvent. Pourquoi ? Parce que vous en souvenir peut être bouleversant.

Ils constituent la matière première de la véritable aventure. Il est intéressant de constater que les rêves d'évasion grandioses – comme piloter des avions de chasse ou se battre contre des alligators – sont très faciles à imaginer et très dangereux à mettre en pratique, alors que les rêves réels – comme demander à quelqu'un de vous épouser ou décider de reprendre vos études à cinquante ans – vous font mourir de peur rien que d'y penser *alors qu'ils sont bien souvent sans risque.*

Comme je vous l'ai déjà dit, il ne s'agit pas d'abandonner famille et emploi pour partir à Tahiti, votre palette de peinture sous le bras. Non, il faut simplement que vous fouilliez votre âme pour découvrir ce rêve profond que vous aviez enfoui et que vous essayiez de le réaliser.

Et que vous voyiez votre vie s'illuminer.

Vous verrez la différence entre une vie où vous piétinez sur place et une vie dans laquelle votre rêve personnel devient réalité. Elle est impressionnante.

Vous y voilà. Plus d'excuses.

Alors pourquoi avez-vous toujours aussi peur ?

Parce que même si vous n'avez pas à quitter une vie tranquille pour partir à l'aventure, *vous prenez un risque sur le plan affectif lorsque vous vous laissez aller à aimer quelque chose*. Oser vivre votre rêve est très exaltant. Cela vous tirera de votre sommeil et de votre « plan sécurité ». Être pleinement créatif ou productif, ou penser simplement que vous avez le droit de mener une existence merveilleuse, n'est pas une mince affaire. C'est là que réside votre véritable crainte.

Nous essayons évidemment de prétendre que les obstacles concrets sont tels qu'il est bien trop risqué de bouger. Permettez-moi de vous raconter une anecdote.

Jerry disait qu'il *devait* radicalement changer de style de vie pour vivre son rêve qui était d'écrire des scénarios. « Écrire prend du temps ! Et je suis trop fatigué le soir parce que mon travail m'épuise. Et puis ma femme est en droit d'attendre que nous passions un moment ensemble. »

Sa femme a ri. « Tu plaisantes ? Il est tellement malheureux que je consacre mes soirées à le consoler. Je voudrais qu'il fasse *quelque chose* qui le rende heureux ! J'ai aussi ma vie à mener ! »

Jerry a rougi et répondu que c'était probablement vrai. « J'écris et j'adapte des textes toute la journée. Je suis apprécié et compétent. J'ai même un avenir dans cette société. Mais je ne supporte pas l'idée de finir comme directeur littéraire. Cela me fait détester ce boulot et c'est probablement ce qui m'épuise. J'écrivais des pièces merveilleuses à l'université, je gagnais même des prix ! J'étais promis à un brillant avenir ! Je ne peux pas écrire avec ce foutu travail. Et je ne peux pas démissionner non plus. Je n'ai pas l'intention de crever de faim et de vivre sous les ponts. »

Mary Jane et Donna pensaient la même chose que Jerry.

MARY JANE : « Je *dois* quitter mon travail. Je serai ainsi obligée de faire le grand saut et de chanter professionnellement. »

DONNA : « Il faut que j'arrête ce travail de secrétaire ou bien je resterai l'être médiocre que mes sœurs ont toujours dit que j'étais. »

Mais Jerry, Mary Jane et Donna ont tout faux. Ils croient qu'ils ne peuvent pas réussir à cause de leur travail. En fait, ils ne peuvent réussir *sans* ! Je vais vous expliquer ce que je veux dire par là :

Exercice 2 : Un exercice pour ceux qui détestent leur travail

Prenez un crayon et une feuille de papier et écrivez : *Je ne veux pas aimer ce travail parce que…*

Imaginez-vous à votre travail en train de faire ce que vous aimez le moins. Imaginez que vous deviez conserver cet emploi jusqu'à la fin de vos jours. Écrivez maintenant ce que vous ressentez. Sans restrictions.

JERRY : « Aimer ce job serait la pire chose au monde ! Cela signifierait que je ne suis pas un écrivain mais seulement un directeur littéraire. Le pire qui puisse m'arriver ! Tout ce que j'attends de la vie, c'est d'être libre ! Libre de refuser d'écrire un mot que je n'aurais pas choisi. »

Mary Jane : « Il faut que je quitte cet emploi parce qu'il est trop confortable et que je ne m'obligerai jamais à rechercher un job de chanteuse. Il faut que je n'aie plus le choix et que je me force. Sinon, je resterai un amateur toute ma vie, une chanteuse du dimanche, pour les mariages et les anniversaires ! Rien de concret. Aucune carrière. »

Donna : « Si j'aimais ce job, cela voudrait dire que je ne suis rien de plus qu'une secrétaire débile. Une rien du tout. »

Certains d'entre vous sont peut-être debout en train d'applaudir – au figuré en tout cas – les demandes de liberté de Jerry, Mary Jane et Donna. Vous tous, écrivains, peintres, acteurs qui, sans ces jobs pompants dans un bureau ou dans un restaurant, fonceraient, pour la gloire. Vous le feriez vraiment ?

Nous pensons tous avoir besoin de liberté pour poursuivre notre rêve, mais j'ai une bonne surprise pour vous. C'est le contraire !

Nina a renoncé à devenir peintre au bout de trois ans passés chez elle. Elle est redevenue enseignante. Elle peint désormais plus que jamais !

« Ce furent les pires années de ma vie ! Trop de temps libre. C'était terrifiant. Maintenant, j'attends le samedi avec impatience. Je peins tout le samedi et je prends des cours le mercredi soir. Et puis, pendant quinze jours cet été, je vais participer à un atelier animé par un très bon professeur ! »

Que s'est-il passé ? Je vais vous le dire. *Les êtres humains ont besoin de structure*. Il faut que les choses aient des limites, même celles qui sont agréables et celles qui font appel à la création encore plus que les autres ! Ce job n'empêche pas Jerry d'écrire. C'est plutôt l'inverse. Il faudra qu'il apprenne à l'aimer.

Jerry a grogné quand je lui ai dit cela. « Vous jetez une malédiction sur ma vie ! » Il avait toujours rêvé d'être romancier. C'était James Joyce ou rien. Bien qu'ayant passé un temps fou à réfléchir à son *Ulysse*, il n'avait rédigé que quelques pages de notes.

« Où en êtes-vous en ce moment ? lui ai-je demandé.
— Pas bien loin, a répondu Jerry. J'écris quelques notes de temps en temps. »

Jerry avait besoin de :

Exercice 3 : Un air de liberté

Imaginez que vous ayez soudain tout votre temps pour faire ce que vous voulez et pour réaliser votre rêve. Si vous êtes un écrivain, vous êtes seul dans une pièce, assis à un bureau en acajou, une feuille blanche posée devant vous. Si vous êtes peintre, vous êtes dans votre atelier, aucune sonnerie de téléphone ou de porte d'entrée ne vous dérangera, vous avez une palette prête et vous vous tenez face à une grande toile blanche. Vous êtes comédien ? Vous n'avez qu'à rechercher des castings, vous habiller et vous rendre aux auditions. Vous êtes chanteur ? Vous avez la journée entière pour appeler les directeurs de théâtre pour qu'ils vous reçoivent. Etc.

Réfléchissez à cela pendant dix bonnes minutes. Accrochez-vous. Est-ce tout ce que vous espériez que cela serait ? Vos rêves les plus fous deviennent réalité ? Asseyez-vous devant cette feuille blanche, cette toile immaculée ou cet exemplaire de *Casting*. C'est votre vie. Quel effet cela vous fait-il ?

« C'est terrifiant ! a répondu Mary Jane. Je ne suis pas prête ! Si je quittais mon travail, je ne serais pas plus prête pour autant. »

« On se sent si seul, a reconnu Jerry. Je ne comprends pas. C'est affreux. Peut-être n'ai-je rien d'un écrivain. »

Mais si. Et Mary Jane est bien une chanteuse. Il faut simplement qu'ils commencent à écrire ou à se mettre en quête d'un emploi dès maintenant et qu'ils arrêtent de se raconter que c'est leur job actuel qui les en empêche. Quand ils auront passé quelques heures à écrire ou à rechercher un agent, ils seront heureux de retrouver leur univers familier.

Jerry pourra désormais se détendre, apprécier son job et cesser de se dire qu'il n'est qu'un directeur littéraire. Il pourra écrire tous les matins de six à huit. Il verra qu'il est bien un écrivain. Et Mary Jane n'aura pas à quitter son travail sympa pour se forcer à entrer dans le circuit de la chanson professionnelle. Il faut simplement qu'elle commence dès maintenant à passer des auditions.

« Maintenant » est le mot clé. Tout ce que vous mettez en travers de votre chemin n'est qu'une manœuvre pour différer la réalisation de votre rêve. Vous n'avez pas besoin d'une plage de temps énorme ni de conditions parfaites. Faites-le maintenant, aujourd'hui. Faites-le pendant vingt minutes et sentez votre cœur s'emballer. Si vous êtes capable de tenir aussi longtemps ! Il est possible que vous ne puissiez chanter que quelques mesures de l'air de la liberté. Poursuivre nos aspirations demande beaucoup de courage même si notre désir est ardent. *Vous n'aurez jamais été aussi téméraire, vous ne le serez jamais davantage*. Vos envies de sécurité disparaîtront sur-le-champ alors que vous aurez conservé job, famille et maison. Et l'ennui s'évanouira aussi comme par enchantement.

Ce n'est pas l'activité qui crée l'intensité, mais la passion. Anthony Burgess racontait qu'écrire des romans ne lui posait aucun problème. Il écrivait facilement pour gagner sa vie parce que ce n'était pas ce qu'il préférait. Composer des symphonies était sa vraie passion. Une passion aussi paralysante que l'écriture pour Jerry.

Il s'est probablement servi de ses romans pour éviter de composer des symphonies ! Jerry, Mary Jane et Donna ont reçu pour instruction de se lancer immédiatement et de me faire un compte rendu à la fin de la semaine. Voici leurs réactions :

JERRY : « Mon travail est en fait un soulagement, un refuge ! À mon bureau, je me sens compétent et sûr de moi, surtout après des heures passées seul à écrire mes scénarios ! Ce n'est pas que je n'aime pas mon travail de directeur littéraire. Je n'aimais tout simplement pas penser que j'étais directeur littéraire. Maintenant je suis scénariste alors je m'en fiche. »

MARY JANE : « Les gens sont si gentils et si encourageants ! Mon patron m'a dit qu'il me laisserait aller à toutes mes auditions et même partir en tournée. Mes collègues et lui adorent ma voix ! Ils aimeraient que je réussisse ! Ils sont simplement merveilleux. Ce n'était pas eux le problème ! »

DONNA : « Je viens de réaliser quelque chose de choquant ! De quel côté suis-je ? J'aide mes sœurs en méprisant mon travail ! Est-ce finalement un job si minable ? Après tout, je ne vole personne. Je n'ai pas à avoir honte. Et depuis quand suis-je mon travail ? Je ne suis pas mon travail. »

Une collègue lui a offert une plaque qu'elle a posée fièrement sur son bureau. Il y est écrit : « Si une chatte fait ses petits dans un four, est-ce que cela fait d'eux des biscuits ? »

Lorsque vous arrêterez d'accuser votre job, vous pourrez commencer à prendre des mesures qui éclairciront les choses pour vous.

Donna s'est inscrite à un cours d'architecture paysagère. Étudier une technique à fond l'aidera à prendre de l'assurance. Elle cessera d'osciller entre des sentiments de grandeur et de nullité totale. Sortir de ses fantasmes pour entrer dans le monde réel et apprendre des compétences nouvelles lui donnera humilité et confiance en elle. Jerry écrit deux heures tous les matins avant d'aller au bureau et passe de très bonnes soirées en compagnie de sa femme. Mary Jane obtient des auditions et quitte son travail pour s'y rendre – avec la bénédiction de son patron – puis revient pour se faire chouchouter par ses collègues.

Et chacun d'eux vit aujourd'hui une existence pleine d'aventure – sans rien sacrifier. Lorsque vous faites ce que vous aimez réellement, votre cœur fait des bonds, votre esprit s'ouvre et tout change. Vous vous réveillez.

Voilà ce qu'est la véritable aventure.

Ne laissez personne vous dire qu'il en est autrement. Et peu m'importe si cette aventure dure moins d'une heure par jour, ou si elle se déroule dans votre salon à l'aide d'un crayon et d'une feuille de papier ! C'est là que les grandes aventures d'Einstein, de Newton et de Kepler ont eu lieu ! Ainsi que celles de Shakespeare, de Mozart et de Léonard de Vinci.

Êtes-vous maintenant convaincu que la sécurité n'était pas du tout le problème ?

Pourtant vous avez toujours peur. Quel est le véritable problème ?

Les personnes créatives ont un problème qui nous semble exceptionnel. En fait, nous éprouvons tous la même chose qu'elles lorsqu'il s'agit de vivre nos rêves. *Parce que créer des œuvres d'art, c'est comme vivre un rêve : chaque instant est tout neuf.*

Nous avons tous peur de ce qui est nouveau.

« Je ne sais pas pourquoi je ne fais plus de poterie, m'a dit une amie récemment. Pourtant j'adore cela. Je trouve du temps pour organiser des choses, pour chiner, pour coudre puis je me plains de ne pas avoir le temps de sculpter. » En quoi est-il dangereux d'être créatif ? D'abord parce qu'il est difficile de passer d'un rythme de vie où l'anxiété est réduite car l'on est en vitesse de croisière, à un rythme intense où tout est nouveau. Apprendre et créer sont des entreprises à haut risque. Rien qu'y penser peut nous pousser vers des comportements d'évitement. Peut-être voyez-vous trop de choses lorsque vous créez. Peut-être l'ampleur de votre don vous effraie-t-elle. Ne sous-estimez pas la peur que peut engendrer un véritable don. Posséder un don véritable, c'est comme avoir avalé une bombe atomique. C'est terrifiant. Les artistes doivent élaguer le « familier » pour découvrir la nouveauté. *Et vous aussi*, que vous soyez ou non artiste. Ce qui est nouveau est risqué et l'évolution nous a enseigné depuis des lustres à l'éviter. Elle a créé en nous un mécanisme qui transforme tout ce qui est nouveau en habitude.

INNOVATION VERSUS HABITUDE

Je travaille très dur pour m'habituer à tout, pour que cela devienne une seconde nature, et vous aussi. Je sais que je n'arriverai jamais à manœuvrer dans ce monde si tout reste nouveau pour moi. Je dois savoir accomplir une multitude de choses automatiquement si je ne veux pas être obligée de cogiter des heures avant de traverser une rue ou de saisir ma fourchette.

Visiter une ville, conduire ou marcher pour la première fois sont des expériences considérables, excitantes et terrifiantes ! Nous sommes tiraillés entre notre passion pour la nouveauté et notre besoin d'éléments familiers. Nous ne pourrions pas survivre si nous n'étions pas capables d'absorber de nouvelles expériences pour les transformer en habitudes. Ce mécanisme est donc le bienvenu.

Le problème est qu'on ne peut l'arrêter ! Il fonctionne tout le temps. Et il n'aime *pas du tout* l'agitation.

Ne vous inquiétez pas trop car apprendre quand et comment mettre en veilleuse notre « machine à habitudes », c'est ça, la véritable aventure ! Et, là encore, ce n'est pas uniquement vrai pour les artistes, c'est aussi vrai pour nous tous. Pour une personne timide, faire un grand pas en avant pour changer de style de vie ou de carrière est une expérience aussi nouvelle et angoissante que celle que vivra Mary Jane lorsqu'elle chantera une aria devant une salle comble. Quand des bons Samaritains, ceux qui passent leur vie à s'occuper des autres, s'accordent un après-midi pour faire ce qu'ils aiment vraiment – même si c'est pour lire un livre –, l'expérience est aussi neuve, intense et créative que la réalisation d'une œuvre d'art !

Le bon Samaritain est celui qui fait toujours passer les autres avant lui. Virginia, écrivain de talent, anime ainsi des ateliers d'écriture. Elle se donne à fond à ses élèves et se retrouve complètement « vidée ». Sue, quant à elle, est une super-maman qui travaille tout en étant bénévole, elle aide son mari dans ses projets, ses enfants dans leurs devoirs et s'occupe de toute l'intendance. La générosité de Virginia et de Sue est très gratifiante pour elles-mêmes. Elles expriment ainsi leur amour, leur vie d'altruiste est plus riche. Mais au-delà d'un certain point, cela devient un « plan sécurité ». Lorsque vous donnez trop – au prix de choses qui vous sont essentielles – vous aussi, vous choisissez la sécurité aux dépens de l'aventure. Comment ? Vous choisissez d'être indispensable, d'être bon et d'avoir l'impression que vous avez le pouvoir de faire en sorte que les choses tournent bien. De plus, toute la culpabilité que vous avez pu éprouver dans votre vie est soigneusement balayée.

Que faire ?

Je voudrais que vous fassiez ce petit exercice.

Exercice 4 : Les mises au point de l'amour

Choisissez une activité quotidienne que vous cesserez d'accomplir définitivement et remplacez-la par une autre que vous adorez. Voici les instructions : *il faut que vous abandonniez une activité que vous effectuiez pour quelqu'un d'autre*. Pas une chose que vous réalisez pour vous-même ! Réfléchissez un moment et prenez une décision. Vous pouvez cesser de faire les courses, de conduire vos enfants à la piscine, de porter les vêtements de votre mari chez le teinturier. Il faut que vous récupériez au moins une demi-heure que vous consacrerez exclusivement à votre chère personne.

Voilà. C'est tout l'exercice.

Je l'ai proposé lors d'un atelier sur la gestion du temps des femmes. Les participantes étaient abasourdies. Il leur a fallu quelques minutes pour comprendre que je pensais vraiment ce que je disais. Elles se sont ensuite levées l'une après l'autre pour dire ce qu'elles allaient définitivement cesser de faire.

« Je vais arrêter de repasser les chemises », a dit l'une d'elles.

« Je vais cesser de dactylographier les devoirs de tout le monde », a dit une autre.

Et cela a continué. Toute la nuit, à la suite de l'atelier et jusqu'au lendemain, on pouvait les rencontrer dans le hall de l'hôtel, dans le restaurant, l'air conspirateur, en train de se demander : « Et toi, qu'est-ce que tu abandonnes ? »

Pour les protéger de la culpabilité qu'elles allaient sûrement éprouver quand leur famille commencerait à se plaindre de leur nouvelle décision, je leur ai dicté un petit discours de secours très dur et en même temps très vrai. Le voici, si vous voulez l'utiliser...

« Je fais les courses, la cuisine, vos lits, je vous conduis là où vous voulez, je gagne de l'argent que je partage avec vous et tout cela, je le fais avec plaisir parce que je vous aime. Je veux que vous ayez l'esprit libre pour étudier, accomplir votre travail personnel et mener une vie géniale. Mais je veux savoir ceci : est-ce que vous m'aimez suffisamment pour me laisser disposer d'une demi-heure par jour pour les mêmes raisons, *ou est-ce que vous préférez votre dîner* ? Si vous préférez votre dîner, il faut vraiment que je le sache ! »

Il est grand temps de réveiller les mamans *et leur famille aussi*. Écrivez sur un *Post-it* que vous collerez sur le réfrigérateur : « Ici, *tout le monde* a ce dont il a besoin, y compris Maman. »

Et le jour où les enfants rentreront de l'école et commenceront à éplucher les légumes pour le dîner parce que Maman sera dans le bureau en train de lire de la poésie, *toute une famille découvrira ce qu'est l'aventure.*

Maintenant permettez-moi de vous poser une question importante.

Quelle va être la vôtre ?

QUEL EST *VOTRE* VÉRITABLE SOUHAIT ?

Si vous avez opté pour le « plan sécurité », vous êtes un peu différent de ceux qui ne font pas ce qu'ils aiment, car vous, vous savez ce que vous voulez. Vous vous accrochez à votre job pour fuir l'insécurité de l'aventure qui vous attire. Vous savez très exactement de quelle aventure il s'agit, pourtant, il vous faut du courage pour y penser, alors laissez-moi vous aider. Imaginons deux choses. Imaginons d'abord que vous êtes hardi et que rien ne vous arrête. Vous savez fantasmer cela. Maintenant, *imaginons que vous ne puissiez pas échouer quoi que vous tentiez*. Dites-moi alors ce que vous feriez précisément, par écrit ou à l'aide d'un magnétophone.

> *Exercice 5 : Que feriez-vous si vous étiez hardi ?*
> *Que feriez-vous si vous étiez sûr de réussir ?*

Sue D., quarante-quatre ans, super-maman et bénévole : « J'étudierais l'histoire de la Grèce, j'apprendrais le grec que je parlerais ensuite couramment et je passerais mes vacances là-bas à lire Platon. »

Virginia, trente-trois ans, professeur d'anglais : « Chaque jour, j'écrirais des romans de neuf heures à midi, je passerais l'après-midi à jouer avec mes enfants et j'écrirais encore deux heures après dîner. »

Bob, cinquante ans, scientifique : « Je vivrais dans un pays différent chaque année. »

Judy, trente-trois ans, programmatrice informatique : « Je travaillerais avec des gens plutôt qu'avec des machines. »

Cindy, trente-quatre ans, comptable dans une université : « Je partirais pour la Californie et monterais ma boîte. »

Mais ne croyez-vous pas que la plupart des gens sont paresseux et n'ont qu'à se lancer ?

Pas le moins du monde. *Personne n'est paresseux, j'en suis convaincue.* Regardez comme vous courez pour attraper un bus, observez la peine que vous prenez pour vous habiller quand vous voulez être superbe. Si vous étiez vraiment paresseux, vous le seriez aussi dans ces moments-là.

Je parie que vous pensez que vous êtes sacrément fainéant quand il s'agit de réparer les volets ou de laver la voiture ! Ça, c'est de la paresse ?

Pas du tout. C'est une résistance. Vous ne *voulez* tout simplement pas le faire. Vous refuseriez si vous le pouviez. Comme vous ne le pouvez pas, vous traînez les pieds. C'est bête, mais nous le faisons tous.

Mais lorsque vous *voulez* vraiment faire une chose et que vous ne la faites pas, ce n'est plus de la résistance. C'est pire. Vous êtes en lutte avec vous-même et c'est si fatigant que vous en sortez épuisé.

Vous avez affaire à *votre conflit interne.*

Toutes les fois que vous vous dérobez, c'est qu'il y a un conflit interne. Cela signifie que deux forces puissantes s'opposent : l'une dit « Vas-y ! » tandis que l'autre ordonne « Stop ! » Il en résulte une paralysie de la dynamique psychique, une immobilité inquiète.

Quand on sermonne la force qui nous dit « Vas-y ! » pour qu'elle supplante l'autre, le résultat est faible et temporaire. Vous ne pouvez pas vous persuader que votre problème n'existe pas, pas plus que vous ne pouvez vous persuader qu'un caillou logé dans votre chaussure ne s'y trouve pas. Les slogans et les phrases toutes faites du style « T'as qu'à » ou « N'écoute pas ces pensées négatives. Comme on fait son lit, on se couche. *Dis-toi* que c'est sans danger, et cela le *sera* » sont trop superficiels pour nous aider longtemps. Le seul moyen d'en sortir est de respecter cette force qui nous dit « Stop ! », d'apprendre à la connaître, de découvrir d'où elle vient et pourquoi elle nous arrête.

Voici ce qu'a fait Judy.

JUDY LA PRUDENTE

Judy était trop prudente dans presque tous les domaines. Chaque prise de décision impliquait des recherches interminables, l'avis de nombreuses personnes, et cela se terminait bien souvent par l'annulation à la dernière minute de projets longuement et minutieusement élaborés comme les vacances. Programmatrice informatique, elle n'avait jamais aimé son métier mais se montrait indécise. Son rêve peut ne pas vous sembler irréalisable. Il était pourtant à ses yeux aussi inaccessible que le paradis : elle ne voulait plus travailler avec des machines mais avec des gens. Mais elle n'arrivait pas à se lancer. Il n'y avait aucune raison apparente à cette hésitation. Il était en réalité difficile d'y voir un risque quelconque. Mais tout ce que faisait Judy était ainsi. Elle se retrouvait toujours coincée.

« Je ne regarde même pas les dates des examens inscrites sur le panneau d'affichage et je ne sais pas pourquoi », admettait-elle. Tel un aimant pointé dans la mauvaise direction, sa résistance l'attirait loin de l'action.

Judy mourait de peur inconsciemment. En ne consultant pas les dates d'examen, elle jouait la carte de la sécurité et évitait ainsi de voir ses craintes réactivées. Celles-ci apparaissaient dès qu'elle entreprenait quelque chose pour réaliser son rêve, aussi n'entreprenait-elle rien.

De quoi avait-elle peur dans le passé ?

LE SENTIMENT DE SÉCURITÉ

Si vous aviez éprouvé un sentiment de sécurité suffisamment important lorsque vous étiez enfant, l'aventure ne vous effraierait pas. Après tout, la nature veut que nous ayons les deux : la sécurité pour que nous vivions assez longtemps pour nous reproduire, et l'aventure pour que nous devenions des chasseurs, des explorateurs et que nous trouvions des compagnons.

Lorsque vous voyez quelqu'un qui n'essaie pas d'obtenir ce qu'il veut, c'est qu'il n'a pas ce sentiment de sécurité au fond de lui. Il perçoit une espèce de danger. *Si cette impression existe sans raison apparente, il est bon de jeter un coup d'œil sur son passé.*

Dans le cas de Judy, la cause de cette crainte se trouve clairement dans sa petite enfance. Sa famille était catastrophique. Sa mère, une femme enfant, avait été abandonnée par son mari avec cinq petits à élever. Rien n'était jamais organisé ou fait correctement, et la famille était toujours au bord de la désintégration. Dès l'âge de six ans, Judy était à l'affût du moindre incident. Un jour, sa mère avait oublié sa petite sœur au supermarché. Lorsqu'elle était rentrée, elle s'était écroulée en larmes, incapable de penser. La petite Judy avait dû partir à la recherche du bébé. Il lui avait fallu du temps pour la retrouver car elle ne savait pas dans quel magasin sa mère l'avait laissée. Elle l'avait finalement récupérée assise dans sa poussette au bout d'une allée. Judy était ressortie avec la petite, grandement soulagée, mais elle était si loin de la maison qu'elle avait eu du mal à retrouver son chemin.

Les événements de ce genre étaient légion, mais c'est le plus marquant. La mère de Judy perdait les pédales. Alors Judy a dépensé toute son énergie pour s'assurer que rien de grave ne se produirait jamais ; elle pensait que sa vie s'écroulerait si elle prenait le moindre risque.

Tout lui paraît terriblement dangereux encore aujourd'hui.

Il est difficile de se débarrasser de ce type de comportement. Judy connaissait bien sûr sa propre histoire mais elle ignorait à quel point son passé pouvait encore avoir prise sur elle. Nous sommes nombreux à ne pas voir que des événements de notre enfance sont la cause de notre prudence extrême.

Mais c'est parfois ainsi.

C'est pourquoi vous ne m'entendrez jamais dire que c'est votre faute si vous n'avez pas ce que vous voulez. J'espère que vous ne laisserez *personne* – pas même *vous* – vous persuader que vous n'êtes pas assez persévérant, ou que vous ne souhaitez pas vraiment changer, parce que c'est comme si vous disiez à une voiture dont le réservoir est vide qu'elle ne fait rien pour avancer. Croyez-moi, vous n'êtes pas prudent par plaisir.

Il y a un moyen de changer.

Les programmes de développement personnel du style « La perfection en cinq étapes », qui coûtent une véritable petite fortune, nous attirent parce que nous croyons que notre problème se résoudra par une attaque de front. Il n'en est rien.

Dans les groupes de thérapie EST, les participants sont traités de « trouducs ». Cet exemple est extrême mais tous les programmes de développement personnel ont plus ou moins recours à la politique du coup de pied aux fesses. « Arrête d'être aussi con ! sous-entendent-ils. Tu crées ta propre réalité minable. » « Tu n'as qu'à changer ta façon de voir les choses ! »

Et nous aimons cela. C'est tellement rafraîchissant et tonifiant. Nous en sortons pleins de bonnes résolutions.

Mais quelque temps plus tard, nous reprenons nos vieilles habitudes. Pourquoi ? *Parce que la raison sous-jacente pour laquelle nous faisions les choses de manière imparfaite était fichtrement persuasive et que personne ne s'y était jamais vraiment intéressé.* On ne peut balayer toute son histoire, la pousser sous le tapis et espérer pouvoir danser dessus. On se prendra les pieds dedans à tous les coups.

QUELQUE CHOSE VOUS A FAIT PEUR

Vous avez peur et ce n'est pas parce que vous avez choisi d'être un lâche. *Quelque chose vous a effrayé mais vous ne savez pas exactement quoi.* Croyez-moi, chez toutes les personnes prudentes en surface, on retrouve un mégadrame en sous-sol. Et il faut que vous découvriez le vôtre.

Mais il faut d'abord que vous cessiez de vous flageller !

Personne n'est plus dur avec lui-même que celui qui a choisi le « plan sécurité ». Il a appris quelque part que, s'il était dur avec lui-même, il pourrait s'améliorer. « C'est ma faute, se dit-il. Si j'avais des tripes, je me bougerais et je le ferais. C'est moi qui me fais du mal tout seul. »

Mais se flageller n'apporte rien. Quand j'étais petite, on considérait que les enfants *adoraient* faire les choses de travers. C'était des élucubrations fantaisistes parce que *personne n'a envie de se gâcher la vie*. Réfléchissez. Avez-vous déjà pensé qu'il était très amusant de collectionner les mauvaises notes, de grossir, ou de voir vos parents en colère contre vous ? Bien sûr que non. C'est la même chose quand vous jouez la carte de la sécurité : *vous ne le faites pas par plaisir.*

Et puis même si vous aviez raison concernant tous vos défauts – ce qui n'est pas mon avis, j'insiste ! – vous flageller ne vous ferait aucun bien car les punitions n'ont pas le moindre effet sur la volonté. En fait, *juger votre comportement n'est qu'une nouvelle dérobade parce que cela vous donne l'impression de faire quelque chose de vertueux.*

C'est une illusion, croyez-moi ! Vous taper sur les doigts ne fait que remplir votre emploi du temps. Lorsque vous arrêterez de vous flageller, un grand espace s'ouvrira devant vous et vous saurez comment bien l'utiliser.

Ne laissez pas non plus les autres vous juger. Juger, c'est nul. C'est à la portée de n'importe quel imbécile.

Pour obtenir un vrai changement, il faut que vous compreniez qu'il existe une bonne raison à ce problème et que vous la trouviez.

Vous serez ensuite en position d'y remédier.

Pourquoi n'avons-nous pas appris à rechercher les bonnes raisons sous-jacentes à nos « mauvais » comportements ? Je crois que l'on nous a enseigné à juger tout et tout le monde parce que c'est plus facile – à court terme – que de réfléchir.

Alors *réfléchissons* à votre situation quelques instants.

À QUI APPARTIENT CETTE VOIX DANS VOTRE TÊTE ?

Il y a trois sortes de voix :

Cette voix qui dit : « non » dans votre tête est celle d'un adulte qui vous a appris à avoir peur. C'est un parent, un professeur, un frère ou une sœur plus âgés. Vous avez fait vôtre cette voix, et c'est ce qui vous arrête maintenant.

Les parents d'Alicia prenaient peur chaque fois que leur fille essayait de se faire des amis ou d'entreprendre de nouvelles activités. Ils l'exhortaient à la prudence comme si le danger se trouvait à tous les coins de rue. Ses deux parents étaient les benjamins de deux familles d'immigrants, et leur vie avait toujours été gérée par leurs aînés. Les parents d'Alicia manquaient ainsi d'initiative, ne savaient pas prendre des décisions tout seuls et n'avaient pas l'expérience qui aurait pu leur donner confiance en eux. Même si vous savez que ce que l'on vous dit est stupide, le message pénètre quand même en vous. C'est comme ça que nous apprenons. Notre esprit est structuré pour nous protéger du danger, et lorsque l'on est petit, le mieux est de faire siennes toutes ces voix pour qu'elles nous rappellent toujours et encore que quelqu'un nous a dit que le monde était dangereux.

Alicia n'a jamais éprouvé de difficulté à dire à ses parents qu'*ils* étaient trop peureux mais leurs messages se sont quand même gravés dans sa tête. Désormais, chaque fois qu'elle tente quelque chose de hardi, elle panique et essaie de tout arrêter. Elle quitte un nouvel emploi, ne vient pas aux rendez-vous ou fuit les mondanités.

Vos parents étaient irresponsables alors vous vous êtes créé une voix parentale.

Si l'un de vos parents était irresponsable ou peu fiable, vous avez dû remplir son rôle vous-même. Comment ? Vous vous êtes créé une voix parentale pour vous protéger, une voix qui vous grondait, vous rappelait d'être ordonné et prudent. Plus vos parents se montraient irresponsables, plus forte était votre « voix parentale ».

MAÎTRISE ET MAGIE

Nous, les êtres humains, faisons quelque chose de bizarre lorsque nous craignons que notre monde nous échappe : nous recourons à la pensée magique. Nous essayons de contrôler notre univers à l'aide de « petits jeux de maîtrise ». Nous ne pouvons pas faire grand-chose pour rendre notre vie complètement sûre : la maladie, la guerre ou la météo peuvent avoir raison de nous n'importe quand. Les animaux arrivent à vivre avec cette impuissance. Pas nous, alors nous faisons comme si nous y remédiions. Nadine, par exemple, est très exigeante avec elle-même au sujet de ses vêtements. Il faut qu'ils soient propres et parfaitement rangés dans ses tiroirs. Il en a toujours été ainsi depuis l'enfance. C'est sa pensée magique, comme la danse de la pluie chez les Indiens. Elle a alors l'impression d'avoir un pouvoir sur un monde qu'elle ne contrôle pas en réalité. À quoi le remarque-t-on ? À cette voix parentale qui lui dit : « Regarde-toi un peu ! Tu as sali ta jupe. Tes chaussettes sont trouées. Tu es dégoûtante. » Chaque année, l'enjeu monte...

Et aujourd'hui Nadine a un tyran dans la tête aussi féroce qu'un véritable parent aurait pu l'être, qui contrôle ses moindres mouvements. Tant qu'elle ne comprendra pas que plier ses vêtements convenablement ne transformera pas sa mère en mère normale, elle sera prisonnière de ce comportement compulsif.

La voix qui dit « non » était un ordre implicite dans votre famille : vous n'avez jamais entendu dire « non » mais vous le sentiez dans l'air.

Parfois la voix dans votre tête est bien dissimulée, comme chez Cindy. Cindy a eu une enfance merveilleuse. Elle s'en souvient avec plaisir. Ses parents ne paraissaient jamais inquiets car ils maîtrisaient tout. « Rien ne se produisait jamais chez nous. Tout le monde était gentil, tout était fait comme il fallait. Nous étions tous heureux. Personne ne tombait malade et le lait ne débordait jamais. Mon père est rentré du bureau à cinq heures et demie chaque jour de sa vie et le dîner était prêt. C'était la vie de famille la plus réglée que j'aie jamais vue. Nous n'avons jamais eu de pneu crevé ! »

Cindy est entrée à l'université près de chez elle puis, ses examens en poche, elle a commencé à travailler dans le service administratif de celle-ci. Elle aimait cela. Elle a mis au point un système financier passionnant remplaçant ainsi le précédent qui était peu performant et dépassé. Elle a obtenu des résultats extraordinaires. « Je sens bien les systèmes, les chiffres et l'organisation. J'adore ça. » Mais Cindy était constamment sous-payée et sous-estimée. Elle aurait aimé faire le même genre de travail ailleurs, en Californie par exemple. Je lui ai dit qu'elle pourrait monter un cabinet de conseil pour aider toutes les universités du pays à se débarrasser de leurs problèmes administratifs. Nous avons réfléchi à la manière d'obtenir des articles sur elle dans les magazines et le projet commençait à prendre forme. Mais elle a finalement admis qu'elle était terrifiée à l'idée de quitter son job actuel. Elle avait peur que « les choses lui échappent ». Pourquoi était-elle si effrayée ? Rien pourtant n'avait jamais échappé au contrôle de sa famille lorsqu'elle était enfant.

J'ai encouragé Cindy à interroger ses parents sur *leur* propre enfance et un secret stupéfiant lui a été révélé. Son père avait eu une enfance particulièrement difficile, ce qu'elle ignorait. Le frère de son père, schizophrène, terrorisait toute la famille. Le père de Cindy avait essayé de protéger les siens du mieux qu'il le pouvait, puis il s'en était détaché. Il avait vu le monde perdre les pédales et il ne voulait pas en faire partie. Il avait alors épousé une femme douce qui aimait jouer à la maîtresse de maison et qui détestait les conflits, et ils avaient tous deux créé ce petit paradis de sécurité qu'était la maison de Cindy. *Mais tout ce qu'il a fait n'a été qu'une manière de prouver qu'il maîtrisait tout et que la sécurité régnait. C'était aussi le rappel du danger qu'il avait vécu et ses enfants ont d'une manière ou d'une autre intégré ses angoisses.*

Une fois que vous pourrez enfin entendre cette voix qui dit « non », comment y répondre ?

Vous ne pouvez tout simplement pas ignorer ces voix, mais vous n'avez pas non plus à vous laisser limiter par elles. Il suffit parfois de constater que le problème provient d'une voix du passé. Mais c'est quelquefois insuffisant et il faut réfléchir au problème lui-même avant de pouvoir aller plus loin.

Voici comment Judy et Cindy ont procédé.

Judy a démarré très doucement pour ne pas déclencher son système d'alarme. Son seul but était de se désensibiliser au fait d'être en mouvement. Comme elle trouvait difficile d'agir spontanément, elle s'est donné l'ordre de sortir et d'acheter une glace dès que cette idée lui passerait par la tête. Cela ne paraît pas dangereux, mais c'était la première étape en vue de briser toutes les règles de sécurité élaborées par Judy. Lorsque des petits pas ne lui feront plus peur, elle pourra envisager de se montrer plus hardie et le devenir !

Cindy a postulé un emploi au sein de l'université de la ville où elle compte s'installer. Elle s'est aussi obligée à consulter les petites annonces locales. Elle va rester en contact avec toutes les sociétés de la région afin de mettre au point un programme qu'elle pourra vendre aux universités. Il se pourrait qu'un jour elle tombe sur un job qui lui convienne si bien qu'elle sautera dessus.

Lorsque l'on préfère la sécurité à l'aventure, il faut s'entraîner à procéder par petites étapes dans une direction aventureuse. Alors fixez-vous un but, peu importe s'il n'est qu'expérimental, et commencez le processus de planification. Décidez de devenir comédien, d'apprendre le karaté ou de partir en camping. Ne vous inquiétez pas trop de savoir si vous atteindrez ou non ce but dans la réalité. Avancer dans n'importe quelle direction nouvelle est aventureux. L'important ici est de commencer à vous comporter différemment tout en courant le minimum de risques.

Rédigez la liste de ce que vous devrez faire pour atteindre votre objectif et vos objectifs intermédiaires. Placez-les dans le bon ordre et ne vous fixez pas de limites dans le temps. (Vous trouverez des conseils de planification dans le chapitre 6 intitulé « Je veux trop de choses ».)

Ne quittez pas votre « job sûr » pour l'instant. Commencez par vous entraîner à procéder par petites étapes. Faites ce que vous évitiez auparavant, expérimentez

« les petits risques » et « les petites aventures » jusqu'à ce que votre envie de réaliser ce que vous voulez et votre expérience des « petits risques » vous donnent suffisamment confiance en vous. Vous prendrez alors conscience que vivre votre rêve le plus grand n'est qu'une « petite étape » risquée supplémentaire.

Certaines personnes ont fait des pas de géant intellectuellement sans jamais quitter leur « job sûr ».

Wallace Stevens est l'un des plus grands poètes américains du XXe siècle. Il jouait aussi la carte de la sécurité car, tout en écrivant des poèmes fabuleux pendant ses loisirs, il conservait son poste dans une compagnie d'assurances.

Et mon héros, Albert Einstein, était employé aux brevets et aimait bien cela.

Un homme, Cornelius Hirschberg, a occupé pendant quarante-cinq ans un emploi qui ne l'intéressait pas dans « la fringe ». Il passait une heure chaque jour matin et soir dans le métro pour aller à son travail. Son job et ses collègues ne le passionnaient pas, son salaire non plus. Il a cependant réussi à élever ses enfants assez convenablement. Il appréciait son travail parce que celui-ci le laissait libre de faire ce qu'il aimait par-dessus tout.

Il a lu dans le métro pendant quarante-cinq ans et il est ainsi devenu un homme cultivé. Dans son livre, *The Priceless Gift*[1] (Simon & Schuster, NY, 1960), il écrit au sujet de sa vie : « Je remplis mon devoir en gagnant ma vie. Lire et penser m'appartiennent... Je vous montre maintenant comment vous pouvez trouver votre bonheur comme je l'ai fait tout au long de mon existence, dans un noble monde de chant, de couleurs, de formes, d'idées et de vérité. Approfondir les choses, quelle joie ! Entrevoir une nouvelle vérité ou une nouvelle beauté – vous pouvez le vivre tout autant que moi. »

---

1. « Un don inestimable. » (*N.d.T.*)

5

La crainte du succès : laisser ceux que vous aimez sur le bord du chemin

Vous avez un problème que bien des personnes vous envient : vous craignez le succès. La plupart d'entre elles pensent qu'elles ne risquent pas sérieusement de l'obtenir, aussi votre peur leur paraît-elle gratuite, un peu comme la peur de devenir très riche.

Elles ne voient pas à quel point il est douloureux pour vous de laisser tomber le ballon alors que vous étiez sur le point de marquer un essai. Elles ne comprennent pas qu'une personne avec vos capacités passe son temps à gâcher des occasions fantastiques. C'est aussi un mystère pour vous.

Vous savez que vous êtes doué parce que l'on vous remarque. On vous a souvent donné votre chance et ceux qui l'ont fait n'avaient pas tort. Ils voyaient ce dont vous étiez capable.

Pourtant, chaque fois que vous vous approchez de votre but, quelque chose se produit : vous perdez de vue votre objectif à l'instant crucial pour focaliser votre énergie sur un élément sans importance, ou votre moral dégringole pour des raisons mystérieuses, et vous vous sentez fatigué au moment où vous auriez le plus besoin d'énergie.

Au lieu de vous saborder directement, vous perdez parfois simplement le fil de ce que vous faites. « Ce boulot ne conduit nulle part. Autant tout laisser tomber », m'a dit Lisa Q., curieusement découragée après trois mois passés dans un job merveilleux qui aurait pu la mener tout droit à la carrière dont elle rêvait. Elle avait commencé par prendre des week-ends allongés et à manquer des réunions importantes. Au début, elle avait quantité d'excuses, puis un jour elle s'était rendu compte qu'elle ne savait absolument pas pourquoi elle se comportait de façon si étrange.

Il y avait quelque chose derrière ce comportement incompréhensible. Comme derrière le vôtre. Il faut que vous le découvriez car *ce que vous ignorez vous fait souffrir.*

Passez votre vie en revue et vous y relèverez probablement une série d'occasions manquées qui remonte jusqu'à votre enfance.

Votre passé ne conditionnera pas votre avenir si vous parvenez à comprendre *pourquoi* vous entretenez une relation aussi particulière avec la réussite. C'est ce que j'aimerais que vous commenciez à faire dès maintenant.

Exercice 1 : Reculer devant le succès

Prenez une feuille de papier et inscrivez en haut à gauche dans la marge l'âge auquel remonte, selon vous, votre crainte du succès. Si vous n'en êtes pas sûr, écrivez « 5 ans ». Continuez à noter les âges de cinq ans en cinq ans jusqu'à aujourd'hui dans la marge en descendant. À côté de chaque âge, écrivez tout ce que vous faisiez pour éviter d'obtenir ce que vous souhaitiez réellement. Si vous ne vous souvenez d'aucun épisode de sabordage, racontez les moments forts de ces années à mesure qu'ils vous reviennent à l'esprit. Vous risquez d'avoir des surprises.

Voici ce dont se souvient Beverly, âgée de trente et un ans, et directrice d'une agence immobilière :

5 ans : Je faisais tout ce que je voulais. J'ai appris à lire ! Pas de problèmes.

10 ans : Mon frère s'est mis à se montrer très vache avec moi. Il a cessé d'être mon ami. Je jouais seule dans ma chambre. J'essayais de ne pas me faire remarquer.

Je bavardais trop avec mes amis en classe, ce qui m'a attiré des ennuis. J'essayais d'être silencieuse mais j'oubliais sans cesse mes bonnes résolutions. J'ai commencé à penser que ceux qui ne me souriaient pas ne m'aimaient pas. Je faisais le clown pour faire rire tout le monde.

15 ans : J'étais folle des garçons. Ils ne voulaient pas sortir avec des filles intelligentes, alors je faisais la sotte en leur compagnie. Comme je finissais toujours par m'intéresser à leurs discussions, j'oubliais de me taire. Je pensais que je manquais de tout ce qui pouvait me faire aimer d'un garçon.

20 ans : Entrée à l'université. Je suis finalement devenue assez populaire mais je n'en étais pas heureuse. Les garçons ne semblaient pas m'aimer vraiment, ils faisaient simplement pression sur moi pour que je couche avec eux. Je pense que je voulais que quelqu'un tombe réellement amoureux de moi.

Pour la première fois, mes notes se sont nettement dégradées et les études ne m'ont plus intéressée. Je me demandais à quoi bon continuer.

J'étais déprimée lorsque j'ai obtenu mon diplôme. J'aurais pu poursuivre un troisième cycle mais je ne m'en suis pas donné la peine. Je ne savais pas quoi étudier.

25 ans : Après une succession d'emplois à temps partiel, j'ai commencé à travailler comme directrice d'agence. C'est ce que je fais depuis lors.

Beverly a interrompu sa chronologie à vingt-cinq ans, estimant qu'à cet âge son processus de sabordage était bien rodé.

Lorsque Marcia, quarante-trois ans, consultante en motivation spécialisée dans la prise de parole en public, a fait cet exercice, elle n'a repéré aucun problème *avant* ses vingt-cinq ans ! Elle avait eu une enfance difficile avec deux parents alcooliques. Elle était décidée à survivre et à bâtir sa propre vie. Élaborant soigneusement son plan de carrière, elle avait suivi une formation pour devenir consultante en prise de parole mais, le soir de son premier grand discours, elle s'était retrouvée sans voix. Les médecins consultés n'avaient découvert aucune cause physique à son problème, aussi s'était-elle remise à travailler dur. Quelques mois plus tard, la même chose s'était produite. Elle avait laissé tomber les conférences et s'était mise à grossir. Le cœur brisé, elle avait poursuivi ses études et était devenue professeur d'élocution. Elle en savait suffisamment pour réussir si elle décidait de recommencer à parler en public mais son poids était désormais un obstacle. Elle refusait de donner des conférences tant qu'elle ne maigrirait pas. Et elle ne maigrissait pas. Elle ne s'autorisait pas à réussir *cela*.

Quelle est votre histoire ?

Relisez longuement ce que vous avez écrit. Quels sont les moments où vous vous êtes créé un problème alors que tout aurait très bien pu se passer ? Vous hésitez ? Posez-vous les questions suivantes :

Demandiez-vous ce que vous vouliez ? Persistiez-vous à aller à la recherche de ce que vous souhaitiez, même quand cela devenait difficile ? Vous présentiez-vous aux personnes dont vous vouliez faire la connaissance, ou que vous *deviez* connaître pour obtenir ce que vous vouliez ? Aimiez-vous réussir en sport, aux examens ou avoir du succès dans les soirées ? Quelle impression éprouviez-vous lorsque vous rapportiez de bonnes notes ou des prix de gymnastique à la maison, ou que vous présentiez votre super petit(e) ami(e) ?

Refuser d'être énergique pour notre propre compte nous permet parfois d'éviter le succès. Je parle de l'élan vital normal et sain que tout enfant possède à la naissance. *Vous avez eu cette énergie, vous aussi.* Où est-elle passée ? Avez-vous toujours été ainsi ? Ou bien étiez-vous téméraire et volontaire jusqu'à dix, quinze ou vingt-cinq ans avant d'éprouver des difficultés à obtenir ce que vous vouliez ?

Beverly a été surprise de constater combien sa chronologie montrait clairement et précocement l'apparition du conflit interne qui l'habitait : « J'ai très *vite* appris qu'il était mal d'être intelligente ! Je savais que l'on ne m'aimerait pas si j'avais de la cervelle. Soit on était intelligente, soit on était aimée. C'était ma conviction. Comme si l'un et l'autre s'excluaient mutuellement. Je ne m'étais jamais rendu compte que j'avais tout laissé tomber avant dix ans ! »

Avant de tirer des conclusions hâtives concernant votre propre chronologie, je voudrais vous donner trois indications :

Première indication : Reculer n'est pas toujours le signe de la crainte du succès.

Lorsque vous reculez devant une chose que tout le monde, à part vous, considère comme une occasion mirobolante, *ce n'est pas la crainte du succès.*

Nous avons tous le souvenir d'avoir refusé une bourse ou un job qui semblaient intéressants ou un mariage avec un très beau parti. Les gens ont cru que nous étions fous, et nous aurions pu être d'accord avec eux. (On peut être perturbé quand une opportunité paraît si extraordinaire que l'on pense que l'on *devrait* vouloir la saisir.) Mais nous ne pouvions nous y résoudre. Cette occasion n'était pas la bonne, et nous le savions au fond de notre cœur.

Saul, quarante et un ans, professeur d'université, éprouvait de grandes difficultés à trouver un poste. On lui a proposé de diriger une école privée huppée et de mettre au point les programmes scolaires. Ses amis étaient contents pour lui. Saul pensait qu'il devait accepter ce job. Mais l'idée de s'enfermer dans l'élaboration de programmes scolaires, d'embaucher des professeurs au lieu d'enseigner lui-même, lui donnait l'impression d'étouffer. « Je préfère rechercher un poste d'enseignant. C'est ce que j'aime. Pas concevoir des programmes scolaires. »

La clé est là. Si vous repoussez votre rêve quand il est juste à votre portée, *c'est* du sabordage, c'est la crainte du succès. Ce n'est pas le cas de Saul. Jamais il n'avait eu envie du genre de travail qu'on lui proposait alors. Il est évidemment raisonnable d'accepter un job intérimaire pour payer son loyer même si cela ne nous enchante pas – car payer son loyer est essentiel à notre réussite – *mais n'oubliez jamais ce que vous désirez vraiment.*

Si vous vous persuadez d'aimer une carrière que vous *n'aimez pas* en réalité – simplement parce que vous pensez que vous le devez –, vous vous préparez une vie bien triste. *Rappelez-vous : rejeter ce que vous ne voulez pas n'est pas la crainte du succès, c'est la peur d'être dévié de votre voie.*

Deuxième indication : Vous n'êtes pas la cause de toutes les occasions manquées !

C'est vrai. Vous ne maîtrisez pas le cosmos.

Si votre secteur d'activité rencontre de grandes difficultés, ou si vous essayez sans succès de réaliser des choses pratiquement impossibles (comme obtenir un rôle à Broadway), vous commencez peut-être à croire que vous ne vous êtes pas assez accroché et que vous

vous sabordiez. La réalité est autre : vous ne pouvez pas toujours faire en sorte que les événements aillent dans le sens que vous voulez *à court terme*. Il y a le monde réel, là-dehors. Il ne vous consulte pas chaque fois qu'il décide de bouger.

Il est essentiel que vous fassiez la différence entre les événements qui échappent à votre contrôle et ceux dont vous êtes vraiment la cause.

Troisième indication : Ne croyez pas que c'est la crainte de l'échec qui vous paralyse.

Si vous pensez que c'est la crainte de l'échec qui vous paralyse, vous avez tout faux. En réalité, vous avez peur de réussir. *Si vous aviez réellement peur d'échouer, vous réussiriez très bien*. Ceux qui ont vraiment peur d'une *chose* la fuient autant que possible. Alors si vous fonctionnez en dessous de vos capacités, et si vous croyez que vous n'essayez pas d'obtenir ce que vous désirez parce que vous craignez d'échouer, oubliez tout ça ! Vous êtes déjà un raté à vos yeux, alors en quoi l'échec peut-il vous faire peur ?

Vous allez me dire que ce n'est pas l'échec en lui-même que vous craignez. Vous avez peur d'échouer dans un domaine *particulier*. Par exemple : « Et si j'essaie de devenir écrivain, que j'y consacre toute mon énergie et que j'échoue ? Alors mes pires craintes se réaliseront. Je saurai que je n'en suis pas capable. »

Vous ne saurez rien de tel. Si vous essayez d'entrer à Polytechnique, d'être un artiste ou de trouver un compagnon et que vous échouiez, cela ne prouvera rien si ce n'est qu'*il est difficile de réussir*. Ce n'est pas nouveau. Continuer à s'accrocher jusqu'à ce que cela marche n'est qu'une question de bon sens. Si, en revanche, vous ne parvenez pas à vous résoudre à continuer, là, je commencerais à me poser des questions. Peut-être ne voulez-vous pas réussir, peut-être voulez-vous seulement que l'on se souvienne que *vous avez essayé*. Vous recherchez un alibi et voici le moment de nous montrer curieux : pourquoi voudriez-vous construire votre vie ainsi ?

QU'EST-CE QUI VOUS FAIT SOUFFRIR ?

Rappelez-vous qu'il existe toujours une bonne raison à tout.

« J'ai l'impression d'être Pénélope, la femme d'Ulysse, qui tissait toute la journée et défaisait son ouvrage la nuit parce que si elle l'avait achevé, elle aurait dû choisir un mari alors qu'elle attendait le retour d'Ulysse », dit Lynn. Lynn a une entreprise de recueil d'informations pour les scientifiques. Elle adore son travail et le fait très bien. Mais à la dernière minute, au moment de remettre un rapport, elle perd souvent une page capitale ou oublie de vérifier son matériel.

« Je *sais* que je devrais revérifier le matériel. Je le sais. Mais parfois j'y renonce. Je me dis "Allez, c'est bon." Je le regrette toujours après. »

Si vous êtes comme Lynn – la plupart de ceux qui craignent le succès *sont* comme elle –, vous pouvez voir combien votre sabordage est délibéré tout en vous sentant incapable d'y mettre un terme. C'est parce que cette démarche n'est qu'à moitié consciente. Nous fichons nos chances par terre comme une personne au régime se jetant sur un gâteau au chocolat. On dirait que quelqu'un d'autre prend soudain le pouvoir ! Et c'est le cas, d'une certaine façon.

Qui mène la danse ?

Regardez à nouveau la chronologie de Beverly. Les ressentiments de son frère et de ses professeurs d'abord, puis l'ensemble des expériences qu'elle a faites l'ont amenée à constater que, dès qu'elle se montrait trop intelligente, les gens devenaient froids envers elle. Quelques années après, elle a fait un lien entre être intelligente et ne pas pouvoir être aimée. Reculer n'a jamais été une décision *consciente*. Beverly a travaillé dur pour organiser sa vie intelligemment puis elle s'est soudain mise à éprouver de mystérieux troubles de concentration. Ses notes se sont effondrées, et elle a finalement décidé qu'elle n'était après tout pas si intelligente que cela. Sans vraiment savoir ce qu'elle faisait, Beverly a étouffé ses dons.

Lorsqu'une réaction est inconsciente, elle est sur pilotage automatique. Elle vous contrôle si bien qu'elle n'a même plus besoin de jeter un œil sur vous. La meilleure méthode pour réveiller cette résistance endormie est *de lui donner de quoi s'inquiéter*.

Je veux que vous débranchiez le pilotage automatique pendant cinq minutes. Imaginez que rien ne vous a arrêté et que vous avez réalisé votre rêve le plus merveilleux.

Exercice 2 : Laissez chanter votre « voix pro-succès »

Une partie de vous apprécie la réussite et elle a une voix pour s'exprimer. Celle-ci est aussi claire qu'une cloche, puissante et belle, et elle vous dit : « J'aime obtenir ce que je veux. » Elle meurt d'envie de prendre de l'exercice, alors je voudrais que vous lui donniez de quoi chanter.

Imaginez que vous ayez tout ce que vous désirez. Choisissez une vie qui colle à vos rêves de réussite. En un mot, *choisissez ce que vous auriez aujourd'hui si vous n'aviez jamais laissé tomber le ballon.*

Fermez les yeux et imaginez : quel effet cela fait-il d'avoir tout ce que vous vouliez ? Regardez et « vivez » la scène dans ses moindres détails comme si vous étiez dedans. Continuez cet exercice tant que vous le pourrez – cinq minutes maximum – sans vous interrompre.

Vous faites exactement ce dont vous mouriez d'envie. Vous êtes à votre bureau en train de signer de gros chèques et, par la baie vitrée, vous voyez l'horizon de votre capitale favorite. Ou bien vous êtes sur scène, vous chantez tel un ange devant un parterre de milliers de fans. Ou encore vous êtes dans le meilleur laboratoire de recherche du monde en train de découvrir un traitement du sida. Ou vous êtes sur un podium aux jeux Olympiques, la médaille d'or autour du cou, pendant que l'on entonne votre hymne national.

N'oubliez pas de faire figurer tous les honneurs, les accolades et le respect dont vous seriez l'objet si vous réussissiez complètement ce que vous aimez.

Que ressentez-vous ?

Maintenant je veux que vous en parliez. *Bien fort !* Levez-vous, regardez par la fenêtre ou mettez-vous devant un miroir et laissez votre « voix pro-succès » s'exprimer à son tour. Dites au monde entier pourquoi votre vie est merveilleuse.

Andrea, quarante-deux ans, une comptable qui avait toujours voulu devenir danseuse professionnelle, se voyait triompher dans des comédies musicales à Broadway et dans des vidéos : « Oh, j'adore ça ! Je suis excellente dans ce que j'aime. C'est le paradis. »

Saul, l'enseignant sans emploi, se voyait dans l'une des universités les plus prestigieuses au monde, acclamé par ses élèves et recevant des félicitations au cours d'un dîner officiel : « Je me sens si sage et si généreux, et chacun se montre tellement reconnaissant. Chaque instant est intéressant, somptueux même : des mets et des vins délicats, des esprits et des cœurs merveilleux ! »

Beverly, la directrice d'agence, se décrivait simplement en train de lire sur la terrasse de sa maison de campagne au cours d'une journée d'été : « Je renais, je me détends. L'air est si frais. Je n'ai plus de responsabilités. »

Vous est-il difficile d'être follement enthousiaste ?
Essayez encore parce que cet exercice a un but bien précis. Forcez-vous à encourager votre vie imaginaire pendant au moins cinq minutes !

Cinq minutes ont passé, comment vous sentez-vous ?

Andrea, la comptable-danseuse, a dit : « Quelque chose ne va pas. Je me sens mal à l'aise. J'ai déjà ressenti cela. »
Avez-vous éprouvé la même chose ?
Au bout de quelques minutes, « le sabordeur » souffre généralement d'un changement d'humeur. Tout ce joyeux tintamarre a réveillé sa résistance et *c'est exactement ce que nous voulions.*
Saul, l'enseignant, s'est retrouvé extrêmement en colère. Beverly s'est seulement montrée anxieuse : « J'avais la frousse comme si quelque chose de grave allait se produire. J'ai pensé que je me sentirais mieux si je me mettais à tondre la pelouse. Mon jardin sera complètement ratiboisé ! »
Pourquoi diable ne serait-il pas totalement merveilleux de goûter au doux succès ?
Parce que le succès comporte un danger à vos yeux. En évitant de réussir, vous évitez ce danger. En quoi la réussite pourrait-elle être dangereuse ? Au fond de chacun de ceux qui, parmi nous, craignent le succès, réside la conviction que surviendra une émotion pénible s'ils réussissent et instinctivement, involontairement, tel un animal ils la fuient.
Comme vous vous êtes forcé à apprécier consciemment votre rêve pendant un moment, votre voix inconsciente – votre force antisuccès – s'est mise en action pour vous éviter de courir le risque d'une émotion pénible. Vous pouvez déjà entendre ses mots. Rien de nouveau à cela mais cette fois-ci, vous allez les répéter à haute voix comme vous l'avez fait pour votre « voix pro-succès » et nous allons les écouter attentivement.

Exercice 3 : Laissez s'exprimer votre voix antisuccès

Vous *savez* pourquoi l'idée de la réussite vous terrifie, et je veux que vous le disiez haut et fort. Dites toutes les choses négatives qui vous passeront par la tête.

ANDREA : « Danser est stupide. Ce n'est que de la frime. »

SAUL : « Si l'on me félicite parce que je suis le meilleur professeur de l'université, mon père va s'approprier ma réussite. Il va croire que *c'est lui* qui a réussi. Je ne peux pas supporter l'idée de lui donner cette satisfaction. »

BEVERLY : « Je me sens soudain complètement isolée comme si j'étais sur la lune. J'ai le sentiment que je mérite d'être solitaire. »

Maintenant, voilà la question importante : *Où avez-vous chopé cette idée que la réussite était quelque chose de dangereux ?*

Vous saurez peut-être immédiatement comme Saul pourquoi vous évitez la réussite : quelqu'un veut par exemple s'approprier vos succès.

Si vous ne repérez pas sur-le-champ d'où vient le danger, voici deux façons de le découvrir :

1. Prenez la feuille sur laquelle vous avez noté votre « chronologie antisuccès » et relisez-la. Considérez toutes les situations au cours desquelles vous avez tourné le dos à quelque chose que vous vouliez. Voyez si vous savez maintenant pourquoi vous avez agi ainsi. Quelqu'un dans votre famille était-il malheureux, aigri, ou éprouvait-il le sentiment d'être un raté ? Vos parents voulaient-ils que vous réussissiez à leur place en oubliant que vous aviez besoin de vos propres réussites ? Quelqu'un manifestait-il de la colère face à vos réalisations et vous rabaissait-il ?

2. Demandez-vous : *Qui cette voix négative me rappelle-t-elle ? Qui dit cela ?*

La première réponse que l'on me donne lorsque je demande : « Qui dit cela ? » est : « C'est *moi*. Je dis ces choses-là parce que c'est ce que je pense. » Vous croyez que ce sont vos propres paroles parce que vous les avez mémorisées et énoncées pendant des années, pour vous arrêter dans votre élan avant que quelqu'un d'autre ne vous les dise. La question importante est : « Qui d'autre aurait pu les prononcer ? »

Andrea qui pensait que les danseuses étoiles étaient profondément malheureuses et névrosées s'est ainsi immédiatement rendu compte que « sa voix négative » était en fait celle de sa mère. Celle-ci avait toujours dénigré les gens célèbres, ou ceux qui avaient réussi, en disant qu'ils étaient arrivés au sommet parce que c'étaient des égoïstes.

Nos parents disent ce qu'ils pensent, et nous ne nous demandons jamais vraiment ce qui se cache derrière leurs paroles. Nous les acceptons comme des données de base à partir desquelles nous construisons notre vie.

Apprendre que le monde n'est pas à l'image de notre famille n'est pas aisé. Certaines parties de nous veulent rester accrochées au style et aux habitudes que nous avons connus dans notre enfance, même si nous savons que c'est à éviter.

VOTRE ENFANCE

Nous aimons penser qu'une fois devenus adultes notre enfance ne nous affecte plus.

Ne soyons pas si prétentieux au sujet de notre maturité ! Quand nous sommes stressés, nos défenses les plus primitives – c'est-à-dire infantiles – se mettent en action. Pour celui qui craint le succès, cela signifie que, lorsque la réussite pointera le bout de son nez, le sabordage ne sera pas bien loin non plus.

L'exercice 2 vous aidera à voir que les conflits sous-jacents sont bien vivants. Reconnaître ses problèmes est douloureux mais si vous ne démasquez pas les vôtres, ils risquent de vous faire un croche-pied au moment où vous croirez enfin aller de l'avant.

Alors n'hésitez pas à considérer froidement vos difficultés. Vous vous trouvez au bon endroit pour voir la nature et la source réelles de celles-ci. Il ne vous reste plus qu'à retrousser vos manches pour remédier à ce qui ne va pas. Comme disait le grand romancier américain James Baldwin : « Sachez d'où vous venez. Si vous savez d'où vous venez, vous pourrez atteindre l'infini. »

Votre crainte du succès a peut-être plus d'une origine. Demandez-vous si vous avez peur de commettre l'un ou l'autre des « péchés » suivants :

Dépasser quelqu'un que vous aimez.

Pères et fils : vous serez stupéfait du nombre d'hommes qui n'osent pas dépasser leur père.

Les hommes sont cruellement testés par les autres hommes dans notre culture. Ils apprennent dès la cour de récréation à se replier, à se battre ou à raconter une bonne blague pour éviter une raclée. Les garçons s'obligent mutuellement à être durs et indépendants avant l'heure. Ils commencent à jouer aux grands alors qu'ils ne sont encore que des enfants. Chez les hommes demeurent une peur et une vulnérabilité importantes qu'ils doivent dénier. Ils se trouvent ainsi sur une espèce de corde raide en train de combattre tout signe de faiblesse en eux.

Lorsque les hommes deviennent pères, ils essaient d'aider leurs fils en les encourageant à être durs, à lutter contre leurs « dangereuses » tendances à se montrer dépendants et vulnérables. Mais lorsqu'un garçon commence à être trop fort, son père est soudain renvoyé à sa propre fragilité et bascule dans la compétition. Quel que soit l'amour qu'il porte à ses enfants, il ne peut s'empêcher de se sentir menacé par la puissance d'un autre « mâle ».

Chaque fois que vous dépassez votre père, il se retrouve projeté dans un magma de sentiments conflictuels. Une partie de lui veut dire à ses amis que vous êtes extraordinaire tandis que l'autre se demande : « Et moi, qu'est-ce que je deviens ? Un médiocre ? »

Maintenant que des femmes brillantes ont des filles brillantes, ce problème n'est plus spécifiquement masculin. Certaines mères éprouvent ainsi des sentiments contradictoires face à la réussite de leurs filles.

Même les enfants qui réussissent dans une profession très différente de celle de leurs parents peuvent avoir l'impression qu'en devenant des gagnants ils leur voleront leur statut de « héros ».

Dans les entreprises familiales, la lutte pour le pouvoir est souvent ouverte. Les enfants – filles *ou* garçons – travaillent dur pour apporter une contribution importante mais se font fréquemment remettre à leur place s'ils réclament un contrôle réel sur l'entreprise. Parfois le seul moyen de réussir est de partir à la concurrence. Très peu d'entre eux peuvent se résoudre à une telle extrémité, résultat, ils s'enlisent.

En ce qui concerne les mères malheureuses et leurs filles : de nombreuses filles sensibles à la vie malheureuse qu'a menée leur mère trouvent très difficile de s'autoriser à goûter au bonheur, comme si, en étant heureuses, elles abandonnaient la seule personne ayant rendu leur succès possible. Vous ne surestimerez jamais le boulet que cette situation fait peser sur le cœur d'un enfant.

Vous venez d'une famille avec une histoire d'échecs.

Lorsque l'échec a rongé la confiance de vos parents en eux-mêmes, l'histoire de cette défaite vous affecte aussi. Elle peut vous décider à devenir un super-gagnant –

pour échapper au sort qui frappe vos parents – ou vous pousser à les protéger. Cette tendance à les protéger entre en conflit avec votre quête de la réussite comme si votre succès risquait de leur dire : « Vous n'étiez pas capables de... » ou : « Votre monde n'est pas assez bon pour moi. J'en ai choisi un meilleur. »

Vous étiez un trophée.

Lorsque vous recevez le message que votre réussite ne vous appartient pas, quelque chose interrompt votre élan. Il est difficile pour des parents de trouver un équilibre entre aimer un enfant et prendre conscience que l'avenir de celui-ci ne leur appartient pas. Peu d'entre eux se rendent compte que la fierté qu'ils éprouvent lors de la réussite de leurs enfants peut avoir des implications délicates : elle sous-entend en effet la possession. Vous n'iriez pas voir un athlète célèbre en lui disant : « Je suis fier de vous. » Vous *savez* qu'il ne vous appartient pas d'être fier de lui.

J'admets en tant que parent qu'il est difficile de bien faire. Êtes-vous *fier* de vos enfants lorsqu'ils réussissent ou êtes-vous *content* pour eux ? Il est parfois très dur de se rappeler que nos enfants ne nous appartiennent pas, ils appartiennent à eux-mêmes.

Un enfant très soutenu et encouragé par ses parents peut avoir l'impression d'être un trophée pour sa famille et craindre de perdre son autonomie. Si la fierté que ses parents éprouvent est trop grande, il aura le sentiment de représenter le clan et non plus lui-même. Et s'il ignore leurs souhaits, ils seront déçus et il ne leur sera plus utile. Il est donc face à un choix douloureux.

Ce conflit devient encore plus aigu si le parent qui se sert de son enfant comme d'un trophée ne s'est pas montré très bon envers lui au cours de son enfance. L'idée qu'il s'approprie ses réussites devient alors insupportable.

SAUL : « J'ai vu le sourire radieux de mon père lors de la remise de mon diplôme et je me suis rappelé combien il avait été odieux avec moi quand j'étais petit et comment j'étais devenu un étudiant brillant pour essayer de gagner son estime. Je préparais à l'époque les examens d'entrée à l'université de Stanford. Je savais que si je réussissais, mon père passerait son bras autour de mon épaule, appellerait tous ses copains et leur distribuerait des cigares. Je me suis délibérément *planté*. »

Vous pouvez consciemment ou inconsciemment vous retrouver dans une lutte rancunière avec vos parents : refuser de réussir pour leur dire en substance : « Je ne vous appartiens pas. C'est à moi que j'appartiens ! »

Vous attendez que l'on vole à votre secours.

Il arrive que nous nous mettions dans des situations impossibles de manière répétée parce que nous attendons inconsciemment que quelqu'un vole à notre secours. Soit nos parents nous ont trop souvent tirés d'affaire, soit, au contraire, ils nous ont laissés tomber systématiquement et nous passons alors notre vie d'adulte à nous attirer des ennuis pour leur donner une nouvelle chance de nous sauver.

Lorsque vous attendez tout le temps que l'on vous aide, vous n'éprouvez pas le plaisir qu'ont la plupart des gens à pouvoir gérer eux-mêmes leurs propres problèmes. Vous prendre vous-même en charge vous rappelle au contraire chaque fois de manière pénible que personne d'autre ne veut s'occuper de vous.

Vous avez rencontré des envieux et d'autres ennemis.

Cessons S.V.P. d'être d'incorrigibles optimistes et commençons à admettre qu'il existe des personnes difficiles. Dire que tout le monde est bienveillant et qu'il n'y a que des malentendus est une erreur. Parfois ce *ne sont pas* des malentendus : *les gens veulent nous faire souffrir.*

Il se peut que vous ayez été victime de la jalousie ou de l'envie, même dès votre naissance, parce que vous avez détrôné un frère, une sœur ou un parent. Bien que ces choses soient normales, elles ont beaucoup d'effet sur un jeune enfant.

MEL, charpentier : « Si je sais ce qu'est la jalousie ? Je faisais tout pour que mon frère aîné m'aime mais le seul moyen de l'empêcher d'être en colère contre moi aurait été de cesser d'exister. »

S'il y avait une personne aigrie ou jalouse près de vous lorsque vous étiez petit, son souvenir perdure même lorsque vous êtes devenu adulte. Vous vous attendez à susciter la rancune dès que vous obtenez une attention positive. Et si vous êtes en présence de quelqu'un plein de ressentiments à votre égard, vous perdez l'équilibre. J'ai vu des gens tomber malades parce qu'ils devaient partager leur bureau avec une personne qui les enviait.

Si vous êtes excessivement préoccupé parce que quelqu'un ne vous aime pas, au point même d'essayer de gagner son estime, il faut que vous compreniez que, comme le frère aîné de Mel, *les gens jaloux ne veulent pas vous estimer*. Plus vous serez gentil, plus ils seront en colère, parce que, en étant gentil, vous donnez une bonne image de vous-même, et c'est exactement ce qu'ils vous reprochent.

Si quelqu'un vous enviait lorsque vous étiez petit et si vous avez désormais peur de réussir, *c'est que vous avez lié votre destin au drame d'une autre personne.* Les jaloux croient que, si quelqu'un a « plus », ils auront « moins ». Cette idée est aussi bien ancrée en vous : vous croyez que, si vous obtenez « plus », vous « volez » la part de quelqu'un d'autre.

Si cette idée vous choque ou vous effraie, respirez profondément. Vous n'avez pas à être leur victime. Ce n'est juste qu'un problème supplémentaire, et il peut être résolu.

Vous êtes une femme
(les femmes ne sont pas censées réussir).

Ce problème culturel est peut-être en train de régresser mais il n'a pas encore disparu. Les cultures ne changent pas aussi vite ! Une petite fille obtient l'approbation des autres si elle est attentionnée et serviable, et encourt leur réprobation si elle s'intéresse trop à sa propre réussite. Dès le jardin d'enfants, les institutrices (elles l'admettent elles-mêmes) apprécient les garçons qui sollicitent l'attention des autres mais rabrouent les filles culottées.

Nous recherchons l'approbation d'autrui comme une plante recherche la lumière et nous fuyons leur réprobation avec autant de détermination. Il est encore facile de convaincre les femmes qui mènent une carrière qu'elles négligent leurs devoirs familiaux. Les hommes considèrent toujours quant à eux que leur carrière *remplit* leurs obligations familiales.

Vos parents étaient perturbés
ou violents avec vous.

Si vos parents étaient perturbés, toxicomanes ou alcooliques, ou encore s'ils vous maltraitaient, vous avez éprouvé un sentiment de culpabilité et de « nullité ». Si vous pensez que vous ne méritez pas réussite et amour, vous fuyez ceux-ci parce que vous croyez que vous n'avez rien fait pour obtenir une telle récompense. Vous ressentez inévitablement un vide en vous. Vous efforcer de réussir professionnellement ou en amour sans y arriver vous semble « juste ». Après tout, une petite voix au fond de vous vous dit que vous devez bien être coupable de *quelque chose* pour n'avoir jamais été aimé. S'obliger à des efforts importants, qui ne mènent jamais nulle part, procure la satisfaction inconsciente de faire pénitence.

Vous êtes-vous retrouvé au fil de ces pages ?
Une de ces histoires vous a-t-elle rappelé la vôtre ?
Si oui, attendez-vous à éprouver toute une gamme de sentiments, surtout si vous avez été bouleversé en vous reconnaissant dans l'un de ces témoignages.
Avant de parler de ces sentiments et des mesures que vous pouvez prendre pour rompre ces schémas autodestructeurs, laissez-moi vous expliquer une chose :

VOTRE SITUATION ACTUELLE

Les bonnes nouvelles : comprendre l'origine de votre crainte de la réussite signifie que vous avez déjà accompli un grand pas en vue de la surmonter. Cela ne suffit pas mais c'est une étape majeure pour découvrir ce qu'il y a derrière vos « plantages chroniques ».

Si votre voiture ne démarre pas, et que vous ignoriez pourquoi, vous avez un problème. Si vous vous apercevez que vous n'avez plus d'essence, vous vous trouvez automatiquement dans une situation différente *même si vous n'avez pas de carburant sous la main*. Vous ne perdrez pas de temps à essayer de faire démarrer votre voiture ou à réparer le carburateur, et vous partirez à la recherche de la première station-service. Le problème est à moitié résolu.

Les mauvaises nouvelles : vos parents et votre famille ne peuvent vous libérer même s'ils le souhaitent. Vous allez avoir à vous libérer vous-même (et vous le pourrez) des liens qui vous attachent au destin de quelqu'un d'autre. Et vous devrez le faire seul, même si une personne est, dans votre passé, la cause de ces difficultés.

Si vos parents prennent conscience du mal qu'ils vous ont fait et s'ils l'admettent, votre relation acquerra une nouvelle et merveilleuse dimension mais cela n'aura pas grand effet sur vos conflits du passé. Il est trop tard pour qu'un changement dans le comportement de vos parents modifie vos sentiments profonds. Même si un frère ou une sœur n'est plus jaloux de vous et se sent coupable de la peine qu'il vous a faite, ses remords ne feront pas disparaître votre crainte du succès : c'est à *vous* de réparer ce qui est cassé.

Et vous vous débrouillerez mieux que vous ne le croyez. Il est fréquent de ressasser l'injustice que l'on a subie quand quelqu'un nous a fait du mal et s'en est bien tiré. Mais il est possible de s'en dégager.

Ce n'est pas aisé mais vous pouvez y arriver.

Les mauvaises nouvelles (bis) : Il faut que vous fassiez l'analyse de votre passé en exprimant maintenant les sentiments que vous éprouviez alors.

Il ne suffit pas de savoir ce qui ne va pas. Il faut également faire place nette.

Vous avez un travail inachevé à terminer. Maintenant que vous êtes un adulte qui comprend dans quel monde il a grandi, vous êtes suffisamment solide pour assumer ces sentiments de l'enfance.

Quelqu'un a dit : « *Le chagrin le plus intense n'est pas celui de l'enfance, c'est le souvenir de celle-ci.* » L'enfant que vous avez été mérite votre compassion. Personne, à part vous, ne comprendra jamais la douleur que vous avez éprouvée quand vous étiez plus jeune, alors ayez le courage de vous laisser aller à pleurer si vous le pouvez. Pleurez pour l'enfant ou comme l'enfant. Si les larmes ne coulent pas, restez assis pendant un moment et ressentez cette douleur du passé. Elle n'est pas infinie, et une fois que vous l'aurez exprimée, vous remarquerez des changements surprenants. Non seulement vous vous sentirez soulagé d'un grand fardeau, mais vous verrez aussi que vos conflits internes se dissiperont. Laisser ces sentiments anciens se manifester vous libérera du poids de vos drames passés et vous permettra d'aller de l'avant.

Et si vous n'en éprouvez aucun ? Vous admettez que les événements de votre enfance vous affectent encore mais vous ne voyez pas de sentiments à analyser ? Il vous faudra les débusquer. Il existe de nombreuses façons d'avoir accès à votre chagrin, de le libérer et de vous en débarrasser. Vous pouvez participer à des groupes de soutien dans lesquels les gens parlent de leurs sentiments, ou consulter un psychothérapeute. Découvrir les sentiments enfouis de l'enfance est ce que les thérapeutes font le mieux.

Faites cet exercice pour commencer.

Exercice 4 : Réécrire son histoire

Réécrivez votre passé. Fouillez votre mémoire pour trouver le moment où vous avez été dévié de votre trajectoire, soit parce que vous vous êtes laissé couler et que vous avez gâché une opportunité mirobolante, soit parce que vous n'avez même pas essayé. Examinez les événements de votre passé jusqu'à ce que vous repériez une période où vous avez décidé de renoncer alors que vous auriez souhaité vous accrocher davantage. Imaginez maintenant que tout se soit déroulé différemment. Vous seriez resté sur vos rails, vous auriez risqué gros et réussi.

Où seriez-vous aujourd'hui ?

Vous vous rappelez Andrea qui voulait être danseuse étoile ? Dans la réalité, on lui avait proposé une tournée avec une compagnie théâtrale de Broadway qu'elle avait refusée pour accepter une demande en mariage. Âgée maintenant de quarante-deux ans, elle est furieuse contre elle-même. Elle s'est assise pour réécrire sa vie telle qu'elle *aurait dû être* : « On m'a proposé un job et j'ai sauté dessus. J'ai demandé à Alex d'attendre mon retour de tournée. (Je pense qu'il l'aurait fait.) C'était le paradis et j'étais divine... et Alex m'a attendue. »

En réécrivant son passé, les larmes lui sont montées aux yeux.

« Pourquoi avez-vous laissé passer votre chance ? lui ai-je demandé.
— À cause de cette voix, cette voix antisuccès qui me disait que j'étais une prétentieuse, une névrosée.
— Où avez-vous pris cette idée ?
— C'est celle de ma mère. Elle disait cela tout le temps.
— Savez-vous d'où lui vient cette opinion ?
— Sa mère s'était très peu occupée d'elle parce qu'elle ne s'intéressait qu'aux soirées mondaines. » Andrea s'est arrêtée de parler. « Mon Dieu, elle s'adressait à sa mère, pas à moi ! » s'est-elle exclamée.

Et vous ? Qu'avez-vous découvert ? La douleur suscitée par « ce-qui-aurait-dû-se-passer » ... et qui ne s'est pas passé est-elle trop dure à supporter ? Ou bien, après avoir exprimé certains sentiments, vous êtes-vous surpris à penser : « J'étais vraiment débile ! Tout est ma faute » ? Stop ! Il est inutile de vous culpabiliser mais là n'est pas le vrai problème. Le vrai problème *est que vous vous êtes créé l'illusion que vous aviez plus de pouvoir que vous n'en aviez en réalité et c'est pour cela que vous vous accusez de tout.*

IL EST ARROGANT D'ÊTRE TROP DUR AVEC SOI-MÊME !

Si vous avez pensé un jour : « J'avais le pouvoir d'agir différemment et je ne l'ai pas fait. Tout est ma faute », vous vous faites un *trip pouvoir*. Être en colère contre vous-même vous donne peut-être le sentiment d'être plus fort, comme si vous étiez le maître de votre destin. En réalité vous *ne pouviez pas* agir autrement.

Andrea a abandonné la comptabilité pour revenir au théâtre comme figurante mais il lui arrive encore de se dire « Cela aurait pu être moi » quand elle regarde des photos dans *Paris-Match*. Il faut qu'elle se souvienne qu'à vingt ans elle n'avait pas la force d'agir autrement, et que son enfance particulière avec une mère particulière l'avait *programmée* pour passer à côté du succès.

Pourquoi choisissons-nous de nous culpabiliser plutôt que d'admettre que nous étions innocents ? Parce que nous ne supportons pas le souvenir de l'impuissance tragique dans laquelle nous nous trouvions.

L'illusion de puissance est un reste de l'enfance, époque où nous avions désespérément besoin de penser que nous avions plus d'options que nous n'en avions en réalité. Nous n'avons jamais eu en fait le pouvoir d'améliorer la vie de notre mère, de faire en sorte qu'un frère ou une sœur jaloux en vienne à nous aimer, ou de changer le comportement d'un père violent. C'est dur à admettre. Et si vous vous culpabilisez aujourd'hui de n'avoir pas saisi le succès qui était à votre portée, vous entretenez ainsi l'illusion que vous aviez du pouvoir. Laissez-moi vous dire quelque chose. *Quand les gens ont la force de faire ce qui est bon pour eux, ils le font !* Quand ils croulent sous le poids des conflits internes, ils ne le peuvent pas.

ACCUSONS ! ACCUSONS ! (TEMPORAIREMENT)

Quelque chose a fonctionné de travers dans votre enfance. Et si vous n'accusez pas l'extérieur, c'est vous que vous allez accuser.

Pour retrouver votre estime pour vous-même, il faut que vous preniez certaines mesures qui ne vous sembleront peut-être pas réalistes. Vous devez d'abord accepter l'idée que *vous étiez en droit de naî-*

tre dans un monde parfaitement bienveillant et disposé à vous apporter aide et soutien. On vous devait respect, protection, encouragement et amour. Peu d'entre nous ont eu la chance de connaître tout cela, mais nous pouvons survivre à ces carences et grandir si nous reconnaissons que les imperfections de notre entourage n'étaient pas notre faute. Vos parents n'ont pas pu se montrer parfaits, et il faut que vous l'admettiez enfin. *Mais si vous leur pardonnez trop vite, vous allez vous accuser et partir du mauvais pied.*

« Personne n'a eu une enfance parfaite, oublions le passé et passons à autre chose », pensez-vous peut-être. Je comprends que l'on soit tenté de dire cela mais croire que vous *pouvez* simplement oublier le passé, c'est prendre vos désirs pour des réalités. Cela ne marchera pas. *Nous essayons tous de prouver que nos parents avaient raison.* Mon amie Alma, qui a vingt-cinq kilos de trop, fait cela avec le poids : sa mère laisse entendre qu'elle serait contente de sa fille si elle n'était pas grosse, alors Alma reste grosse pour n'avoir jamais à reconnaître que sa mère ne sera jamais contente d'elle, qu'elle soit grosse ou mince. Tant qu'elle restera grosse, elle pourra accuser son poids et non l'incapacité de sa mère à l'aimer.

Personne ne veut regarder ce genre de sentiment en face. Si vos parents étaient vraiment malheureux à cause de vous, il ne vous resterait plus qu'à vous améliorer. Mais si vos parents sont malheureux pour des raisons qui leur appartiennent, vous ne pouvez rien y faire.

Voilà l'enfance de celui qui se saborde. Vous ne pouviez rien y faire. Portez des accusations et piquez vos bonnes vieilles colères de temps en temps – dans votre journal intime bien entendu – et vous cesserez de vous flageller pour partir ensuite de l'avant.

LA COLÈRE !

Vous savez qu'il est destructeur d'être en colère trop longtemps. (C'est aussi suspect. On s'accroche souvent à la colère pour éviter d'éprouver d'autres sentiments pénibles comme une peine profonde.) La colère est une étape nécessaire et temporaire si l'on vous a fait souffrir. Vous ne pouvez l'esquiver.

Vous ne pouvez excuser le comportement de vos parents aux dépens de votre propre innocence. Il faut que vous soyez hors de vous jusqu'à ce que vous vous sentiez mieux. Ensuite vous pourrez pardonner. Pour démêler l'écheveau de ces émotions du passé, il faut que vous compreniez que vos sentiments précoces de peur, d'indignation et de trahison sont fondés sur le *droit légitime de l'enfant à avoir des parents parfaits*.

Les parents parfaits n'existent pas, bien sûr. Mais vous devez quand même exprimer les angoisses de l'enfant qui avait *besoin* de parents parfaits. Je sais que cela paraît compliqué mais ça marche.

Munissez-vous d'un crayon et commencez à relater vos peines du passé dans une lettre que vous n'enverrez jamais. Quand vous aurez exprimé votre colère vous vous sentirez bien mieux : vous serez libéré de l'auto-accusation et prêt à *réellement* comprendre que vos parents n'étaient que des enfants avec leurs propres problèmes. *Vous ne les blâmerez plus.*

Exercice 5 : Lettre à la personne qui m'a mal aimé

Quand Saul (le professeur) s'est indigné d'avoir été traité par son père plus comme un trophée que comme une personne, il lui a écrit la lettre suivante : « Tu aurais dû être un meilleur père. Tu m'as fait prendre soin de *toi* ! C'était *égoïste* ! »

Vos parents, ainsi que vos frères et sœurs, ne peuvent pas faire grand-chose aujourd'hui pour changer le passé. C'est à vous d'agir. Alors à moins d'avoir des parents extrêmement compréhensifs, n'envoyez pas votre lettre. (Saul a brûlé la sienne.)

Mais écrivez-la quand même.

Rappelez-vous ceci : *entrer en contact avec votre colère a pour but d'achever un processus inachevé qui vous permettra ensuite de laisser définitivement le passé derrière vous.*

Si vous ne vous sentez pas calme après avoir exprimé votre colère, c'est que vous avez simplement découvert une nouvelle « veine » de douleur et c'est très bien. Vous avez le droit de vous affliger des injustices que vous avez subies tout le temps qu'il vous faudra. Ne vous inquiétez pas, votre chagrin aura une fin. Il se peut que vous alterniez des phases de douleur et de colère avant de vous sentir plus calme parce que vous avez peut-être beaucoup de sentiments à analyser. Vous étiez un enfant génial et quelqu'un vous a fait mal intentionnellement ou non. Pour que la blessure cicatrise, il faut que vous fassiez le deuil de ce que cet enfant a traversé.

Exercice 6 : Réécriture de votre histoire n° 2

Écrivez une pièce de théâtre dans laquelle vous faites part de vos reproches à vos parents, à votre frère ou à votre sœur. Dans cette pièce, votre interlocuteur *veut vous écouter*, il est soucieux du mal qu'il vous a fait, et il en est sincèrement désolé.

Votre véritable parent ne pourrait probablement pas prononcer ces paroles, alors mettez en scène un parent que vous n'avez pas vraiment eu. Il vous dit : « Je suis désolé de t'avoir fait du mal. »

Voici ce que Lynn a écrit :

LYNN : Maman, tu m'as vraiment fait du mal quand j'étais petite.
MAMAN : Explique-moi ce que tu veux dire, je t'écoute.
LYNN : Tu détestais être une mère et tu nous l'as montré chaque jour. Tu nous as donné l'impression que nous te gâchions la vie.
MAMAN : Je n'avais aucune idée de ce que vous ressentiez. Je suis désolée que vous ayez eu à vivre cela.

Votre vraie mère vous dirait peut-être : « Ne dis pas ça », ou : « Mais je *t'aimais*. Je t'ai donné tout ce qu'une mère doit donner à ses enfants ! » ou : « Pourquoi n'oublies-tu pas le passé ? » Vous n'avez pas besoin d'entendre cela pour l'instant. Vous avez besoin de *réécrire votre vie*.

Qu'allez-vous retirer de cette discussion imaginaire ? Si tout se passe bien, vous pourrez surmonter la double injustice que vous avez vécue et enfouie au fond de vous pendant des années : celle d'avoir été blessé et d'avoir vu cette blessure déniée toute votre vie.

La reconnaissance et la compassion nous aident à guérir ces plaies du passé mais nos vrais parents risquent de ne pas comprendre ce dont nous avions besoin, de tomber dans le piège banal de l'autojustification, ou d'écarter le sujet en disant que c'est trop ancien pour avoir encore une quelconque importance. Ou ils se sentiront tellement coupables que vous préférerez n'avoir rien dit.

Si jamais vous essayez de parler à l'un de vos parents, à votre ex-conjoint ou à votre grand frère qui vous ont fait du mal, aidez-les un peu en disant : « Je voudrais que tu m'écoutes, c'est tout. Je ne veux pas que tu te flingues ou que tu dises que tu es la pire personne au monde. »

S'ils sont assez solides pour vous écouter jusqu'au bout, vous pourrez ajouter : « Ce n'était pas ta faute. Tu ne pouvais pas faire autrement. »

Il faut que vous compreniez, comme Andrea l'a fait, que ce n'était ni par bêtise qu'elle ne s'autorisait pas à être heureuse, ni parce que sa mère était un monstre, mais parce qu'elle avait une énorme sympathie pour celle-ci ! Elle avait le sentiment que, si elle était comblée, la vie de sa mère paraîtrait bien triste à côté.

Lorsque vous abandonnerez vos illusions de pouvoir, et que vous admettrez que vous ne pouvez pas changer votre famille, attendez-vous à ressentir l'ampleur de cette tragédie : la leur et la vôtre. Une des choses les plus difficiles sera de prendre conscience de toute son étendue : *les parents que vous avez aimés dès votre naissance n'ont peut-être jamais eu la chance de pouvoir accéder au bonheur.* Les temps ou les événements de leur vie ont peut-être été trop durs ou trop compliqués. Si vous évitez de regarder cette tragédie en face, vous ne les comprendrez jamais et, pire, vous tournerez le dos à votre bonheur sans raison.

La chose la plus difficile que je vous demanderai dans ce livre sera d'accepter et d'analyser ces sentiments, et si vous y arrivez, j'ai d'excellentes nouvelles pour vous.

LES BONS MOMENTS

Vous avez fait le plus dur.

L'analyse de ces sentiments douloureux une fois achevée vous permettra de poursuivre votre route librement. Vous voyez, dans votre lutte pour mettre un terme à votre crainte du succès, vous avez découvert quelque chose que vous n'avez peut-être pas remarqué :

Ce n'était pas de votre avenir que vous aviez peur, c'était de votre passé. Vos inquiétudes face à votre succès futur étaient en fait la crainte de voir la douleur et la colère passées se raviver. Quand tout ira mieux, votre esprit vous jouera un autre tour : vous serez terrifié à l'idée de perdre ce que vous avez finalement acquis. J'ai entendu des gens dire : « Et si quelque chose de terrible se produit et que je perde tout ? Je ne le supporterai pas. »

Vous craindrez une perte dans l'avenir, mais cette perte s'est déjà produite. On ne se rend vraiment compte de la dureté de sa vie passée que lorsqu'elle s'améliore.

C'est ainsi que nous fonctionnons. Quand vous serez chez vous au calme, prenez un moment pour laisser votre chagrin se manifester. Les larmes panseront vos plaies et vous permettront de vivre une vie épanouie sans la peur que tout s'écroule.

ATTACHEZ VOS CEINTURES !

Cela va être un voyage excitant mais chahuté.

Exprimer tous ces sentiments du temps passé a ébranlé les fondations de votre comportement de sabordage. Vous êtes prêt pour le succès maintenant, mais attendez-vous à de nombreux séismes !

Même après avoir traversé des phases de compréhension, de colère et de chagrin et commencé à panser vos plaies, vous allez encore souffrir de rechutes : certains jours, vous vous saborderez encore par habitude, ou parce que la colère ou la douleur seront à nouveau réactivées. Il se peut que votre famille continue à vous considérer comme un trophée, à se montrer jalouse, ou à vous faire éprouver de la culpabilité. Vous risquerez alors de vous comporter comme si vous n'aviez jamais lu ces pages.

Que cela ne vous inquiète pas ! Le changement prend du temps. Après tout, vous entreprenez les activités que vous avez fuies pendant des années. Si vous évitiez d'être un représentant efficace, vous obtiendrez désormais davantage de commandes. Si vous vous empêchiez de mincir, vous suivrez désormais votre régime sérieusement.

C'est une nouvelle vie, pleine de nouveaux sentiments, d'où le « familier » a disparu. Aujourd'hui, plus que jamais, vous devriez rechercher aide et soutien pour vous-même. *Le « système-pote » est essentiel, ici.* Vous avez besoin qu'un copain vous pousse à prendre de l'exercice, ou vous aide à étudier. Vous serez souvent tenté de renouer avec « vos bonnes vieilles habitudes » de sabordage chaque fois que votre nouvelle attitude vous mettra mal à l'aise. Votre « pote » vous calmera et vous chouchoutera pour compenser ce confort que vous avez quitté.

Il faut aussi que vous ayez quelques stratégies en stock pour l'entretien quotidien. Voici quelques trucs pour que vous cessiez de vous culpabiliser.

Rachetez votre sentiment de culpabilité par de bonnes actions.

ELAINE : « Au saut du lit, je fais la chose interdite, je vocalise de mon mieux. Au bout de deux heures, quand je commence à me sentir coupable, j'arrête et je fais le ménage. Après je ne me sens plus du tout égoïste. C'est aussi simple que ça. »

Utilisez un leurre.

Bien que l'on nous conseille généralement d'imaginer une issue favorable lorsque nous sommes sur le point d'entreprendre quelque chose de risqué – comme aller à un entretien de recrutement –, si vous craignez le succès, ceci ne fera qu'amplifier votre tension interne. Faites alors comme ces étudiants qui disent : « Je vais me planter » et qui ont toujours les meilleures notes de la classe. *Faites plaisir à vos peurs qui vous disent que vous allez échouer et travaillez à toute vapeur.* Plaignez-vous et faites des histoires tant que vous voulez tout en vous donnant à fond. Cette technique est parfaite pour désamorcer la colère des jaloux que vous traînez avec vous dans un coin de votre tête. Souffrez volume maximum et sortez en catimini pour passer un bon moment.

Vous vous apercevrez avec le temps que vous aurez largué une grande partie de la cargaison qui vous retenait et vous voguerez de plus en plus facilement vers la vie que vous aimez.

Chaque pas vers le succès va comme toujours réactiver ces sentiments mais ils seront plus discrets et là, vous serez prêt. Vous saurez comment exprimer une partie de la douleur, de la colère ou de la culpabilité qui demeurent en vous, d'une manière constructive et maîtrisée qui ne détruira pas vos relations aux autres.

Vous vous surprendrez en train de faire des choses dont vous étiez incapable auparavant sans bien savoir à quand remonte ce changement. Vous mettrez le ballon dans le panier sans y réfléchir vraiment.

Et un jour, vous constaterez que vous n'êtes anxieux face à la réussite que lorsque les choses vont si bien que vous en avez le souffle coupé. Maintenant que vous savez quoi faire, ce n'est pas si mal, non ?

Allez-y. Planifiez. Fixez-vous un but et commencez à procéder par petites étapes dès aujourd'hui !

C'est ce qu'a fait Marcia. Elle s'est inscrite dans un club d'élocution en public pour commencer à donner des conférences sans se sentir mal à l'aise alors qu'elle était encore trop grosse. Après avoir obtenu un vif succès lors de ses courtes présentations, elle a pris confiance en elle et s'est mise à animer des ateliers de développement personnel dans sa paroisse. Elle s'est ensuite rendu compte que le poids n'était pas un obstacle à son rêve, et elle parcourt désormais le pays pour donner des conférences sur la pensée positive. Elle a même un peu maigri. « J'imagine que le poids ne remplissait pas son rôle, dit-elle. Il ne m'arrêtait pas. Je donne mes conférences malgré cela. Peut-être vais-je maigrir à présent ou peut-être pas, mais cela n'affecte plus mon travail désormais. »

Beverly a repris ses études et a passé un doctorat d'histoire médiévale. Elle est en train d'écrire un livre dans sa maison à la montagne.

Saul s'est obstiné à rechercher un poste d'enseignant et en a obtenu un. « Comme je suis heureux de n'avoir pas accepté de m'occuper des programmes scolaires, dit-il. Résister à la pression a été difficile. Ce qui compte, ce n'est pas ce qui *paraît* être une réussite mais ce que moi, je ressens comme telle. Voilà ce dont il a fallu que je me souvienne. »

Lynn a éprouvé tous les sentiments auxquels elle devait faire face, et elle ne mélange plus désormais tous les éléments des dossiers pour les scientifiques. « J'ai cessé d'avoir ces oublis, et c'est devenu pour moi un point d'honneur de faire ce job à fond. C'est parce que j'ai admis que ma mère avait eu une vie dure. Cela m'a fait mal mais c'est ce qui m'a permis de mieux me concentrer. »

Andrea a volé la vedette dans une comédie musicale intitulée *South Pacific* montée par le centre où elle enseigne. « C'est une petite étape mais l'important est que je me suis sentie à l'aise pendant les applaudissements. J'ai adoré ça ! Je n'étais pas coupable. Je pense que je vais recommencer à passer des auditions pour des spectacles à Broadway. »

Rappelez-vous ceci : « Faire ce que vous aimez » est un acte généreux. *Être doué crée des obligations*, ce qui signifie que vous devez donner au monde le meilleur de vous-même dans le travail que vous aimez. Vous aussi, vous êtes une ressource naturelle.

Lorsqu'un obstacle caché empêche les dons d'une personne de s'épanouir, c'est consternant et inutile. *Chacun d'entre nous peut faire des choses dont les autres sont incapables, peut aimer des choses que personne d'autre ne peut aimer*. Vos passions sont vos trésors. Ce sont les dons que la nature vous a faits. Si vous vous libérez de vos handicaps cachés, non seulement vous construirez votre bonheur, mais vous ferez aussi une bonne action.

Nous sommes comme des violons. On peut nous utiliser comme des cale-portes ou pour produire des mélodies.

Maintenant, vous savez quoi faire.

6

Je veux trop de choses : je suis partout à la fois

« On me traite tout le temps de "touche-à-tout". *Mais j'aime tant de choses !* Je n'arrive pas à me décider », m'a dit Éric. Âgé de vingt-sept ans, il avait été enseignant et s'intéressait à la sculpture, à la finance et à l'escalade.

Robin, trente-cinq ans, titulaire d'une maîtrise de botanique et de littérature comparée, se passionnait de plus en plus pour l'étude du japonais. Il m'a confié : « Je ne sais pas pourquoi je ne m'accroche à rien, dès que je commence quelque chose, cela m'ennuie. »

Gayle, vingt-cinq ans, serveuse et dactylo : « Je n'arrive pas à choisir entre m'inscrire en fac de médecine, devenir enseignante, ou entrer comme jeune cadre dans une grosse entreprise. Si je choisis une option, je laisserai passer les autres. »

Tenez-vous le même discours ?

Si vous aussi, vous voulez accomplir trop de choses sans parvenir à vous décider, je sais ce que vous ressentez car j'avais le même problème.

Il est pénible de voir le temps filer pendant que l'on tourne en rond. Vous ne devenez ni un meilleur dresseur de chiens, ni un vendeur immobilier plus performant, ni expert en quoi que ce soit. Dès que vous êtes sur le point de vous spécialiser dans un domaine, vous vous intéressez à autre chose. Vous voyez des gens de votre âge ni plus doués, ni plus intelligents que vous qui foncent dans la vie alors que vous en êtes toujours au point de départ.

Et en plus, *on ne vous respecte pas*. Notre société respecte les spécialistes. Les gens comme Éric ne sont plus comparés à des hommes de la Renaissance, mais traités de « dilettantes » ou de « touche-à-tout ». Si vous avez une multitude d'activités, vos parents vous excusent en disant : « Elle ne s'est pas encore trouvée. »

Vous passez probablement trop de temps dans un job qui ne vous apporte rien. Ceux qui n'arrivent pas à se décider travaillent très souvent en dessous de leurs compétences pour éviter de s'engager, et pour bien montrer aux autres que cet emploi n'est que temporaire.

« Personne n'imaginerait jamais que je fais carrière comme serveuse ou que je suis dactylo de profession, m'a dit Gayle, la serveuse-dactylo. Mais si j'avais un vrai boulot, un boulot qui mène quelque part, tout le monde penserait que je ne peux pas devenir médecin. »

Il est bien sûr *sensé* d'avoir un job temporaire le temps de trouver votre voie. Mais le job de serveuse de Gayle est un leurre, *pas* une étape. *Elle court le risque de dériver*. Les années pourraient passer sans qu'elle s'en aperçoive et sans qu'elle réalise qu'elle est restée dans son boulot temporaire trop longtemps. Elle dirait alors : « Je pourrais être propriétaire du restaurant depuis le temps. J'aurais pu terminer médecine. »

Qu'est-ce qui se passe ?

Si vous êtes comme Éric, Robin et Gayle, intéressé par une multitude de choses, incapable de vous décider, paniqué par la fuite du temps, démoralisé par le manque de respect dont vous êtes l'objet et en danger de dérive professionnelle, *il existe un moyen de vous en sortir*.

La première étape consiste à comprendre qui vous êtes réellement, c'est-à-dire *pourquoi* vous voulez tant de choses. Quand vous le saurez, je vous montrerai quoi faire pour découvrir la vie qui vous conviendra.

Vous voulez trop de choses à la fois et vous avez l'impression d'être partout en même temps. Il existe deux raisons à cela :

Première raison : Vous êtes un explorateur-né. Vous vous réjouissez de l'interminable et surprenante variété de ce qui nous entoure. *Mais vous ne vous rendez pas compte qu'être explorateur est une profession très respectable.* Vous ne savez pas encore que c'est un talent, la clé pour une vie merveilleuse.

Deuxième raison : Vous êtes un plongeur-né. Votre curiosité vous pousse à approfondir votre sujet jusqu'à lui consacrer toute votre vie, *mais vous avez l'air d'un explorateur parce que quelque chose vous empêche de plonger*. En réalité, vous êtes un spécialiste, et il faut que vous découvriez ce qui vous arrête.

LES EXPLORATEURS

Les explorateurs veulent goûter à tout. Ils se penchent avec délices sur la structure des fleurs. Sur la théorie musicale. Sur les voyages aventureux, sur les embrouillaminis de la politique. Aux yeux des explorateurs, l'univers est un palais rempli d'œuvres d'art, et la vie n'est pas assez longue pour les admirer toutes.

Robert Frost a défini les plongeurs et les explorateurs : « Un érudit est quelqu'un qui s'accroche à une chose. Un poète est quelqu'un qui utilise tout ce qui s'accroche à lui. »

Notre société valorise la spécialisation des plongeurs et leur détermination. Nous pensons alors trop souvent que les explorateurs sont simplement paresseux.

C'est ridicule !

Si vous êtes un explorateur, vous avez des capacités très particulières et inestimables. Vous aimez la nouveauté, et vous n'êtes pas en proie à la peur et à l'indécision. Vous vous adaptez magistralement aux autres cultures ; vous êtes si souple que vous êtes ultrarapide. Vous êtes vif comme l'éclair, curieux de tout ce que vous ne comprenez pas ; vous appréciez et respectez toutes les manières de penser. Ce n'est pas par manque d'intelligence ou de discipline que vous ne voulez pas vous consacrer à un seul domaine. Bien au contraire, vous vous évertuez à en apprendre le maximum, et vous êtes suffisamment intelligent pour éprouver du plaisir dans tous les domaines que vous découvrez.

Tout avoir : maintenant

Dans bien des cas, le seul problème des explorateurs est de trouver une activité professionnelle qui leur permettra d'utiliser leurs dons pour l'exploration. Les tests d'aptitudes professionnelles ont tendance à passer à côté des explorateurs.

Jack s'est ainsi rendu dans le meilleur centre de bilan de compétences qu'il ait pu trouver. Ses tests ont montré qu'il était également doué en musique, en botanique, en mathématiques, en sciences et en littérature. En fait, il avait des aptitudes dans tous les domaines !

Les conseillers d'orientation professionnelle lui ont dit qu'il n'y avait pas d'échappatoire : il allait devoir choisir. « Vous pouvez devenir musicien, professeur de sciences, mathématicien ou directeur littéraire dans une maison d'édition. Que décidez-vous ? »

Jack savait qu'il ne serait heureux dans aucun de ces domaines. « Je ne me suis jamais investi à fond. En fac, quand je m'inscrivais à plusieurs U.V. dans une même matière, comme la littérature française ou la botanique, j'avais l'impression d'avoir dévié de ma route. Ce que j'aimais vraiment, c'était la *vue d'ensemble*, la possibilité de situer la philosophie, l'histoire ou la physique. Dès que j'avais cerné un sujet, je voulais passer à un autre.

« Mes conseillers ne savaient pas quoi faire de moi. Ils me traitaient d'éternel étudiant. Mais je n'arrivais pas à choisir. J'ai validé tellement d'U.V. à la fac que *l'on a bien été obligé de me donner mon diplôme*. Et me voilà, pas plus avancé qu'avant. »

Jack a erré pendant quelques années jusqu'au jour où, par hasard, on lui a demandé de rédiger un bulletin d'informations qui devait être distribué lors d'une convention d'inventeurs. Comme il avait adoré interroger les différents inventeurs, il s'est mis en quête d'autres articles à écrire.

C'était il y a vingt ans. Jack est aujourd'hui un écrivain free-lance de renom, et il adore la vie qu'il mène. Il revient juste d'un voyage en Orient avec une compagnie d'opéra américaine et cet automne, il accompagnera des montagnards français dans leur ascension du Mont-Blanc pour écrire un article sur eux.

Jack est un « vulgarisateur ». Vous pourriez l'être aussi. Ce qu'il aime par-dessus tout, c'est traduire ce qu'il vient d'apprendre pour les autres : c'est un communicateur et un enseignant.

Découvrir la « niche » d'un explorateur, c'est-à-dire un travail qui fasse appel à la diversité de ses intérêts, peut demander du temps et de l'ingéniosité, mais les résultats en valent la peine.

Les explorateurs *sont* des poètes, des bibliothécaires, des réalisateurs de documentaires, des vendeurs performants, de bons managers et des enseignants-nés.

On nous pousse à croire que l'on ne peut faire qu'un choix dans sa vie. Pour les explorateurs, c'est comme si on leur disait : « Tu as le choix *entre* un album de coloriage et des crayons de couleurs. Tu ne peux pas avoir les deux. » Les explorateurs savent que la vie n'est pas avare mais plutôt trop généreuse. Les choix donnent le vertige. Mais il existe toujours un moyen de gérer les richesses.

Tout avoir : l'un après l'autre

Les explorateurs sont terriblement pressés, et c'est une des choses qui les rend dingues. Bien sûr, vous ne devez pas perdre du temps en restant coincé, mais il ne faut pas pour autant vous précipiter parce que 1) vous avez plus de temps que vous ne le croyez, 2) se presser ne sert à rien et 3) une partie de votre problème est causée par ce que j'appelle la « maladie du temps ». Vous êtes persuadé que vous devez occuper chaque heure de la journée à la poursuite de votre objectif, et que tout doit être fait dans l'instant parce que le temps qui vous est imparti est presque écoulé. Vous n'avez aucune idée de l'avenir ni du cours tranquille que le temps suit en réalité dans la plupart de nos vies. Rédiger des listes ne fera qu'aggraver le problème. Les calendriers doivent être utilisés prudemment sinon ils seront tellement surchargés qu'il y aura de quoi occuper une douzaine de personnes.

La vérité est que vous *pouvez* accomplir toutes les choses que vous souhaitez faire. Léonard de Vinci, Thomas Jefferson, Benjamin Franklin et Ted Turner ont compris cela.

Il faut simplement que l'on vous montre que vous disposez de plus de temps que vous ne le croyez.

Exercice 1 : Gestion du temps pour celui qui aime faire trop de choses

1. Dix vies.

Imaginez que vous ayez dix vies. Racontez par écrit ce que vous feriez dans chacune d'elles. (Si vous en voulez plus de dix, pas de problème ! Choisissez-en autant que vous le souhaitez.) Quand vous aurez terminé, jetez un coup d'œil sur votre liste. Vous pourriez dire : Je veux être...

poète
musicien
un(e) homme/femme d'affaires important(e)
sinologue
un grand cuisinier
un grand voyageur
jardinier
un mari et un père
journaliste
animateur de talk-shows

Cette liste en main, réfléchissez au temps dont vous disposez dans l'avenir. *Vous êtes sur le point de trouver un moyen de vivre chacune de vos vies.*

2. *Les temps dont vous disposez.*

Répondez rapidement aux questions suivantes avec l'une de vos vies. Ne réfléchissez pas trop. Écrivez la réponse qui vous vient à l'esprit. (Vous pouvez utiliser la même vie plusieurs fois.)

— À quelle vie pouvez-vous vous consacrer au cours de l'année qui vient ?
— Quelle vie pourrez-vous vivre quand vous aurez terminé la première ?
— Quelles activités pouvez-vous faire pendant vingt minutes ou moins chaque jour ?
— Quelles sont celles que vous pouvez faire le week-end ?
— Quelles sont celles que vous pouvez faire de temps en temps ?

Répondre à ces questions vous donnera une vision plus réaliste de la manière dont les personnes telles que vous – c'est-à-dire des « hommes de la Renaissance » –

procèdent. Vous cesserez alors de penser « c'est soit ça, soit ça ! » comme le faisait Ralph quand il nous confiait : « Comment partir et écrire de la poésie, apprendre le chinois, faire du violon tout en continuant à gérer ma boîte et à voyager ? Et puis, être aussi un grand cuisinier et jardiner ? »

Voilà comment : ne *partez pas pour* écrire de la poésie. Écrivez simplement une ligne avant de vous coucher et vous verrez que vous commencerez à vous lever plus tôt pour en écrire davantage. Si vous y prenez vraiment plaisir, mettez tout le reste de côté. Au bureau, pendant la pause, écrivez ! *Et au bout de quelques jours, vous aurez terminé*. Puis vous n'aurez peut-être pas envie de composer d'autres poèmes pendant un mois.

Quand allez-vous étudier le violon ? Que diriez-vous de l'été prochain ? Vous pouvez tout faire si vous le programmez convenablement.

Si vous voulez créer votre entreprise et visiter le monde, vous pouvez combiner les deux ou faire l'un après l'autre.

3. *Élaborez un plan rapide sur trois ans.*

Année 1 :
Année 2 :
Année 3 :

Il est amusant de constater à quel point nous oublions que le temps est une séquence. *C'est comme si nous pensions que si nous ne réalisons pas tous nos projets sur-le-champ, alors nous n'en réaliserons aucun.*

Vous avez plus de temps que vous ne le croyez. Nos jours et nos années ne sont pas aussi ordonnés que nous le pensons. Les personnes comme nous, qui sont écartelées entre des désirs multiples, veulent fractionner le temps de manière rigide et irréaliste. Nous avons l'impression d'être désordonné quand nous ne respectons pas un horaire strict mais la vie est désordonnée. Je vais vous expliquer ce que je veux dire.

4. Planifiez votre vie.

Considérez votre passé. Avez-vous déjà fait de l'escalade ? Êtes-vous souvent allé au cinéma au cours d'une année pour vous arrêter ensuite pendant deux ans ? C'est peut-être la bonne manière de vivre. Vous devez apprendre à respecter la sagesse de vos instincts naturels parce qu'ils sont sensationnels quand il s'agit de nouer ensemble tout ce dont vous avez besoin dans la vie.

Un emploi du temps trop rigide risque de vous *empêcher* de faire tout ce que vous voulez. Une infirmière à domicile m'a confié récemment : « Je ne dessine plus. Plus depuis des années. J'aimerais avoir davantage de temps.

— Combien de temps est-ce que cela prend ? » lui ai-je demandé. Elle a paru surprise, comme si elle n'avait pas envisagé les choses de cette façon. Je lui ai demandé de sortir du papier et un crayon et de dessiner pendant trois minutes. Elle l'a fait puis a relevé la tête, un grand sourire aux lèvres. « C'était génial ! »

Elle ne pourra peut-être dessiner que quelques minutes chaque fois pendant les prochains mois. Pourquoi ne pas prendre deux semaines de vacances cet été pour participer à un atelier dans la forêt quelque part ? Si dessiner la rend heureuse, rien ne peut l'empêcher de s'y mettre aujourd'hui même.

N'oubliez pas de faire des projets pour les autres vies que vous avez mentionnées. Vous pourrez les réaliser d'ici trois ou quatre ans. Entre-temps, de nouvelles choses vous auront captivé. Vous pouvez élaborer un plan sur vingt ou trente ans pour caser *tout* ce que vous avez toujours rêvé d'accomplir.

Si vous êtes un explorateur, ne faites rien pour changer ! Au lieu d'essayer de vous façonner en fonction du monde, créez-vous une vie qui s'adaptera à vos multiples dons.

Et si vous êtes vraiment un plongeur frustré ? Il existe un groupe de gens très particuliers qui ont l'air d'explorateurs, qui agissent comme tels mais qui n'en sont pas. *Ce sont des plongeurs qui ont peur de plonger.*

LES PLONGEURS

Les musiciens, les mathématiciens, les scientifiques, les artistes et les athlètes professionnels tombent souvent dans cette catégorie. Ils sont heureux dans la profondeur. Lorsque quelque chose intéresse un plongeur, il entre en transe. Les explorateurs ont une vision panoramique, les plongeurs, une vision télescopique.

Ils ne se contentent pas d'un début ou d'un aperçu rapide. Non, ils veulent aller jusqu'au bout. Ils ont besoin de voir comment les différents éléments s'imbriquent à la fin. S'ils s'aperçoivent que ce qu'ils étudient est un puits sans fond, c'est bien souvent parce qu'ils ont ouvert une voie qui leur révèle des secrets, mais qui est aussi source d'interrogations nouvelles. C'est le paradis !

Pour un plongeur, une fleur, par exemple, est une jolie chose en surface. Il voudra aller plus loin et découvrir sa structure étonnante puis de plus en plus profond jusqu'à ce qu'il voie la fleur comme un petit monde à l'histoire ancienne et respectable. Il sait que, s'il descend au plus profond de la connaissance d'une fleur, elle se transformera en biologie, en chimie, en molécules et en atomes. Et la fleur deviendra l'univers.

Voilà les riches récompenses offertes aux plongeurs.

Mais si quelque chose entrave le désir d'un plongeur, sa vie devient souvent celle d'un explorateur, ce qui le rend très malheureux. Pour lui, n'atterrir nulle part, papillonner sans arrêter de décision, *c'est ne rien faire.*

Un explorateur heureux passe d'un sujet à un autre, puisant son nectar comme une abeille et dit : « C'était génial. Qu'est-ce qui vient ensuite ? »

Un plongeur malheureux dit quant à lui :

— « Je ne m'accroche à rien. J'ai horreur d'abandonner mes projets mais je n'arrive pas à m'y tenir. »

— « J'ai perdu le contact avec ce que j'étais censé faire. Je me disperse. »

— « Je n'ai jamais fait ce que je voulais parce que j'avais peur de m'engager puis de m'apercevoir que je m'étais trompé. »

Si vous ressemblez à ces plongeurs malheureux, nous ne sommes pas ici en présence de quelqu'un qui, bourré d'aptitudes, est à la recherche d'un statut professionnel, non, *nous sommes face à un problème*. Vous savez très bien que vous vous ennuyez et que vous ne tenez pas en place tant que vous restez à la surface des choses. Mais dès que vous commencez à les approfondir, vous vous déconcentrez mystérieusement et vous devenez anxieux. Vous ne comprenez pas pourquoi vous êtes incapable de changer *parce que vous ne comprenez pas la nature de votre problème.*

Cherchez d'abord à savoir si votre incapacité de vous focaliser a une cause physiologique. Vous souffrez peut-être de troubles de l'attention. Ils sont causés par une mauvaise régulation des neurotransmetteurs cérébraux qui permettent la concentration. Si votre esprit vagabonde pendant que vous lisez, et si vous ne vous en apercevez parfois qu'au bout d'une heure, si vos amis ou vos collègues pensent que vous êtes hyperactif, ou si vous avez toujours souffert d'être incapable de vous concentrer et de terminer les projets qui vous tenaient à cœur, alors vous êtes peut-être atteint de troubles de l'attention. Consultez un psychiatre. Il pourra vous prescrire de la caféine ou un médicament appelé Ritaline. Il est encore plus *important* pour vous que pour les autres de fractionner vos objectifs en petites étapes spécifiques et réalisables, et d'avoir quelqu'un qui vous obligera à lui rendre compte de la réussite de chacune d'elles.

LE PLONGEUR INSATISFAIT

Si vous ne voyez pas de cause organique à votre impossibilité à vous concentrer, alors c'est que vous êtes un plongeur qui se comporte comme un explorateur. Changer d'avis tout le temps n'est pas le fruit du libre arbitre, c'est, dans votre cas, un *mécanisme de défense*.

Voici l'histoire de Lydia :

Lydia travaillait comme camelot et gagnait bien sa vie, mais elle n'avait pas l'intention d'en faire sa profession. « Je me suis retrouvée à faire ça et à gagner pas mal d'argent. Mais je ne sais pas vers quoi me tourner maintenant. »

Je l'ai fait parler pendant un moment et soudain elle m'a dit :

« J'ai failli m'inscrire à un cours pour apprendre à travailler sur ordinateur à domicile. Les salaires sont assez élevés. Et si ce n'était pas ce que je voulais ?

— Aimez-vous travailler sur ordinateur ?

— J'adore ça, a-t-elle répondu. J'adore la comptabilité sur ordinateur. J'aime faire les calculs fastidieux que tous les autres détestent. Mais je ne peux pas rester à la maison et faire cela pour moi ! Je ne veux pas d'intérim. On travaille dans des sociétés et ce n'est pas assez payé.

— Vous pourriez aider en free-lance des entreprises quand elles ont des missions urgentes et pas assez de personnel pour s'en charger ? »

Lydia a paru intéressée, alors j'ai continué.

« Vous pourriez commencer à faire de la comptabilité sur ordinateur tout en gardant votre job de vendeuse. Essayez. Cela me semble un moyen de débuter sans risque. »

Lydia a mordu à l'hameçon. Elle a immédiatement trouvé un slogan pour son entreprise. « Pourquoi river vos cadres à leur comptabilité pendant des jours alors que je peux vous la faire du jour au lendemain ? »

« Je pourrais contacter les hôtels et proposer un service de comptabilité pour les cadres en voyage. Je connais même une ou deux grosses entreprises qui me donneraient pas mal de travail. »

Elle a aussi réalisé qu'en cas de surcharge elle trouverait facilement d'autres personnes disposant d'un ordinateur pour l'*aider*.

« C'est génial ! s'est-elle exclamée.

— Bon, établissons une liste des premières démarches à accomplir. »

L'enthousiasme de Lydia s'est soudain évanoui.

« Et les animaux ? a-t-elle demandé.

— Les animaux ?

— J'adore les animaux, et j'envisage souvent de devenir vétérinaire. »

La peur de l'engagement était entrée en scène.

Je savais grâce à ma longue expérience que nous venions de tomber sur la phobie de l'engagement. Mais je ne voulais pas le lui dire tout de suite. Après tout, il était très possible que devenir vétérinaire lui convienne mieux que la comptabilité à domicile, et la prendre au mot ne pouvait lui faire de mal.

« Avez-vous déjà réfléchi à l'idée de devenir vétérinaire ?

— Oui, et j'y ai renoncé pour un tas de raisons.

— Par exemple ?

— Je ne sais pas, m'a-t-elle répondu. Je n'aime pas beaucoup la médecine.

— Il va falloir que vous trouviez une pierre de touche pour votre amour des animaux. Qu'est-ce qui vous plaît le plus quand vous êtes avec eux ? Fixez-vous un objectif à partir de cela. Voudriez-vous y réfléchir maintenant ? »

Lydia s'est agitée sur le divan.

« Non, pas vraiment. Oh, la la, je me sens très bizarre. Très vide tout d'un coup.

— Comme si vous évitiez le problème ?

— Comme s'il n'y en avait aucun. Comme si je me retrouvais à la case départ. »

Elle *était retournée* à la case départ ! Au moment de prendre une résolution, elle s'était inconsciemment arrêtée elle-même.

Pourquoi ?

Si vous êtes comme Lydia, et si vous craignez tout ce qui ressemble à un engagement, je voudrais vous donner un petit conseil d'amie, parce que je crois que vous ne savez pas très bien ce qu'*est* réellement un engagement.

Vous ressentez peut-être l'engagement comme une sorte de piège mais ce n'en est pas un. Vous pouvez y mettre tout votre cœur et le meilleur de vous-même, et si cela ne marche pas, *c'est terminé.*

La plupart des gens aiment prendre des engagements. Ils éprouvent du plaisir à se consacrer à l'étude du piano ou à la création de leur jardin. Ils aiment voir le résultat de leurs efforts.

Ceux qui craignent les engagements n'obtiennent pas de résultats. Bien qu'ils en soient très malheureux, ils craignent d'être coincés une fois qu'ils auront « signé ». Alors ils sont à jamais exclus de tout ce qui pourrait leur apporter la satisfaction.

Ce sont des plongeurs malheureux.

Il existe selon moi trois sortes de plongeurs malheureux.

Les plongeurs qui ne savent pas apprendre.

Les personnes plus vives que la moyenne n'arrivent pas toujours à dépasser la période stimulante et enthousiasmante où elles brillent pour entamer la phase suivante, plus lente, et au cours de laquelle elles devront s'accrocher pour apprendre le sujet qui les intéresse. Elles *voudraient* poursuivre leur apprentissage mais elles n'ont jamais appris à apprendre. Alors elles se braquent devant les difficultés. Elles finissent par tout laisser tomber et partent en quête d'un autre projet pour connaître à nouveau l'exaltation. Elles espèrent *cette fois-ci* qu'elles arriveront à aller jusqu'au bout mais elles s'écroulent aussitôt.

Elles ne comprennent pas ce que des enfants moins vifs ont très bien compris. *Si vous vous accrochez, ça finit par être payant*. Ceux qui cessent de s'entraîner à un sport commettent la même erreur. Ils ne voient pas l'intérêt de continuer quelque chose qui n'est pas immédiatement rentable. Ils ne l'ont jamais fait, ils n'y sont pas habitués, et ils ne croient pas que cela marche.

Ces personnes ont parfois reçu trop d'éloges immérités quand elles étaient petites, ce qui les a désorientées. L'enfant que l'on félicite trop n'apprend jamais à s'accrocher jusqu'à ce qu'il ait atteint son but. Il n'a jamais mis ses capacités d'endurance à l'épreuve, ni acquis d'autodiscipline. Aussi manque-t-il de confiance en lui.

Carol était ainsi une « super débutante » à l'université mais dès que les choses se compliquaient un peu, elle abandonnait. « Je pensais au fond de moi que j'étais stupide et qu'on s'en apercevrait. Alors j'entrais, j'éblouissais tout le monde, et je disparaissais avant d'être démasquée. »

Les parents de Carol s'étaient efforcés de tout lui donner et de lui faciliter chaque étape de la vie. Mais à l'université, personne ne se comportait comme eux. En fac, on réussit ses examens, ou on est fichu. Cela déprimait Carol, et lui paraissait inhumain et discriminatoire. Elle a fini par abandonner et elle est rentrée chez ses parents, complètement anéantie. Elle ne tolérait pas la moindre frustration.

À quoi sert la frustration ?

La frustration est censée vous inciter à agir, pas à renoncer. Nous devons tous apprendre à supporter les frustrations afin de persévérer pour acquérir des savoir-faire. C'est ainsi que l'on développe sa confiance en soi.

Les plongeurs « accros » à la nouveauté.

« Mon psy m'a dit que je fuyais dans l'action. Au lieu de faire face aux sentiments qui me dérangent, je m'agite », m'a dit une femme lors d'un atelier. En d'autres termes, chaque fois qu'elle est déprimée, commencer quelque chose de nouveau lui permet de « planer » comme les toxicomanes ou les coureurs automobiles. Mais ça n'a qu'un temps. Dès qu'une activité devient « ancienne », c'est la descente, et le sentiment déplaisant la contamine à son tour. Quand vous avez besoin de planer, c'est souvent pour éviter d'atterrir. Lisez le chapitre 12 « Rien ne m'intéresse jamais » pour savoir si vous ne luttez pas contre une dépression chronique.

Vous fuyez la tristesse passagère en étant toujours en quête de ce qui est nouveau et excitant mais c'est le bonheur que vous évitez ainsi à long terme.

Il existe un moyen de rompre cette spirale démoralisante. Il comprend deux étapes. Réfléchissez d'abord pour découvrir pourquoi vous laissez tomber tout ce que vous entreprenez. *Deuxièmement, et c'est le plus important, forcez-vous à vous accrocher à votre travail.* Achever un projet vous remontera le moral neuf fois sur dix, même s'il vous paraît sans importance. Ce sera sûrement très désagréable au début, mais vous devez plus que quiconque faire l'expérience de surmonter ce malaise pour aller jusqu'au bout. Vous aurez peut-être de bonnes surprises !

La première fois que vous réussirez à dépasser ces sentiments pénibles, notez sur une feuille ce que vous avez éprouvé. Puis, fixez-la sur le mur pour que vous puissiez la lire la prochaine fois que vous serez anxieux ou mal à l'aise et que vous aurez envie de fuir ce que vous êtes en train de faire.

Les plongeurs qui paniquent quand ils s'autorisent à plonger.

Les deux premières catégories de plongeurs malheureux se sentent mal après la phase initiale de n'importe quel projet. La troisième sorte éprouve, en revanche, une peur réelle. Dès que l'un d'eux reste quelque part trop longtemps, le sol commence à lui brûler les pieds, l'obligeant à se sauver.

Lena, quarante-quatre ans, femme au foyer et militante politique, m'a confié : « Je n'aime pas dire ça, mais j'ai laissé tomber tout ce que j'aimais petit à petit : l'écriture, le dessin, le chant et mes études. Je ne voulais rien abandonner mais je l'ai quand même fait parce que, dès que j'entreprends quelque chose que j'aime, j'ai tellement peur que je n'arrive pas à continuer. »

Qu'est-ce qui se passe ?

La vie de Lena – et la vôtre peut-être aussi – est une succession de ratés pour des raisons difficiles à comprendre. Pourquoi paniquer au moment où l'on commence à être absorbé par quelque chose que l'on aime ?

Il existe nombre de réponses possibles à cette question, et elles ont toutes trait à l'enfance. Vos parents ou vos frères et sœurs étaient peut-être manipulateurs ou dominateurs. Votre survie dépendait alors de votre capacité d'éviter d'être pris au piège. Ou bien vous avez été maltraité ou abandonné au début de votre existence, et vous vous êtes promis de rester vigilant et attentif pour que cela ne se produise pas. Ainsi, chaque fois que vous vous autorisez à vous plonger dans quelque chose, vous sursautez soudain comme un veilleur qui se serait assoupi au cours d'une garde. Quel que soit votre problème, vous craignez qu'un malheur survienne si vous vous absorbez dans ce que vous aimez vraiment.

Si vous vous surprenez en train de dire : « Je me sens coupable quand je me plonge dans un domaine que j'aime, et j'ai l'impression que je devrais plutôt rendre service aux autres », c'est que vous pensez que se plonger dans quelque chose est *égoïste*.

Quand nous avons eu une famille malheureuse dans notre enfance, nous ne nous autorisons pas toujours à éprouver le plaisir de nous immerger dans notre activité favorite. Ce n'est pas seulement parce que nous nous sentons coupables d'être heureux alors que nos parents ne l'étaient pas. *Nous croyons aussi qu'en nous privant nous allons les soulager d'une partie du malheur qui les accable.*

Un jour, nous nous rendons finalement compte que nos privations n'ont aidé personne et que si nous nous étions autorisés à être heureux cela n'aurait en rien changé l'existence de nos parents. Bien que cela nous libère, nous restons cependant sans défense face à l'angoisse que suscite en nous le malheur de ceux que nous aimons.

Nous ne pourrons jamais soulager la peine de nos parents, et si dur que cette prise de conscience puisse être, elle nous permet de leur accorder enfin la sympathie qu'ils méritent réellement au lieu de leur offrir notre tristesse comme lot de consolation.

Premiers soins aux plongeurs malheureux

Que faire lorsque vous êtes plongé dans un livre passionnant sur l'aéronautique navale et que vous réalisez soudain que vous voulez étudier l'opéra ? Trois traitements existent selon la nature du problème.

1. Si vous paniquez lorsque vous commencez à être absorbé par un sujet, si vous avez l'impression d'avoir oublié une personne qui vous est chère, vous avez besoin d'apprendre que vous méritez d'être heureux maintenant. C'est douloureux, et il faudra du temps pour que vous en soyez convaincu ! Accordez-vous un moment pour éprouver vos sentiments, puis *reprenez votre tâche.*

2. Si vous ne savez pas apprendre, votre pire ennemi est la frustration. La première fois que vous serez dépassé, vous ressentirez à nouveau le sentiment que vous ne comprenez rien. *Mais c'est l'occasion ou jamais de rompre ce schéma. Cette fois-ci, vous allez enfin apprendre à apprendre.*

La patience est le mot magique ici. Ceux qui savent apprendre comprennent que leur apprentissage peut être long, mais que s'accrocher est toujours payant à la fin. Vous n'en avez jamais fait l'expérience parce que vous étiez plus rapide que les autres pour entreprendre de nouveaux projets que vous abandonniez à la minute où vous étiez perdu. Pour casser cet automatisme, vous devez apprendre à chérir quelque chose que vous avez toujours redouté : l'ignorance qu'éprouve tout débutant. Le Zen appelle cela « l'esprit du débutant » et honore sa noblesse.

3. Si vous êtes « accro » à la nouveauté, alors vous craignez que votre engagement envers une chose vous empêche de réaliser toutes les autres. Vous avez besoin d'un bureau des rêves trouvés.

Le bureau des rêves trouvés

Prenez une petite boîte, une boîte à chaussures par exemple, et posez-la sur le sol à côté de votre table de travail. C'est votre « bureau des rêves trouvés ». Désormais, chaque fois que vous voudrez vous précipiter dans de nouveaux projets, écrivez sur des petits bouts de papier différents toutes les recherches que vous craignez de n'avoir pas le temps d'entreprendre si vous vous fixez un seul objectif. Voyez si vous pouvez imaginer de nombreux projets, grands et petits, que vous voudrez mener à bien un jour.

Voici ce que Lydia a écrit :

— travailler avec les animaux
— monter une entreprise d'informatique à domicile
— voyager en Thaïlande et à Hawaii

Posez cette boîte près de vous chaque fois que vous travaillez à un projet. Lorsque vous prenez un engagement, si votre petite armada de « oui, mais » se met à vous rappeler tous les autres objectifs que vous pourriez être en train de poursuivre, notez chacune de ces merveilleuses idées sur un bout de papier que vous mettrez dans votre boîte.

Le jour viendra peut-être où vous serez libre et à la recherche de ces rêves dont vous ne vous souviendrez plus. Si vous les avez sauvegardés dans la boîte, ils vous attendront. Après avoir noté votre rêve et l'avoir déposé dans la boîte, *reprenez votre travail.*

Vous devez toujours reprendre votre travail parce que le seul remède pour un plongeur malheureux est de s'accrocher à une tâche jusqu'à ce qu'il devienne très, très performant.

Seul un effort soutenu lui permettra d'acquérir la maîtrise dont il meurt d'envie. Ces plongeurs se sentent d'éternels amateurs tout en percevant leurs talents considérables, aussi vivent-ils un véritable cauchemar, passant leur temps à s'évaluer : « Suis-je un génie ou un imbécile ? » Cette oscillation, source de grande souffrance, est une erreur que commettent ceux qui n'ont pas suffisamment de métier. Un comédien inexpérimenté peut dire : « Je suis probablement le plus grand acteur que la Terre ait porté. Je sens le talent qui est en moi. » Et, deux secondes après, il pense : « Je suis le plus gros nul qui ait jamais existé. Je ne suis pas capable d'être comédien. »

En fait, *il n'est ni l'un ni l'autre.* Il n'est sûrement pas le plus grand acteur que la Terre ait porté quel que soit ce qu'il éprouve *parce qu'il n'a pas encore assez de métier.* Et il n'est pas non plus complètement nul parce que même les mauvais acteurs sont en passe de devenir bons. *Seul le métier vous permet de trouver le juste milieu.*

Celui qui a pris le temps d'apprendre son métier ne se demande pas s'il est un grand maître ou seulement un professionnel de second ordre. Le sens de ces mots lui échappe désormais, ou ne l'intéresse plus. L'important pour lui est d'améliorer sa technique, ou d'exprimer une idée, et il a désormais autre chose à faire que de s'évaluer.

S'engager dans un travail stimulant détourne votre attention de vous-même tout en augmentant doucement l'estime que vous vous portez.

La maîtrise donne un sens à l'existence.

Acquérir un savoir-faire – n'importe lequel –, c'est comme avoir une quille sous son bateau. La maîtrise vous donnera de l'assurance et apaisera vos angoisses.

Vous pouvez dès maintenant commencer à devenir un « maître ».

Je voudrais que vous tentiez une expérience peu risquée. Prenez un petit engagement et essayez de vous y tenir pendant un mois.

Exercice 2 : Votre petit engagement sur un mois

Les instructions sont simples : consacrez une demi-heure par jour à *une activité* jusqu'à ce que vous y excelliez. Peu importe ce que c'est : préparer une omelette, faire des abdominaux pour obtenir un ventre plat ou apprendre à jongler. *Faites-le chaque jour et appliquez-vous*. Continuez encore et encore jusqu'à ce que vous obteniez des résultats visibles.

Il faut que l'idée suivante fasse son chemin dans votre tête : *quand vous vous accrochez, vous apprenez des choses que vous ne pourriez pas apprendre autrement*. Vous vous apercevez que l'expérience complète ne se résume pas à ses débuts. Je m'explique. Quand on apprend à jongler, par exemple, on commence par être incompétent et frustré. On ne cesse de rater les balles et on est persuadé que l'on n'attrapera jamais le coup de main.

Mais l'incompétence et la frustration passeront, et vous éprouverez ensuite du plaisir à acquérir un nouveau savoir-faire. Quand vous verrez un jongleur professionnel, vous apprécierez vraiment ce qu'il fait. Vous admirerez l'adresse partout où vous la verrez, dans tous les arts, dans tous les métiers.

Persévérer dans un petit projet pendant un mois vous fera prendre conscience de quelque chose qui pourrait bien changer votre vie : *l'engagement et la connaissance approfondie ne ferment pas les portes ; ils les ouvrent.* Vous allez découvrir pour la première fois ce que les grands « gagnants » ont toujours su. Faire un choix ne vous enferme pas dans un carcan, cela vous permet, au contraire, de développer librement vos dons.

Ai-je réussi à vous convaincre que prendre des engagements était une bonne idée ?

Vous allez me dire : O.K., je comprends maintenant, mais cela ne change pas toujours ce que je ressens. Comment vais-je m'y prendre ? Je fuis les engagements, j'ai du mal à apprendre, je suis submergé par la déprime ou l'anxiété dès que j'essaie de m'accrocher à quelque chose. Que dois-je faire quand cela devient difficile ?

Voilà ce qu'il faut que vous fassiez : *mettez un pied devant l'autre.*

Dès que vous commencerez à vous agiter ou à être distrait ou que vous vous demanderez : « Pourquoi est-ce que je fais cela ? » rappelez-vous toujours ceci : vous le faites parce que vous l'avez décidé. C'est tout et c'est assez. Vous n'avez pas besoin d'une meilleure raison. Ce n'est plus le moment de réévaluer vos efforts. Mettez un pied devant l'autre et ne vous arrêtez pas.

C'est comme cela qu'on s'accroche à un engagement.

Vous serez surpris de voir votre intérêt se raviver quand vous aurez affronté cette tornade de sentiments. Mais ceux-ci réapparaîtront probablement à plusieurs reprises. On ne les soudoie pas facilement.

Ne vous inquiétez pas. Vous ne vous battrez pas seul. Votre recherche de la maîtrise vous aura procuré une puissante alliée.

La nature.

Un dernier petit conseil de sagesse pour les plongeurs malheureux : faites confiance à la nature

Lorsque vous voyez la multitude de conflits internes auxquels les plongeurs malheureux sont en proie, vous vous apercevez qu'ils se sentent très seuls. Si vous êtes de ceux-là, je voudrais vous dire quelque chose que j'ai appris avec le temps et qui a énormément changé ma vie.

La nature fera la moitié du chemin et vous aidera.

Qu'est-ce que j'entends par « nature » ? Ce sont les supports à partir desquels vous travaillez. Cela peut être les chiffres, les sons, les mots, le bois ou même la gravité, le temps ou la physique. Si vous travaillez avec des gens, votre matériel est la nature humaine. Chaque fois que vous vous concentrerez sur votre travail, vos « matériaux » vous guideront.

Qu'est-ce que cela signifie réellement ? Un grand cuisinier m'a confié un jour : « Mon secret, c'est de laisser la nourriture me guider. Je ne fais pas de menu à l'avance, je vais simplement au marché et je regarde ce qui est frais. Je rentre, je dépose tout sur la table de la cuisine et j'essaie d'imaginer ce que cela pourrait donner. D'une certaine façon, les épices, les temps de cuisson, les ustensiles ne sont pas assujettis à ma volonté. Je dois faire ce qui est nécessaire. »

Un sculpteur sait que la pierre a ses propres règles auxquelles il doit obéir. Il apprend peu à peu ses exigences. Mais sans lui, la pierre resterait un bloc sans vie. Ils forment ainsi tous deux une subtile association pour créer une statue.

Tout travail bien accompli est le résultat d'une association entre la nature et vous. Cette collaboration mettra un terme à votre sentiment d'isolement. La nature vous aidera à chaque étape. Les plongeurs en eaux profondes vous diraient ainsi que, lorsque vous êtes au fond de la mer, vous n'êtes jamais seul.

7

Sur la mauvaise voie à grande vitesse

Si vous vous trouvez sur une voie rapide qui vous conduit tout droit au succès sans savoir ce que vous désirez *réellement*, vous avez des problèmes particuliers : votre vie à grande vitesse, vos contreparties matérielles et l'admiration dont vous êtes l'objet vous stimulent, vous perturbent et vous donnent peur de vous arrêter. Alors vous filez à toute pompe. Vous commencez à avoir l'impression de foncer dans la mauvaise direction sur une super-autoroute sans apercevoir de bretelle de sortie. Vous n'êtes peut-être pas sûr de ce que vous devriez faire de votre vie professionnelle mais vous avez maintenant le sentiment qu'elle vous file entre les doigts.

Rien n'est pire, à mon avis, que de foncer vers sa perte. L'enlisement me semble presque préférable. Pourtant, dans ce monde rempli de merveilleuses opportunités, il est très facile de s'embarquer sur une voie professionnelle fulgurante sans pouvoir en sortir. Si vous réussissez très vite dans un job très valorisant, (même si vous êtes très *malheureux*), nous savons très bien tous deux ce que les autres en pensent : vous avez gagné le gros lot, vous êtes un chanceux.

Et c'est vrai.

Vous avez le succès dont chacun rêve. Vous travaillez pour une entreprise de premier plan, vous gagnez bien votre vie et l'on vous respecte. Vos journées sont longues, vous êtes stressé, mais après tout, c'est pour cela que vous êtes si bien payé. Vous rayonnez tellement que vous brûlez d'envie de retrouver vos camarades de lycée. Face à vous, tout le monde se sent médiocre. Vous en « jetez », vous le savez, et cela vous plaît.

Le problème est que vous n'aimez pas grand-chose dans votre métier *à part* son côté glamour : vous appréciez *l'image* qu'il donne de vous. Mais en réalité, soit le travail est épouvantable, soit il est supportable mais il vous stresse et vous absorbe tellement que vous ne pouvez rien faire d'autre dans la vie.

Vous ne cuisinez jamais pour le plaisir de partager votre repas avec votre compagnon parce que vous n'avez pas eu le temps d'en rencontrer un, et encore moins de faire les courses. Vous ne jouez jamais de la guitare comme vous le voudriez parce que votre cerveau s'embrume dès que vous rentrez chez vous... à dix heures du soir. Votre vie personnelle n'est rien d'autre qu'un arrêt au stand dans cette course que vous appelez votre carrière. Tout votre temps libre vous sert à récupérer et à vous préparer pour le tour de piste suivant.

Personne ne se rend compte que votre vie n'est finalement pas si réjouissante que ça, et vous ne faites rien pour qu'on s'en aperçoive.

Alors je vais peut-être vous surprendre : je suis encore plus triste pour vous que pour la plupart des personnes qui viennent me consulter. Certaines sont malheureuses dans leur job, mais elles ont au moins le droit de s'en plaindre. Les chanceux comme vous, ceux qui réussissent, pensent qu'ils ont décroché la timbale et qu'ils seraient donc mal venus de se montrer insatisfaits. Ils regardent autour d'eux, perplexes, en se demandant ce qui n'a pas marché. Ils n'imaginent pas avoir été dupés par notre culture. Pourtant cela se produit plus souvent qu'on ne le croit. Chaque société a sa définition de ce qu'est un gagnant ou un perdant, et personne ne consulte les enfants à ce sujet.

Réfléchissez à ce que notre culture nous inculque. Avez-vous déjà entendu, au cours d'un dîner, quelqu'un évoquer l'histoire d'un étudiant qui était heureux et comblé après avoir abandonné ses études ? Quels anciens élèves étaient invités à venir parler de leur métier dans votre université : ceux qui vivaient tranquillement dans leur maison à la campagne, ou ceux qui gagnaient 800 KF par an dans une société de conseil en management ?

On vous a donné des instructions précises : devenir un joueur de premier plan. Gagner beaucoup d'argent ou devenir un notable. Chaque membre du groupe connaît très bien ces repères. Que votre famille ait ou non appartenu au cercle des gagnants, son message était clair : Tu sais ce que tu as à faire, petit. Sois un gagnant ou tu seras un perdant.

Pour *moi*, un gagnant est celui qui fait ce qu'il aime. Quelle que soit son activité. Un perdant est celui qui perd son temps à faire ce qu'il n'aime pas. Ma liste des perdants inclut donc aussi tous ceux qui roulent en Rolls et ne sont pas heureux *parce qu'ils n'ont pas encore inventé le « truc brillant » qui remplacera la vie comblée qu'ils n'ont pas eue.*

Si vous ne parvenez pas à vivre votre vie, vous aurez alors perdu un trésor inestimable. Le destin fait de nous des êtres uniques. Chacun est un tissu complexe et subtil d'attitudes, de points de vue, de capacités, de goûts et de dons. *Personne au monde ne peut faire ce que vous faites, ne peut penser et voir comme vous, et créer ce que vous pouvez créer.*

Écoutez-moi attentivement : si vous êtes malheureux, c'est qu'il se passe quelque chose d'*important*. Quand votre corps souffre, il a besoin d'attention. Quand votre cœur souffre, il a besoin de tout autant d'attention. Votre esprit sait ce qu'on vous a appris, mais *votre cœur sait qui vous êtes vraiment.*

Et il essaie de vous dire quelque chose !

Prenez garde, sinon votre élan va s'épuiser. Il est possible que vous soyez obligé de revoir complètement votre définition du succès. Je n'aime pas démolir les ponts mais nous sommes ici dans un cas de figure où il se pourrait que vous ayez à le faire. Il faut que vous soyez sûr que ce succès est bien le *vôtre* et non celui de quelqu'un d'autre, et qu'il convient bien à celui que vous êtes.

Si vous êtes un gagnant pour le monde entier et un perdant pour vous, vous avez fait la pire affaire de votre vie.

Alors que faire ? Quitter un super-job pour vivre dans les bois avec les esprits et les fées en vous nourrissant de chimères ? Bien sûr que non. *Je veux simplement que vous cessiez de croire que votre histoire a déjà été écrite.* L'enjeu peut vous sembler trop gros parce que vous avez quelque chose à perdre, mais votre vie est trop précieuse pour céder face à une culture qui ignore qui vous êtes vraiment. Votre passé n'a pas à contrôler votre avenir. En fait, votre passé, ainsi que votre présent, vont vous aider à vous créer une nouvelle vie si vous le voulez.

Mais, *avant de résoudre les problèmes*, il faut d'abord vous soulager du stress qui vous accable.

Je veux que vous vous souveniez de cette valve de sécurité que vous connaissiez très bien quand vous étiez petit : vos sentiments.

COMMENT ABAISSER VOTRE NIVEAU DE STRESS

La gestion des sentiments

Faites-moi plaisir : ne jouez pas à celui pour qui tout va bien. Quand vous n'avez pas le moral, admettez-le ! N'essayez pas de vous persuader du contraire. Vous ne voulez peut-être pas que votre patron ou vos clients s'aperçoivent de votre détresse, mais *ne vous cachez pas ce que vous éprouvez*. Toute une génération a été encouragée à voir la vie en rose, à se convaincre qu'elle ressentait autre chose que ce qu'elle éprouvait réellement, et à penser qu'elle pouvait changer sa situation en essayant de la considérer différemment. « C'est moi qui crée ma propre réalité », disent souvent ces personnes.

Chaque fois que j'entends cela, j'ai envie de pleurer. « Ne créez pas votre propre réalité, S.V.P. ! Il y en a déjà une ! » Ne remplacez pas le mot « problème » par le mot « défi ». Un problème est quelque chose de tout à fait convenable à résoudre, et nous sommes programmés pour le faire. Nous aimons cela. Les problèmes nous rendent créatifs ! N'appelez pas un désastre « une opportunité ». Qui a besoin de telles opportunités ? Vous n'avez pas à plonger dans le désespoir quand les choses vont mal, mais S.V.P., *appelez un chat un chat*. Il faut rester lucide dans la tempête !

Pourquoi vous forcer à reformuler toutes vos réponses naturelles quand vous n'en avez pas besoin ? La nature vous a doté d'une machine superbe pour gérer avec force et précision *tout ce qui vous arrive* : ce sont vos sentiments réels. Nier vos véritables sentiments vous coûte très cher. Vous gaspillez toute votre énergie à vous faire croire que ça va, mais la vérité murmure en sourdine : Ça ne va pas du tout. Au bout d'un moment, vous devenez fébrile et, pour vous calmer, vous êtes tenté de vous précipiter sur quelque chose qui n'est pas bon pour vous : des tranquillisants, des barres chocolatées ou de l'alcool.

S'il y a bien une chose que je voudrais vous apprendre, c'est celle-ci : *vos sentiments ne vous tueront pas, les refouler en revanche pourrait bien le faire.*

Alors que faire ? Tourner en rond comme une âme en peine ?

Pas du tout.

La meilleure façon, et la plus naturelle de gérer les sentiments, est de les libérer de façon régulière.

Vous vous rappelez le film *Broadcast News* ? Holly Hunter y jouait le rôle d'une productrice d'émission qui passait son temps assise, toute seule, et soudain se mettait à hurler. Aucun commentaire n'était fait dans le film sur son comportement bizarre et je trouvais cela bien. Cela sous-entendait que hurler était un très bon moyen de relâcher la tension dans un job stressant. Si vous n'êtes pas prêt à quitter votre job « haute tension », prenez du temps et utilisez les techniques de Holly Hunter : exprimez vos sentiments ou, en tout cas, prenez-en conscience.

Pourquoi devez-vous régulièrement consulter vos sentiments ?

Vos sentiments sont là – que vous le vouliez ou non – et ils vous causeront des ennuis si vous ne les consultez pas de manière régulière. Chaque fois que je me surprends en train de foncer, d'empiler des tâches les unes sur les autres, de critiquer ceux qui m'entourent pour leur lenteur, une cloche tinte, et je me pose des questions. Il m'a fallu du temps pour comprendre que mon agitation n'avait aucun rapport avec la réalité, que le monde extérieur était le même que la veille, quand je me sentais bien. C'est donc moi le problème. Alors, bien que je ne comprenne pas vraiment ce qui m'arrive, j'en sais maintenant suffisamment pour m'asseoir, respirer à fond et dire : « Salut, les sentiments. Qu'y a-t-il ? »

Je peux vous dire ce qui se passe pour moi. (Chacun est différent.) Dès que je ralentis et que je consulte mes sentiments, je sens une espèce de tristesse m'envahir. Je soupire et parfois les larmes me montent aux yeux. Quelquefois même, je m'écroule et je fais un « Holly Hunter ». Ensuite, comme par miracle, ma course effrénée, signe de mon désespoir, s'arrête.

Quand j'ai l'impression qu'un désastre va se produire, je fonce dans tous les sens pour réparer le monde entier. Mais ce que je crains n'est pas le monde, c'est une blessure interne. À la minute où je plonge en moi pour écouter mes sentiments, cette souffrance émerge. Pas de quoi paniquer. Le monde me semble alors plus calme, plus raisonnable et plus gérable.

Pourquoi suis-je triste ? Qui sait ? Une amie vient peut-être de déménager et je sais qu'elle va me manquer. Ou bien, je suis submergée et je me sens comme un petit enfant qui veut qu'un « grand » vole à son secours. Quoi qu'il en soit, je gère ma journée de travail – et mes propres besoins – bien mieux lorsque je cesse de m'affoler.

Vous devez consulter vos sentiments de manière régulière. Il faut que vous essayiez de déterminer quel est *votre* « schéma » habituel. Ma façon de courir en tous sens pour tout organiser, tout arranger et tout accomplir quoi qu'il arrive est le schéma que j'utilise en général pour masquer ma tristesse. Certaines personnes camouflent leur rancune derrière de l'épuisement, ou râlent pour dissimuler leur peur. C'est un autre type de schéma. Réfléchissez à ce que vous ressentez. Il se peut que vous n'arriviez pas à vous concentrer, ou que vous vous précipitiez sur un verre d'alcool ou sur des friandises. Attendez avant de prendre un médicament qui calmera si bien vos sentiments qu'ils ne serviront plus à rien. Allez faire une visite au fond de vous. Asseyez-vous, fermez les yeux et passez en revue les quatre sentiments principaux : est-ce de la colère ? de la peur ? de la joie ? de la peine ? L'un d'eux émergera. Parfois plus d'un. Et quand vous saurez ce que c'est, exprimez-le. Soupirez, pleurez ou boxez votre oreiller. C'est la manière dont la nature nous aide à faire face aux insultes et aux atteintes que la vie nous impose. Chaque fois que nous subissons un affront, nous devons décharger les sentiments que celui-ci suscite en nous. C'est une vérité comme les lois de la physique : l'énergie qui entre doit sortir. Même si quelqu'un vous raconte une bonne blague, vous devez vous décharger par le rire. Les sentiments sont les outils qui permettent à votre corps et à votre âme de ronronner comme un moteur heureux. Ne les craignez pas !

Comment faire la carte de vos sentiments.

Il y a en gros quatre sentiments : la colère, la peine, la peur et la joie. Vous pourriez probablement en nommer bien d'autres : la culpabilité, l'humiliation, la gêne, etc. Mais si vous examinez ces sentiments en détail, vous verrez qu'ils tombent presque chaque fois dans l'une de ces quatre catégories. La culpabilité se résume ainsi en général à la honte (peine) ou à la rancune (colère). L'humiliation est un mélange de peine et de colère. La gêne est une version de la peur. Quand vous découvrez la véritable nature du sentiment qui vous habite, il vous est plus facile ensuite de l'exprimer. Les sentiments comme la culpabilité, l'humiliation, la gêne ont tendance à s'agglutiner et sont donc difficiles à libérer.

Si vous n'avez pas l'habitude d'être attentif à ce que vous ressentez, il va falloir vous entraîner un peu. Je vais vous montrer un exercice qui vous aidera à comprendre ce monde interne et à délimiter son territoire.

Je vais vous demander le contraire de ce que l'on vous a inculqué jusqu'à maintenant : ne vous polarisez pas sur la « joie ». (Je ne vous demande pas d'écrire sur la joie. Si c'est ce que vous ressentez, tant mieux ! Vous n'avez pas besoin de travailler dessus, appréciez-la tout simplement.) Je m'explique : *si vous vous sentez très malheureux, je ne veux pas que vous vous obligiez artificiellement à avoir des pensées gaies.*

Ce serait prétendre que vous êtes propre avant d'avoir pris une douche. Si vous vous sentez triste, je veux que vous y remédiiez, pas que vous vous mettiez des lunettes pour voir tout en rose.

Exercice 1 : Vos sentiments parlent

Prenez un cahier pour cet exercice. En haut de la première page, écrivez « Colère ». Sautez une dizaine de pages puis écrivez « Peine », encore dix pages et écrivez « Peur ». Choisissez le sentiment au sujet duquel il vous est le plus facile d'écrire et commencez. Si vous avez choisi « Colère », écrivez tout ce qui vous met en colère et n'arrêtez pas à moins que 1) vous n'ayez plus rien à dire, 2) le sentiment change. Si votre sentiment se transforme en peine, passez à la rubrique « Peine » et écrivez tout ce qui vous fait pleurer. (Si vous écrivez en pleurant, c'est bon signe.)

Si vous commencez à avoir peur, voilà de bonnes nouvelles. Vous craignez probablement un autre sentiment comme la peine ou la colère. En quoi est-ce bien ? C'est bien parce qu'il ne vous reste plus qu'à écrire ce que vous ressentez, à vous exclamer « Je suis très en colère ! » en poussant un rugissement ou à dire « *Je souffre* » en fondant en larmes. *Exprimez le sentiment, et l'émotion disparaîtra.*

Personne ne vous dit de balancer un coup de poing dans le nez de quiconque. La violence est, en réalité, plutôt le fait de gens qui répriment leurs sentiments et se sentent poussés à bout. S'ils pouvaient crier ou pleurer, ils n'auraient pas besoin de tout casser.

Rappelez-vous : les sentiments sont autorisés. Tous les sentiments – même la haine ou la méchanceté – tant qu'il ne s'agit que de sentiments, et que vous êtes le seul à les connaître. En présence des autres, vous devez vous efforcer de vous montrer raisonnable et juste. Les sentiments sont irrationnels, souvent injustes, et vous ne pouvez pas vous empêcher de les éprouver. *Alors gérez-les avant d'en parler*. Quand vous vous serez calmé, vous déciderez s'il est sage ou non d'en faire état. Lorsque la tempête émotionnelle aura cessé, la raison reprendra le dessus pour vous aider à trancher.

C'était la première étape : la gestion des sentiments. Maintenant que vous avez un exutoire pour vos émotions, vous pouvez les analyser comme la nature l'a prévu. Quand la charge sera trop lourde, vous ne craquerez pas, vous ne vous mettrez pas à boire, et vous n'abandonnerez pas ce que vous faites : vous irez simplement vous isoler pour consulter vos sentiments.

Voyons maintenant l'autre moyen de soulager le stress.

Il faut que vous commenciez à économiser

L'un des avantages de votre merveilleux job est le gros chèque en fin de mois. Laissez-moi vous poser une question : Combien avez-vous économisé ? Nous connaissons tous deux la réponse. Vous n'êtes pas loin de la faillite. Comment est-ce possible ? Il est plus que probable qu'une bonne partie de votre argent s'est évaporée dans des lots de consolation. Quand on troque sa vie contre le succès, on a besoin de beaucoup de joujoux pour compenser.

Julie, trente-quatre ans, consultante en management dans l'une des plus importantes entreprises des États-Unis, disposait de si peu de temps libre, et gagnait tant d'argent, qu'elle s'était mise à engager de grosses dépenses. « D'abord des vêtements, des vêtements beaux et chers. J'adorais en acheter, et puis il fallait que je sois bien habillée au bureau, alors cela me semblait raisonnable. Puis il m'a fallu un appartement pour des raisons fiscales, puis une B.M.W. pour me remonter le moral. Des meubles, des tapis, des cadeaux. J'achetais tout, sauf des vacances, parce que je n'avais pas de temps pour cela. J'aimerais bien quitter ce job maintenant mais je me retrouverais complètement fauchée ! Je ne pourrais pas rembourser mes emprunts et je ne peux pas vendre mon appartement à cause de la crise de l'immobilier. Je suis vraiment coincée ! Et comme je me sens coincée, je continue à dépenser pour me remonter le moral. »

Julie se trouve dans une spirale sans fin de privations et de récompenses. Dépenser de l'argent ne la comblera jamais. Il faut qu'elle sache une chose, et vous aussi : *vous n'aurez jamais assez de ce que vous ne voulez pas vraiment*.

Quand vous voulez une glace, vingt barres chocolatées ne vous satisferont pas. Mais un Esquimau, si ! L'âme, comme le palais, n'accepte pas les ersatz. Vous lui donnez ce qu'elle veut ou elle ne vous laissera pas de répit.

Que veut vraiment Julie ? Elle veut un job qu'elle trouve valable, qui apporte une contribution au monde. Elle veut du temps pour lire, pour promener ses chiens, pour tomber amoureuse. Qu'a-t-elle ? Une superbe voiture qu'elle n'a pas le loisir de conduire, un appartement cher alors qu'elle n'a pas le temps de recevoir, de très beaux vêtements qu'elle ne peut porter qu'à son travail.

Bon, je vous ai convaincu de commencer à économiser. Mais comment allez-vous vous y prendre alors que vous croulez sous les obligations ? Je ne connais pas votre situation exacte mais je sais que vous pouvez arrêter d'acheter des vêtements chers, vous remettre à conduire votre vieille voiture, laisser la peinture s'effriter, cesser de dîner dehors, prendre le métro, renégocier votre prêt, vendre votre résidence secondaire et laisser tomber l'idée de louer une villa pour les vacances.

L'angoisse ? La plupart de ces choses merveilleuses ne sont que des lots de consolation pour une vie malheureuse. *Quel que soit le critère, temps, argent, énergie, concentration, ces joujoux coûtent trop cher !*

Et si vous avez une famille à entretenir ?

Il est beaucoup plus difficile d'économiser quand des gens sont à votre charge, qu'ils sont habitués à un train de vie qu'il vous est impossible de budgétiser. Il faut qu'ils se restreignent aussi. Mais n'essayez pas de faire changer votre famille avant d'avoir entrepris de changer de votre côté.

Si vous êtes un peu comme moi, vous avez besoin d'être un bon Samaritain. Vous préférez jouir de ce pouvoir que de partager le fardeau qu'il implique, même si votre famille est d'accord pour vous décharger un peu. Que faire ? Je pense qu'il est temps de voir ce que vous coûte votre statut de héros. N'abandonnez pas votre famille, ne fuyez pas vos obligations. Considérez simplement la structure psychologique de la position que vous avez choisie. Vous ferez peut-être des découvertes surprenantes.

Mélanie, banquière, dont le mari poursuit ses études m'a dit : « Je me sentirais inutile. Comme si Mike n'avait plus aucune raison de rester avec moi. »

Ron, quarante-cinq ans, chef d'une petite entreprise et père de quatre enfants : « J'aurais l'impression d'être un perdant, de n'être pas aussi brillant que mon frère aîné. J'aurais le sentiment d'être un enfant stupide. Peut-être qu'en ce moment je me tue au travail, mais j'ai au moins l'impression de vraiment valoir quelque chose. »

Voici mon message : c'est bien de s'occuper de ceux qu'on aime. C'est bien d'exprimer notre affection et notre engagement. *Mais si vous en faites trop pour compenser un sentiment d'inutilité, vous êtes sûr de vous retrouver coincé et de démolir les valeurs de votre famille.* Quand vous serez prêt à renoncer à un peu de votre pouvoir, vous pourrez *alors* demander à votre famille de vous aider à économiser. Et s'il leur faut du temps pour s'inquiéter et s'adapter au nouveau régime, vous ne vous sentirez pas épouvantable au point de vous écrouler et de saboter le processus.

Laissez-moi vous expliquer une chose : je n'ai rien contre les achats ostentatoires, et si j'avais quelque chose contre cela, ce serait mon problème et je ne tenterais pas de vous influencer. Si vous ne souhaitez rien d'autre que de l'argent et des jouets, faites ce qu'il faut pour les obtenir. Vous serez très heureux de posséder et de dépenser, et votre bonheur est tout l'objet de ce livre.

Mais si on vous a *appris* à vouloir des jouets et poussé à *oublier* ce que vous vouliez réellement, vous avez été la victime d'une blague cruelle : on vous a volé votre monde, on vous a déposé sur une roue comme un hamster, et vous courez derrière le néant. Votre cage est peut-être faite de dépenses que vous ne savez pas comment réduire. *Vous agissez peut-être comme si vous alliez un jour tout plaquer, alors que votre style de vie rend cette option impossible.*

De quelle somme d'argent auriez-vous vraiment besoin pour vivre la vie de vos rêves ?

Si vous ne savez pas quelle est la vie de vos rêves, attendez. Nous y viendrons dans un moment. Pour l'instant, juste comme exercice, laissez-vous aller à imaginer cette vie et son coût.

Si votre rêve est de posséder votre propre yacht, vous feriez mieux de vous accrocher à votre job actuel et même d'en trouver un deuxième. Si c'est de poursuivre le même métier mais dans un cadre plus agréable, vous n'avez besoin que d'argent pour vous dépanner jusqu'à ce que vous trouviez mieux. Cela veut parfois dire que vous allez prendre des congés sans solde. Mais restez si possible dans votre job actuel jusqu'à ce que vous en trouviez un qui vous convienne mieux. Vous aurez peut-être à supporter une baisse de salaire momentanée. Si vous avez des économies en banque, vous aurez ce choix. Mais si vous devez gagner autant que maintenant, alors vos options seront moins nombreuses.

Si votre rêve est de vous installer à la campagne, travailler chez vous, faire de l'élevage de setters irlandais, il vous faudra suffisamment d'argent pour faire démarrer votre entreprise. Quand votre projet vous semblera viable, vous pourrez acquérir la maison et les chiens d'une manière ou d'une autre. (Je connais des gens qui l'ont fait avec très peu d'argent. J'en fais partie !)

Gwen, vingt-six ans, avocate : « Tout ce que je veux, c'est vivre à l'étranger, dans un pays différent chaque année. J'arrive à me débrouiller avec 80 000 francs par an en faisant attention. Alors je vais économiser suffisamment pour trois ans de voyage et je trouverai un travail temporaire six mois par an aux États-Unis pour tenir quelques années de plus. Si je fais des progrès en langues étrangères, je pourrais même travailler tout en voyageant. » (Elle a en fait trouvé un emploi aux États-Unis. Elle travaille pour les ministères du tourisme de pays étrangers : elle fait leur promotion auprès des agences de voyages et se déplace ainsi gratuitement !)

ROGER, quarante-sept ans, ingénieur du son : « Je compte reprendre mes études dans un an exactement. Il faudra que je refuse certains jobs et que j'accepte une baisse de mes revenus, alors je réduis déjà mes dépenses pendant que je travaille encore à plein temps pour me constituer un petit pécule. Ensuite je travaillerai à temps partiel. »

En économisant et en diminuant leurs dépenses, Gwen et Roger achètent la chose la plus précieuse qui soit : le temps. *Le temps est ce dont vous avez le plus besoin :* du temps pour travailler moins et voir ainsi si vous aimez les études, du temps pour vous former et changer de carrière, ou éventuellement pour aller à la pêche.

Vous disposez maintenant d'un moyen pour relâcher la pression (consulter vos sentiments) et j'ai, j'espère, réussi à vous convaincre que vous avez besoin de ressources pour changer de vie (économiser de l'argent). Le péril immédiat, consistant à quitter votre job sur-le-champ, est écarté, et le danger futur de vous retrouver sans options possibles est en train d'être réglé.

Maintenant, parlons.

Laissez-moi reformuler votre problème. Vous êtes sur une voie rapide, vous réussissez, vous avez belle allure, vous gagnez de l'argent mais vous n'êtes pas heureux. Vous êtes tellement écartelé entre votre envie de changer de vie et la crainte de quitter votre job que vous tournez en rond en parlant tout seul dans des lieux publics.

Ne vous inquiétez pas. Ce n'est pas bien grave.

Vous n'aurez peut-être pas besoin de quitter vos super-rails – vous pourrez ne modifier que quelques détails ou votre manière de réagir à votre travail. Et si vous avez vraiment besoin de démissionner, je vous rassure : *il n'y a pas de problème sans solution*. Je vous garantis que votre dilemme en béton armé possède des fissures suffisamment larges pour qu'un génie tel que vous passe à travers aisément.

Voyons un peu comment vous en êtes arrivé là.

QU'EST-CE QU'UNE PERSONNE COMME VOUS FABRIQUE DANS UNE BOÎTE PAREILLE ?

Les personnes réussissent pour des raisons différentes, et ce succès les rend malheureuses aussi pour des raisons différentes.

Passez en revue les trois scénarios suivants pour voir si vous vous retrouvez dans l'un d'eux.

Scénario 1 : Vous n'avez jamais vraiment décidé d'être agent de change, avocat, conseil en management, etc.

Vous étiez bon élève et vous n'avez jamais vraiment réfléchi à ce que vous vouliez faire. Vous êtes entré à l'université parce que c'était l'étape logique suivante et que vous aviez les notes qu'il fallait. Quand le temps de trouver un job est venu, vous avez choisi l'entreprise la plus prestigieuse qui vous sollicitait. Vous n'aviez jamais songé à faire autre chose. Mais ce job ne vous a jamais vraiment plu. Vous possédez maintenant une grosse voiture, un bel appartement et une chaîne hi-fi dernier cri. Votre entourage est impressionné ou vous envie. Mais tout ce succès n'est pas à la hauteur de ses promesses.

Vous reconnaissez-vous ? Voici quelques cas réels :

Randy, vingt-huit ans, aimait l'école. Bon élève, il a « glissé » dans une carrière. Il lui a fallu six ans et deux promotions importantes pour qu'il admette qu'il était à la dérive. Il dit aujourd'hui qu'il ne sait pas ce qu'il veut.

« Je n'ai jamais pris de décision, m'a-t-il confié. Je ne m'occupais que de l'étape où je me trouvais puis j'ai atterri là. Je suis très capable. Je peux obtenir de bonnes notes, réussir les entretiens de recrutement et bien faire mon travail. La seule chose que j'aie oubliée a été de me choisir un objectif ! »

Kathleen K., vingt-six ans, vient de se présenter aux élections municipales où elle a fait un bon score. Tout le monde pense qu'elle pourra réussir dans ce domaine et elle intéresse déjà des ténors de la politique. Mais la politique ne la passionne pas. Elle ne sait pas vraiment comment elle est arrivée là. « Je ne faisais que jouer le jeu et, quand je me suis retournée, je me suis rendu compte que j'étais enrôlée. »

Elle a, en fait, toujours voulu travailler avec des enfants. Elle est patiente et se plaît en leur compagnie. Être institutrice ou nounou est son rêve depuis longtemps. Mais devenir maire d'arrondissement est sa chance de décrocher le gros lot. Sa famille pense que l'on ne devrait pas gâcher son intelligence avec des enfants. (Comme s'ils n'étaient pas notre ressource la plus importante !) Tout le monde attend de Kathleen qu'elle fasse une brillante carrière politique et qu'elle plante le drapeau de la famille au sommet de la montagne.

Scénario 2 : Votre travail dévore le reste de votre vie

Vous avez bataillé dur pour vous retrouver là où vous êtes et le travail ne vous a jamais fait peur. Cela faisait partie de la lutte pour gagner le sommet. Vous avez peut-être pris plaisir à remporter la compétition et à être très bon dans votre job, et vous pensez avoir de la chance d'être au « top ». Ce n'est qu'après plusieurs années que vous avez levé le nez et que vous vous êtes rendu compte du prix que vous payez pour ce succès : une vie normale, une famille heureuse et peut-être même un rêve que vous n'avez plus le temps de réaliser.

Marguerite, trente-cinq ans, trader à Wall Street, avait étudié avec passion la littérature américaine à l'université. N'ayant plus assez d'argent pour poursuivre ses études, elle avait commencé à travailler comme agent de change. Ce job ne l'intéressant guère, elle avait fouiné dans les autres services et elle était un jour entrée dans le département des marchés à long terme qui lui avait semblé bien plus excitant. Elle avait demandé ce que l'équipe faisait, elle l'avait observée et elle était rapidement devenue suffisamment compétente pour être mutée dans ce service. Huit ans après, son salaire dépassait toutes ses espérances. Mais elle n'avait pas une minute à elle.

Lorsque je l'ai rencontrée, elle était tendue et malheureuse. « Je travaille quatorze heures par jour ! J'aimais cela au début. Puis huit ans ont passé. Je suis sur le point d'obtenir une promotion importante mais voilà des années que je n'ai pas eu le temps de m'occuper de ma vie privée. J'ai trente-cinq ans ! Je ne suis pas sortie une seule fois de cette ville depuis huit ans pour autre chose que mon travail. J'ai un diplôme de littérature comparée et je n'ai pas lu un seul roman en huit ans. Chaque année, au moment de mon anniversaire, une petite voix me dit : "Quelque chose ne va pas et le temps passe." »

Scénario 3 : Le job est O.K.
mais vous ne supportez pas vos collègues

Notre environnement nous donne de la force, de l'ouverture et du bonheur mais il peut aussi nous rendre malade. Un environnement toxique n'est pas seulement enfumé, il est aussi peuplé de personnes caractérielles qui peuvent provoquer en nous autant de troubles qu'un véritable produit toxique.

Parfois ce ne sont pas une ou deux personnes, c'est l'endroit tout entier. Les luttes intestines sont telles que vous ne pouvez plus travailler. Vous êtes peut-être entré dans une entreprise malade. Vous avez choisi le bon job mais pas le bon lieu.

Le job de Billie était merveilleux. L'arrivée de quelqu'un a tout gâché. Un nouveau directeur a complètement changé l'atmosphère de la société en remplaçant la supérieure que Billie adorait par un homme qui était à la fois désagréable et injuste. Le job de Billie est désormais un enfer.

C'est un problème important. Une étude menée en 1990 a montré qu'un tiers des travailleurs malheureux considéraient que leur stress au travail *était dû à leurs collègues*. Vous pouvez tomber malade si votre entourage professionnel est « toxique ».

Comment vous rendent-ils malade ? Vous éprouvez des sentiments terribles et vous commencez à croire que quelque chose ne va pas chez vous. Vous vous surprenez en train de ne pas vouloir vous investir à fond parce que vous êtes en colère et démoralisé. Votre travail en pâtit et vous perdez la fierté que vous ressentiez quand vous faisiez du bon boulot. Mais c'est avant tout l'injustice qui vous rend malade.

Scénario 4 : Le travail n'est pas ce que vous attendiez. Vous êtes terriblement déçu

Vous faites le métier que vous vouliez mais il ne correspond pas à vos attentes. C'est terrible et pourtant c'est vrai. Nous avons tous plus ou moins été blousés par notre entourage dans notre choix de carrière. Les étudiants en droit qui passent leur été dans des entreprises, encouragés par leurs fiers parents, leurs professeurs et des employeurs séducteurs ne s'aperçoivent que bien longtemps après que leur métier n'a rien à voir avec leur job de vacances.

Nous nous trompons souvent nous-mêmes. Nous nous accrochons à une image d'Épinal de notre carrière de haute volée que nous avons piochée dans des films ou dans nos rêveries. Nous nous voyons devant un jury luttant pour la vie d'un client innocent et, au lieu de cela, nous nous retrouvons à gratter du papier dans une administration. Nous nous imaginons en génie de la haute couture en train de regarder nos mannequins danser sur une estrade devant des caméras au milieu des applaudissements pour finalement nous retrouver à nous battre avec nos fabricants et nos créanciers pour obtenir la livraison de centaines de joggings pour les acheteurs enragés des grands magasins. Ce n'est pas ce que l'on nous avait « promis » mais il n'est désormais plus possible de changer. En plus, le salaire est élevé.

Marlene adorait ses études et la pratique de la médecine. Elle a trouvé un job dans un dispensaire qui ne lui permet pas d'exercer une médecine de qualité. Elle ne sait pas où aller et risque d'abandonner la profession. « On ne me laissera pas exercer mon métier convenablement. Je dois voir quatre-vingts patients par jour et n'accorder que cinq minutes à chacun ! »

Je connais des écrivains de feuilletons qui ont du mal à vivre avec le fait que dans leur métier leurs idées sont souvent pillées ; je connais aussi des idéalistes qui ont adhéré à des organisations afin de se battre pour de bonnes causes et qui se sont finalement rendu compte qu'elles étaient pourries par les luttes intestines et la corruption.

Que doivent-ils faire ? Toutes ces personnes se sont beaucoup investies pour arriver là où elles sont, et si vous êtes l'une d'elles, vous savez que vous aurez à prendre une décision difficile : soit vous restez et vous serez malheureux, soit vous partez et vous vous résignez à l'idée d'avoir perdu toutes ces années.

Ne jetez rien par la fenêtre pour l'instant. Il est très probable que vous arriviez à sauvegarder tout ce qui est important à vos yeux.

Scénario 5 : Le trophée vous laisse une impression de vide

Tout ce que vous vouliez, c'était être le meilleur. Vous aimiez la compétition, vous étiez brillant et rien ne pouvait vous arrêter. Les autres s'effondraient en chemin mais pas vous, et maintenant vous détenez le trophée. Vous avez gagné la partie et pourtant *vous n'éprouvez rien*.

Nous avons tous lu des articles sur la vie des stars – musiciens, athlètes, millionnaires – qui se sont battues pour accéder au sommet et ont fini alcooliques ou droguées. Elles viennent parfois me voir et me disent toujours la même chose : « Il fallait que j'atteigne le sommet. Rien d'autre n'avait d'importance. Tout était urgent. Et puis, quand j'ai réussi, quelque chose auquel je m'attendais manquait à l'appel et je ne sais pas ce que c'est ! »

Je vais vous poser la même question qu'à eux, et cela risque de vous faire un peu de peine. Si vous avez le courage d'y répondre, vous aurez franchi la première étape vers le vrai bonheur, celui sur lequel vous pouvez compter.

Question 1 : Y a-t-il dans votre passé quelqu'un qui avait besoin d'un trophée ? C'est parfois un parent, un frère ou une sœur aînés qui n'ont jamais obtenu ce qu'ils voulaient, et vous vous êtes engagé à les « réparer ».

Question 2 : Y a-t-il quelqu'un dans votre passé qui ne se rendait pas compte de votre valeur ? Avez-vous remporté ce trophée pour gagner son amour ?

Si vous avez répondu « oui » à l'une de ces questions, vous avez un problème particulier sur les bras : vous avez travaillé dans un domaine où vous étiez doué, que vous aimiez, pour être un gagnant pour des raisons dont vous n'étiez pas tout à fait conscient. Vous aviez un rêve au fond de vous qui était si pénétrant ou si bien déguisé que vous avez oublié qu'il se trouvait là. Vous ne saviez qu'une chose : vous deviez gagner et vous alliez vous accrocher jusqu'au bout. Absorbé dans votre propre détermination, vous n'avez compris les mauvaises nouvelles que le jour où vous avez remporté le trophée géant. Ce jour-là, le ciel vous est tombé sur la tête. La personne triste était encore triste, et celle qui ne vous aimait pas ne vous aimait toujours pas.

Les petits enfants ne supportent pas l'idée que les insatisfactions de leurs parents soient irrémédiables. Il est terrible pour eux d'accepter que ceux-ci ne seront jamais satisfaits de la vie qu'ils mènent ou de leur enfant. Il est touchant mais tragique que les enfants que nous avons été aient lié leur destin à celui de leurs parents. Nous nous disons ainsi : « Si j'atteins les hautes sphères, Papa ne sera plus triste et ma grande sœur commencera à m'aimer. »

Il faudra bien qu'un jour ou l'autre nous voyions la dure réalité en face : les enfants n'ont pas le pouvoir de sauver les adultes. Peut-être que personne n'a le pouvoir de sauver quiconque, sans en tout cas une grande coopération de la part de l'intéressé. Les gens doivent se sauver eux-mêmes, s'ils le veulent. Et s'ils ne le souhaitent pas, il faudra que nous apprenions à respecter leurs choix et que nous reprenions le cours de notre propre vie.

Vous ne pouvez pas non plus faire en sorte qu'on vous aime. Vous étiez digne d'amour dès le premier jour et si quelqu'un ne vous aimait pas – ou semblait ne pas vous aimer – *c'est probablement parce qu'il ne le voulait pas.* Vous ne saurez peut-être jamais pourquoi, parce que cela n'avait probablement rien à voir avec vous. La clé est là : votre réussite, quelle que soit son ampleur, ne changera en rien l'opinion de cette personne vous concernant parce qu'elle n'a pas l'intention qu'on lui force la main. Meilleur vous deviendrez, moins elle sera satisfaite !

Une dernière chose : ces personnes déçues par la vie ou qui ne vous aimaient pas continueront à avoir la même influence sur vous et ce, même si elles ont complètement changé avec le temps. Même si elles sont décédées, leur influence perdure. Je pense que c'est la raison pour laquelle il est parfois si difficile de repérer ce qui se passe. Lorsque vous êtes arrivé au sommet, que tout le monde vous applaudit, il se peut que vous éprouviez encore le sentiment que ce n'est pas assez. Vous avez l'impression qu'il manque quelqu'un et il vous faut un moment pour réaliser qu'il s'agit d'une personne qui est morte, ou qui a cessé d'être dure avec vous et qui vous apprécie beaucoup désormais.

Pourquoi avez-vous encore l'impression que ces applaudissement ne suffisent pas ? Parce que c'est l'enfant au fond de vous qui est le metteur en scène, et que personne ne lui a dit que le spectacle était terminé. Vous allez devoir vous en charger vous-même.

Nous venons de passer en revue les cinq principales catégories de mécontentement que j'ai identifiées. Il existe une solution logique à chacune d'elles. Mais je pense qu'il est important d'envisager une autre possibilité : si vous n'étiez pas aussi épuisé, vous voudriez peut-être conserver votre job et poursuivre la même carrière !

L'ÉPUISEMENT ET L'ENNUI : UN REMÈDE

Vous avez peut-être le sentiment que démissionner n'est pas la bonne chose à faire pour vous. Ce n'est pas parce que changer de job est bien pour d'autres que c'est vrai pour vous. C'est parfois la chose à ne pas faire, et votre résistance est alors plutôt fondée sur le bon sens que sur la peur.

Vous avez peut-être ce que vous avez toujours voulu : toute la tension que vous pouvez gérer : une concentration extrême et des missions palpitantes font en effet partie de votre quotidien. La corbeille, le plateau des informations télévisées, ou le service des urgences dans un hôpital sont des lieux passionnants mais travailler là a un prix. Le rythme est tuant, vous en prenez l'habitude puis, un beau matin, vous vous apercevez que la journée qui vous attend n'est guère différente de la précédente et vous vous sentez épuisé à l'avance. L'intensité peut être une drogue qui conduit à l'épuisement.

Le remède n'est pas de prendre des vacances, croyez-moi, même si quinze jours de congé peuvent vous aider à repartir d'un bon pied. Vous savez aussi bien que moi que, dès que vous reprendrez votre travail, vous perdrez le bénéfice de vos vacances en quelques heures. Ne prenez pas non plus de congé sabbatique sans projets préalables. Ce serait le cauchemar ! J'ai des amis qui, ayant pris un an de vacances pour faire le tour du monde, se sont retrouvés un jour dans un bar à Bali en se demandant : « Mais qu'est-ce qu'on fabrique ici ? »

Je voudrais vous épargner cela. L'expérience m'a appris une meilleure façon de procéder.

Pour guérir sa peine, il faut apprendre quelque chose.

C'est ce que Merlin l'enchanteur dit dans *Camelot*. Merlin n'a pas seulement guéri le chagrin, il a aussi découvert un remède contre l'épuisement. Si vous êtes épuisé, apprenez ou faites quelque chose de nouveau. Tout simplement. Non seulement, le processus de guérison commence ainsi sur-le-champ en vous rafraîchissant l'esprit, mais en plus il réveille votre imagination que vous laissiez en jachère. Il permet à la partie de votre cerveau qui travaillait trop de se reposer en réveillant celle que vous n'utilisiez jamais.

Ne laissez personne vous convaincre d'aller tresser des paniers, à moins que vous ne soyez secrètement un furieux des paniers d'osier ! Rien n'est intéressant ni créatif *si cela ne l'est pas pour vous* ! Fouillez votre mémoire ! Je suis sûre qu'il y a quelque chose que vous avez toujours souhaité apprendre sans en avoir jamais eu le temps. Il faut que cela soit agréable car rien d'autre ne vous stimulera. Cela peut être l'histoire des outils en passant par les mathématiques, une langue ou la réalisation de films.

Et ne commencez pas à suivre une formation dans votre domaine actuel ! Certaines personnes pensent que prendre des cours doit obligatoirement servir à développer ses compétences professionnelles. *Oubliez-les pendant un moment !* Vous en avez déjà bien assez, et c'est pour cela que vous êtes dans ce pétrin. Plus le domaine que vous choisirez sera éloigné de ce que vous faites actuellement, mieux cela sera : si vous utilisez les langues dans votre métier, prenez des cours de peinture ou d'histoire de l'architecture. Si vous travaillez dans une atmosphère confinée, partez faire de l'escalade ou du deltaplane. Quand vous commencerez à utiliser des sens que vous avez négligés jusqu'alors, vous serez récompensé en voyant le monde avec des yeux neufs.

Voilà les premiers soins d'urgence en cas d'épuisement. Cela marche à chaque coup.

L'épuisement vous rend malade, et si vous n'y prenez pas garde, vous allez vous effondrer complètement. Vous risquerez d'agir de manière impulsive et il vous sera impossible de revenir en arrière après. Alors, attention !

Vous pourrez apprendre des choses dans votre domaine plus tard si vous le souhaitez. Si vous n'étiez pas aussi calé dedans, vous n'auriez pas réussi aussi bien. Mais vos dons ont été mal employés, alors il faut les laisser en paix quelque temps, comme un champ que l'on met en jachère.

Trouvons maintenant une solution aux cinq scénarios.

LES SOLUTIONS À VOTRE SCÉNARIO

Scénario 1 : Vous n'avez jamais décidé d'être ce que vous êtes devenu

Si vous êtes comme Randy qui s'est retrouvé sur la voie rapide pour le succès sans l'avoir réellement choisi, *il faut que vous découvriez ce que vous aimez vraiment* et que vous oubliiez un instant ce dont vous êtes capable. Il est évident que vous êtes très capable, mais *la compétence ne pourra jamais remplacer le désir*. Ne soyez pas tenté de faire quelque chose simplement parce que vous le pouvez. C'est ce qui vous a détourné de votre voie initiale.

Je sais bien qu'il est difficile de retrouver ce noyau authentique et fougueux qui est au fond de vous, ce langage personnel que j'appelle votre « génie ». Il a été masqué par une culture bien-pensante qui vous a enseigné le langage de votre société. Il y a quand même des signes qui indiquent vos véritables dons, et ils ne sont pas difficiles à trouver tant que l'on ne vous persuade pas à tort que votre génie se réduit à vos savoir-faire et à vos capacités. Ça, c'est la surface. Vos savoir-faire et vos capacités sont importants. Ils vous maintiendront en vie mais ne suffiront pas à vousrendre heureux. Cette idée perturbe beaucoup les personnes engagées sur la voie rapide, alors je veux que vous écoutiez attentivement ce que je vais vous dire. *Les signes de votre génie n'ont parfois rien à voir avec les domaines dans lesquels vous brillez.* Quand je dis « génie », je ne parle pas de « hautes aptitudes ».

Regardez ce que vous aimez autour de vous, et réfléchissez à ce que vous feriez si tous vos besoins matériels étaient assurés par ailleurs. Écoutez votre cœur et vous entendrez votre génie parler. Suivez cette voix et vous découvrirez vos *dons*, pas seulement vos capacités.

Je ne pense pas que nous soyons venus au monde pour être au service de l'idéologie dominante. Votre vie est trop précieuse pour vous laisser embarquer sur une voie que quelqu'un d'autre aura choisie pour vous sans que vous le sachiez. Mais avant de changer de direction, il faut que vous ayez un rêve.

Avez-vous abandonné un rêve ? J'espère bien parce qu'il va vous sauver la vie. Le véritable désir peut vous libérer à la manière d'un pied-de-biche ouvrant toute grande une porte de prison.

Si vous ne vous souvenez d'aucun rêve, il existe de nombreuses manières de réveiller votre vrai Moi, celui qui rêvait, cette personne créative et pleine d'espoirs que vous étiez avant d'avoir entendu parler de moyennes en maths et de finances.

Il est temps que vous vous trouviez.

Lisez des autobiographies.

Vous n'avez pas pour le moment besoin de romans d'action. Donnez-les à l'hôpital de votre quartier et choisissez plutôt des autobiographies de personnes ayant travaillé dans des domaines totalement différents du vôtre.

Les récits autobiographiques pourront vous en apprendre beaucoup sur l'existence. Demandez à votre libraire de vous conseiller. Les grands hommes (ou femmes) sont des conteurs merveilleux et ils ne parlent que d'une seule chose : de la manière de vivre.

Il faut en plus que vous trouviez quelque chose qui contraste avec votre vie : sur la voie rapide, on est très seul. Toutes les personnes que vous connaissez sont dans le même domaine que vous, et vous avez plus que jamais besoin de voir quelles sont vos alternatives.

Quand vous lirez une bonne autobiographie, vous serez en bonne compagnie, ce dont vous avez besoin depuis plus longtemps que vous ne pouvez vous en rendre compte.

Écrivez votre autobiographie.

Laissez de côté les dix dernières années. Écrivez de courtes scènes puisées au hasard dans votre enfance. Tout ce qui vous viendra à l'esprit avant le baccalauréat – plus c'est tôt, mieux c'est – devrait vous rafraîchir la mémoire et vous rappeler qui vous étiez. Je connais quelqu'un qui s'est astreint à rédiger cent histoires sur son enfance. J'ai trouvé que c'était une tellement bonne idée que j'ai commencé à faire de même. Je suis arrivée à dix-sept vignettes d'une à deux pages avant de commencer à manquer d'inspiration mais j'en ai adoré chaque minute !

Je suis ravie d'avoir entrepris cela et je le terminerai peut-être un jour. Ou peut-être pas. Je pense qu'il existe un saint qui protège les projets inachevés. Ils ont autant de valeur que ceux que nous menons à bien. J'ai aimé montrer mes histoires à mes amis et à mes enfants. J'aurais souhaité que mes grands-parents fassent de même.

Nous avons peut-être le devoir de raconter notre histoire à ceux qui viendront après nous. Si vous croyez que la vôtre a de la valeur, vous arriverez facilement à la relater. La personne qui en profitera le plus, c'est vous, bien sûr !

Élargissez votre expérience.

Faites un stage de photographie de quinze jours, participez à un atelier d'écriture pendant vos vacances et partez à la pêche ensuite. Surtout si vous pensez être incapable d'écrire ou de pêcher !

Vous êtes maintenant en train de recueillir des matières premières pour sculpter votre vie personnelle, et c'est pourquoi je veux que vous récupériez du marbre dans des carrières nouvelles. Vous ignorez ce que la voie étroite que vous avez choisie vous a fait manquer. Les personnes qui se concentrent sur une chose sont souvent brillantes mais elles le paient cher. De plus, fréquemment, elles ne parviennent pas à réorganiser leur vie le moment venu parce que leur expérience n'est pas assez vaste.

Je connais un homme qui, après avoir participé à un atelier de photographie, s'est rendu compte qu'il voulait devenir garde forestier. Son truc n'était pas la photographie mais il aimait les arbres sans y avoir vraiment songé auparavant. Il a pris contact avec un écrivain et ils rédigent actuellement une brochure, peut-être même un article sur la nature des arbres.

Il n'a pas continué la photographie, il n'a pas quitté son travail… et il n'est plus épuisé.

Élargissez votre expérience imaginaire.

Essayez de « faire comme si », pour vous stimuler. Voici un jeu que j'utilise dans mes ateliers :

Exercice 2 : Je suis cascadeur

Asseyez-vous, une montre posée devant vous. Vous êtes maintenant cascadeur pendant trente secondes. Parlez de votre métier avec tant de verve que tout le monde voudrait être à votre place. « Je suis cascadeur. C'est génial de faire des pirouettes dans le ciel. Ce que je préfère, c'est planer autour et au-dessus des montagnes et suivre le cours d'une rivière qui les traverse. J'adore le bruit de l'avion et la puissance de son moteur. »

Compris ? À votre tour, commencez par le job de cascadeur pour vous amuser. Faites et refaites cet exercice avec une profession différente chaque fois !

Soyez une danseuse étoile du Bolchoï, soyez la femme la plus riche qui ait jamais existé, soyez un chercheur qui étudie le microcosme du littoral. Inventez n'importe quoi et devenez son meilleur promoteur. Essayez si possible de faire cet exercice avec des amis. Je vous garantis que vous allez adorer cela.

Dee, vingt-neuf ans, chasseuse de têtes : « Je travaille avec mon mari dans une société internationale très prestigieuse, je parcours l'Asie, interviewant les personnes les plus importantes de chaque pays. Nous sommes tellement passionnés par les questions qui les préoccupent que nous passons la nuit à en parler et à téléphoner dans le monde entier ! Leur chauffeur nous raccompagne à notre hôtel à l'aube. »

Cora, trente-trois ans, secrétaire dans une université : « Je conçois de *gigantesques* mises en scène pour des festivals internationaux. Un carnet de notes et un mégaphone en main, je marche et je crie à mon équipe de déplacer un arrière-plan là et un autre à tel endroit. Je fais beaucoup de bruit et je soulève un tas de poussière ! Je peux leur dire d'amener un éléphant sur la scène si je veux ! Je crée des événements ! »

La deuxième fois :

Dee : « Je travaille dans un milieu artistique et je rencontre les auteurs dramatiques et les danseurs les plus brillants. Peut-être suis-je publicitaire mais je ne vends rien. Je trouve les meilleures idées pour la promotion de ces artistes. Le plus chouette là-dedans est que tout le monde est intéressant. Des idées flottent toujours dans l'air et l'on ne s'ennuie jamais. »

Cora : « Cette fois-ci, je suis organisatrice de réunions. J'adore diriger mon monde. J'organise des concerts de rock gigantesques, et des meetings avec des hommes d'affaires des quatre coins de la planète. Je vérifie que tout est en place pour l'interprétariat, et que les repas sont servis à l'heure. »

Les personnes sur la voie express ont plus souvent tendance que le reste d'entre nous à être enrôlées pour vivre les rêves des autres : elles n'ont guère le temps de penser. Elles ont choisi parmi ce qui était possible sans jamais avoir l'occasion de développer le génie qui était au fond d'elles-mêmes.

Vous devez réfléchir à ce qui pourrait vous intéresser et la meilleure façon de le faire est de jouer à des « jeux ». Accrochez-vous à votre job pendant un moment (au moins), le temps pour vous d'imaginer des expériences variées, de partir à la recherche de vos centres d'intérêt et de « tester » mentalement différents modes de vie. Prêtez attention à tout ce qui éveille votre curiosité, même un peu. L'intérêt est en effet un élément important, et tout ce qui le suscite se développera si vous êtes patient et si vous restez à l'écoute des messages que vous envoie votre Moi original.

Si vous découvrez soudain ce que vous voulez, et si c'est totalement différent de ce que vous avez jamais envisagé, feuilletez l'ensemble de ce livre. Les solutions à votre problème peuvent en effet se trouver dans d'autres chapitres. (Lisez en particulier le chapitre 8 « Je veux quelque chose que je ne devrais pas vouloir parce que c'est futile ou pas digne de moi ».)

Randy, le consultant de haut niveau qui n'avait jamais vraiment rien décidé, a élargi son expérience en devenant bénévole dans une maison de retraite. Il s'est ainsi rappelé qu'il avait toujours aimé aider les autres. Il a envisagé d'étudier la psychologie et il a continué à tenter de nouvelles expériences. C'est là qu'il a pris conscience de son intérêt pour la photographie. Celui-ci n'a duré que quelques semaines, mais il lui a permis de découvrir quelque chose de très important. Il s'est rendu compte qu'il voulait photographier de petites boutiques telles que des épiceries ou des cordonneries. Son grand-père en tenait une à New York quand Randy était petit. Il est ainsi entré dans les échoppes et s'est mis à discuter avec les propriétaires. Il a pris des photographies, leur a prodigué des conseils, ce qui lui a procuré plus de plaisir que de devenir psychologue. Il s'est rapidement retrouvé à donner un coup de main les vendredis et les lundis. Un jour, il a été mis en contact avec une famille d'Europe de l'Est. Il donne maintenant des cours de comptabilité pour de petites sociétés d'Europe de l'Est. Il est ravi car son entreprise l'envoie à Moscou, à Prague et à Sofia trois fois par an pour affaires. Cela contribue en plus à l'image de marque de celle-ci. Il dit qu'il existe aujourd'hui de nombreux organismes financiers qui soutiennent l'Europe de l'Est. Il a rencontré des personnes passionnantes, européennes et américaines. Randy ne déteste plus son travail.

Kathleen K., qui a un brillant avenir en politique, s'est faite l'avocate des enfants. Elle est le représentant de l'enfant. Qui vote pour elle ? Tout le monde, apparemment. L'une des raisons à cela est qu'elle lit des histoires aux enfants tous les samedis à la radio. Ses opposants croient que c'est une bonne manœuvre et ils auraient bien aimé y avoir pensé avant elle. Mais il n'y a aucune manœuvre. « Si je n'avais pas trouvé un moyen de travailler avec les enfants, j'aurais quitté la politique car je ne l'aime pas. C'est les enfants que j'aime. »

Scénario 2 : Votre travail dévore le reste de votre vie

Si comme Julie, Marguerite et Roger, vous êtes « intoxiqué » par un travail stressant qui vous rapporte beaucoup d'argent au prix de votre vie personnelle, vous allez devoir prendre des décisions difficiles. Il se peut que vous soyez obligé de tout plaquer. Je préfère les compromis mais, parfois, c'est impossible. Dans beaucoup de jobs haute pression, vous devez vous consacrer entièrement à votre travail ou en changer.

C'est un curieux dilemme. On se demande qui a créé une entreprise de cette façon. Est-ce que le grand patron rentre chez lui en laissant aux autres tout le boulot ? Ou bien a-t-il perdu sa famille ? Il est clair que ceux qui veulent devenir ce genre de « gagnant » ne peuvent avoir de vie de famille comblée. Certains arrivent à s'en passer mais à quel prix ? Je ne préfère pas l'imaginer ! La plupart d'entre nous ne supportent pas l'idée que le succès coûte si cher. Nous essayons de trouver une échappatoire et d'éviter de prendre une décision.

Voici l'histoire de Marguerite. « Je sais que mon boulot est en train de me tuer et de foutre ma vie en l'air. Mais je ne supporte pas de tout plaquer. C'est tellement génial parfois ! »

Alors pourquoi envisager de le quitter ?

Parce que Marguerite est amoureuse d'un homme merveilleux. Ils veulent se marier et fonder une famille. Son futur mari serait heureux d'avoir un bébé mais il dit qu'il pourrait très bien vivre sans enfant. Il est enseignant et serait tout à fait d'accord pour s'en occuper. La situation paraît gérable mais Marguerite soutient que non.

« Aucune femme n'a de famille dans ma boîte parce que rien ne doit passer avant le travail. Joe est génial et, si je ne voulais pas d'enfant, cela pourrait marcher. Mais je connais la réalité. »

La vérité est que Marguerite est confrontée à un nouveau sevrage. Nous devons plusieurs fois au cours de notre vie abandonner quelque chose que nous aimons pour passer à une nouvelle étape de notre existence. Si nous ne coupons pas le cordon ombilical qui nous lie à notre mère, nous ne serons jamais libre et elle non plus. Si nous avions refusé de quitter la chaleur familière de la maison pour aller à l'école, nous serions passés à côté de tout un univers ! Notre vie est une suite de sevrages : couper court à des relations qui nous faisaient souffrir et même cesser de râler contre quelqu'un qui nous a plaqué en sont un autre exemple !

Je pense que vous pourrez avoir ce que vous voulez dans la vie sous une forme ou une autre, tôt ou tard. Il suffit que vous preniez soin de votre santé et que vous ayez assez de chance pour vivre encore un moment.

Mais vous n'aurez pas tout, tout de suite et pour toujours. Aucune vie n'est assez vaste pour tout contenir et encore moins dans la même journée. Pensez à une période de votre existence qui était agréable : quand vos enfants étaient bébés, ou quand vous avez eu votre première voiture d'occasion que vous avez retapée. Ou bien pensez à un pays dont vous êtes tombé amoureux après l'avoir visité. Ces souvenirs ont quelque chose de doux et de mélancolique. Vous aimeriez revivre ces instants mais vous ne voudriez pas être coincé toute votre vie avec des bébés ou avec de vieilles épaves, si merveilleux soient-ils ! Et si vous n'allez qu'à Londres quand vous voyagez, vous ne visiterez jamais Venise.

Vous pouvez continuer à bouger, ou rester immobile. Vous pouvez vous accrocher à ce que vous avez, ou passer à autre chose. Marguerite a ainsi des décisions difficiles à prendre. Elle peut continuer à travailler, mais elle devra baisser la pression au bureau si elle veut une vie familiale plus épanouie.

Scénario 3 : Le boulot est bien mais vous ne supportez pas vos collègues

Vous identifiez-vous à Billie J. ? Elle adorait son job dans une importante entreprise de cosmétiques avant de commencer à être embringuée dans des intrigues internes. Elle veut désormais s'en aller. Cela a tout gâché.

Avant de décider quoi que ce soit, il faut qu'elle apprenne à survivre au milieu de personnes difficiles (ceux que j'appelle les « abrutis ») et elle verra ensuite si elle en a envie.

Est-ce qu'un « abruti » vous enlève l'amour que vous portez à votre travail ? Vous ne vous êtes jamais plaint d'être sur la voie rapide, et vous n'avez jamais eu le sentiment de partir dans la mauvaise direction – jusqu'à maintenant. Vous êtes désormais malade à cause du stress et vous avez l'impression d'être incapable de gérer un poste à hautes responsabilités.

Ne vous culpabilisez pas. Vous arriviez parfaitement à gérer un tel poste jusqu'au jour où quelqu'un, par son comportement, vous a pompé toute votre énergie. Vous êtes simplement accablé et il faut que vous remédiiez à cela. Les relations difficiles constituent un problème majeur dans le monde professionnel, et les experts affirment que c'est la première cause de découragement sur les lieux de travail. Mais vous pouvez entreprendre de résoudre ce problème.

Première étape : Prenez une bouffée d'oxygène.

Piquez une colère chez vous tout seul, pas en public. Imaginez ce que King Kong ferait. Et lorsqu'une partie de votre énervement se sera dissipée, amusez-vous à concevoir des revanches diaboliques que vous ne mettrez jamais en œuvre. Cela vous fera rire et le reste de votre colère s'évanouira. Vous aurez alors les idées un peu plus claires et vous prendrez du recul.

Mais n'est-on pas censé pardonner à ses ennemis ?

Pas exactement. En tout cas pas encore.

Le pardon est nécessaire à long terme mais s'il est accordé trop tôt, cela mène à la confusion. Si vous essayez de pardonner à quelqu'un *parce qu'on attend cela de vous*, vous avez les yeux plus gros que le ventre. Vous ne pourrez pas lui pardonner tant que vous ne serez pas prêt. Et on ne peut pas faire semblant d'être prêt.

D'un autre côté, si vous n'arrivez pas à trouver un moyen de surmonter votre colère, cette personne contrôlera votre vie à votre place et vous ne serez jamais libre. Il existe une technique pour cela, une technique de distanciation. *Il faut que vous interprétiez le rôle de* l'« *abruti* ». Si vous arrivez à vous mettre à sa place, à agir comme lui, vous obtiendrez des informations précieuses sur sa manière de voir le monde.

Deuxième étape : Interprétez le rôle de l'« abruti ».

Il est difficile de faire semblant d'être quelqu'un d'autre. Pour cela, asseyez-vous à sa place, et considérez le monde de son point de vue. Essayez pendant un moment, et voyez si cela vous donne une idée de ce qui le motive à agir ainsi. Voici quelques trucs pour vous aider à interpréter ce rôle. Imaginez que vous êtes assis à son bureau, vous portez ses vêtements et vous avez ses responsabilités. Considérez le personnel de son point de vue *et commencez à parler* :

Mandy, vingt-neuf ans, chef de produit dans une société de photographie : *Bon, je suis le gérant et je ne veux aider personne parce que je ne tiens pas à m'attirer des ennuis. Je vais bientôt prendre ma retraite. Ah ! Pas étonnant qu'il essaie de torpiller toutes nos idées.*

Amelia, trente ans, géomètre : *Mon assistant est tellement gentil que je ne comprenais pas pourquoi j'avais envie de l'étrangler et pourquoi je me sentais si peu sûre de moi ! Maintenant, si. Il est vachement ambitieux !*

Voyez-vous combien cette lumière crue transforme la situation ? Vous pouvez désormais réfléchir à ce que vous allez faire et votre frustration diminue considérablement. Vous comprenez qu'il est impossible d'attendre de cet « abruti » un comportement raisonnable, et vous ne l'espérez donc plus.

Et alors ? Maintenant que le problème vous apparaît clairement, vous avez en main différentes options : vous pouvez imaginer comment esquiver le conflit ou le contourner, soit vous virez quelqu'un, soit vous partez. Vous verrez que vous saurez précisément quelle est la bonne décision.

Parfois, en dépit de tous vos efforts, vous n'arriverez pas à avoir l'esprit dégagé. C'est parce que cette personne aura réactivé des éléments de votre passé.

Troisième étape : Retour vers le futur.

Nous sommes tous très conscients de la manière dont nos expériences de l'enfance influent sur nos relations personnelles. Nous oublions souvent que ces mêmes expériences peuvent aussi torpiller nos relations professionnelles. Nous pouvons, par exemple, être perturbé par un patron coléreux parce que notre père était lui aussi coléreux, ou éprouver trop de culpabilité pour fuir un job qui nous fait souffrir parce qu'il nous rappelle notre famille qui a toujours été malheureuse.

Sam, vingt-cinq ans, venait d'entamer une formation à l'investissement bancaire qu'il avait attendue avec impatience. À la fin de la première semaine, il était quasiment prêt à tout abandonner. Pourquoi ? Parce qu'un collègue le mettait si mal à l'aise qu'il ne pouvait se concentrer. « Je pense que ce gars me hait, et je ne sais pas pourquoi. Chaque fois que je tourne la tête, il a les yeux fixés sur moi. Le patron a beaucoup apprécié l'un de mes commentaires aujourd'hui et je pense que ce gars me déteste. » Sam n'affabulait pas. Cet homme *était* bien jaloux. Mais Sam réagissait à cela de manière exagérée. Il ne lui a fallu que quelques minutes pour se rendre compte qu'il était dans cet état parce que ce collègue lui rappelait son frère aîné qui était jaloux.

Quand nous prenons des collègues pour des personnes de notre famille, les situations banales deviennent atroces. Que faire ?

Exercice 3 : Remontez à la source de ce sentiment

Posez-vous la question clé : Ce sentiment est-il familier ? L'avez-vous déjà ressenti auparavant ? Si oui, vous avez peut-être fait erreur sur la personne.

Le traitement : retrouvez la scène originale où tout a commencé. Il faut que vous *remontiez à la source de vos sentiments*, c'est-à-dire à leur origine, et que vous ne vous trompiez plus de destinataire. Si vous êtes bouleversé par un patron coléreux, et si vous vous rappelez avoir éprouvé la même émotion face à un père coléreux, retournez dans votre passé et éprouvez ces sentiments envers lui. Vous vous rappelez toutes ces choses que vous vouliez dire à votre patron ? Dites-les à votre père du passé. « Ne t'avise pas de m'engueuler ! Tu n'as pas le droit de me culpabiliser ainsi ! Espèce de brute épaisse ! »

Je sais, et vous savez, que vous n'auriez pas pu répondre ainsi à vos parents quand vous étiez petit. *Mais vous en aviez envie.* Vous attendiez inconsciemment qu'apparaisse une nouvelle situation semblable, et là votre patron tombe à pic !

N'affrontez pas votre patron tant que vous ne serez pas retourné jeter un coup d'œil dans votre passé, et que vous n'aurez pas réglé ses comptes à votre père coléreux du temps jadis. Quand vous aurez terminé, vous serez peut-être très surpris de constater que les grondements de votre patron vous perturberont beaucoup moins.

Scénario 4 : Le travail n'est pas ce que vous attendiez. Vous êtes terriblement déçu

Êtes-vous comme Marlene qui est déçue par les réalités de la carrière médicale qu'elle rêvait d'embrasser ? Elle travaille dans une institution si vaste, et doit voir tellement de patients chaque jour, qu'elle ne peut exercer la médecine comme elle le voudrait. « Je ne veux pas faire du rafistolage. Je veux vraiment faire quelque chose d'utile. »

Quand elle a été convaincue que c'était impossible, elle a dû réfléchir sérieusement. Allait-elle abandonner la médecine complètement ? Après un temps de réflexion douloureux, elle a trouvé la réponse. Elle a téléphoné au professeur qu'elle préférait en faculté de médecine et elle lui a dit : « Je veux faire de la recherche et enseigner. Pouvez-vous m'aider ? »

Vous aurez peut-être à abandonner votre carrière pour vous accrocher à votre passion : vous extrairez l'essence de ce que vous aimez dans votre travail actuel, et vous vous construirez une nouvelle carrière autour de cela. Regardez un peu et soyez inventif. Après tout, quand le destin claque une porte, on dit que cela ouvre une fenêtre.

Y a-t-il un moyen, un lieu, où vous pourrez sauver votre amour pour votre profession comme l'a fait Marlene ? Il faudra peut-être que vous voliez de vos propres ailes, que vous montiez votre affaire et que vous fassiez les choses à votre manière. Vous pouvez aussi garder votre passion pour vos loisirs et gagner votre vie en faisant autre chose. Les passions n'ont pas toujours besoin d'être lucratives. Vous êtes le seul à savoir ce qu'il vous faut réellement.

Mais n'abandonnez jamais cette partie de vous qui aime son travail. Elle doit être sauvegardée d'une façon ou d'une autre.

Exercice 4 : Faites les choses à votre façon. Imaginez votre propre affaire

Imaginez que vous êtes chargé de concevoir votre profession pour qu'elle convienne à des gens comme vous.

Plongez dans les détails : Quelles charges rajouteriez-vous ? Lesquelles supprimeriez-vous ? Comment modifieriez-vous le temps que vous accordez à chaque patient ou client ? Où passeriez-vous le plus de temps ? À faire de la figuration ? De la recherche ? À être sur le terrain avec vos collègues ou d'autres personnes ? Auriez-vous plus ou moins d'assistants ? Y aurait-il ou non une hiérarchie ? Quel serait l'essentiel ? Que pourriez-vous éliminer ?

Georgie N. a quitté son job dans une entreprise alors qu'elle gagnait 500 KF par an parce que, bien qu'appréciant son travail, elle n'aimait pas du tout avoir un patron. Elle pensait qu'il n'y avait aucun sens à rester dans une entreprise puisqu'elle en aurait toujours un. « J'ai décidé que je voulais profiter du meilleur de ma vie, plutôt que du reste de ma vie. »

Elle a alors apposé sa plaque et poursuivi sa carrière en tant que consultante free-lance, gérant elle-même son emploi du temps, ses rentrées d'argent et ses investissements. Ses anciens employeurs ont souvent eu recours à elle et l'ont mieux payée *et* davantage respectée qu'auparavant ! L'important pour Georgie était d'avoir plus de contrôle sur son existence et, en travaillant pour elle-même, elle l'obtenait.

Même si vous changez de carrière, vous pourrez conserver ce que vous aimez dans votre job et laisser le reste derrière vous. Si vous êtes allé à l'université, vous avez des capacités qui peuvent être utiles dans de nombreux domaines. Si votre job n'est pas ce que vous espériez, ne vous désespérez pas. Cherchez ce que vous aimez et emportez vos capacités avec vous.

Scénario 5 : Le trophée vous laisse une impression de vide

Avez-vous lutté pour parvenir tout en haut en pensant que vous seriez heureux une fois arrivé pour finalement n'éprouver qu'un sentiment de vide ? Réfléchissez afin de savoir si vous avez utilisé vos talents pour gagner l'estime de quelqu'un, estime que vous n'avez en fin de compte pas obtenue. La question ici est : vous aimez-vous suffisamment pour être fier de ce que vous avez réussi indépendamment du regard d'autrui ? Maintenant que la raison pour laquelle vous couriez derrière le succès n'existe plus, celui-ci peut-il avoir un sens nouveau pour vous ?

Devon, une athlète de très haut niveau, gagnait compétition sur compétition jusqu'au moment où elle est devenue championne nationale. L'étape suivante était les jeux Olympiques. Un jour, lors d'une course peu importante, elle est arrivée troisième. En levant les yeux, elle a vu son père qui la regardait ouvertement avec mépris.

Tout s'est écroulé. Devon a abandonné le sport et quitté sa ville natale. Elle a occupé plusieurs emplois sans qu'aucun lui convienne vraiment. Vous trouverez des solutions à ce scénario dans le chapitre 5 intitulé « La crainte du succès ». Voici celle de Devon : après avoir pris conscience que son père ne l'aimait pas et surmonté son chagrin, Devon s'est rappelé combien elle aimait courir et elle s'y est remise. Elle est désormais entraîneur. Elle entraîne les filles à courir et à gagner pour elles-mêmes.

Voilà les cinq groupes de personnes que j'ai rencontrées et qui étaient embarquées sur la voie rapide et mécontentes de leur sort... et les cinq solutions à leur problème.

Si vous vous êtes retrouvé dans ce chapitre, c'est que vous avez utilisé votre vie extérieure – vos réussites et ce que vous possédez – pour vous représenter. Tôt ou tard vous serez insatisfait parce que le travail n'est pas la seule chose qui vous définisse. Peu importe ce que signifient vos réussites futures à vos yeux et à ceux de votre famille. Et ne vous leurrez pas en dressant mentalement la liste des grands moments de votre vie. *Les gens heureux n'ont pas besoin de faire des listes.*

Il va falloir que vous vous occupiez sérieusement de votre mode de vie actuel avant qu'il ne dévore le reste de votre temps précieux. Trouvez un moyen pour que votre job travaille pour *vous*, ou quittez-le et entreprenez quelque chose de mieux.

Le travail auquel vous vous consacrez peut enrichir votre vie ou s'en emparer en vous séduisant. Demandez à votre cœur ce qu'il veut vraiment, et écoutez-le quand il vous répondra.

8

Je veux quelque chose que je ne devrais pas vouloir parce que c'est futile ou pas digne de moi

Les sages-femmes de la maternité ont peut-être commis une erreur ou la cigogne intervertit des commandes. Quelle qu'en soit la raison, cosmique ou religieuse, Marnie est née dans la mauvaise tribu. Cela arrive tout le temps.

Les parents de Marnie tiennent un bar en Nouvelle-Angleterre. Ils font partie de la grande et fière tribu des propriétaires de bars : ils sont indépendants, travaillent à leur compte et méprisent ceux qui sont employés par les autres.

Marnie voulait être professeur d'université.

Marnie, sans se donner beaucoup de mal, mais grâce à son intelligence naturelle et à sa curiosité, s'est retrouvée à l'université. Elle a immédiatement su que sa place était là. À peine arrivée dans cette oasis d'idées, elle a eu l'impression que sa vie jusqu'alors n'avait été qu'un désert intellectuel. Elle a téléphoné à ses parents, surexcitée. Elle a confié à son père : « Je sais ce que je veux faire ! Je vais être prof ! »

Contrairement à toutes ses attentes, son père s'est exclamé : « Prof ? Des profs passaient la serpillière chez moi pendant la crise. Si tu es intelligente, tu te marieras. »

Marnie était bien déterminée à ne pas laisser les paroles de son père l'affecter. En vain. Elle a commencé à hésiter. Elle s'est mise à douter de ses capacités, et son premier trimestre a été catastrophique. Elle était débordée par les devoirs et n'arrivait pas à s'organiser. Elle avait acheté tant de livres qu'il ne lui restait plus assez d'argent pour se nourrir. En plus, elle se trompait souvent dans ses achats. Elle travaillait toute la nuit puis somnolait pendant les examens. Elle a fini par avoir tellement peur que les mots qu'elle lisait n'avaient plus aucun sens pour elle. Elle ne retenait plus rien.

Marnie s'était écartée de la voie tracée par son clan et elle en payait désormais le prix. Les paroles de son père avaient eu sur elle l'effet d'un sort et avaient fait germer le doute qui l'avait immédiatement entraînée dans sa conduite d'échec. Elle a refusé d'abandonner et elle a continué à s'accrocher pendant quatre ans, mais le cœur n'y était plus. Malgré son intelligence, son talent et sa passion, Marnie n'est pas devenue professeur.

Le problème était qu'elle ne partageait pas les valeurs de sa tribu. Jane Fonda a eu de la chance car elle aimait la comédie. Les enfants des Wallenda, membre de la célèbre troupe des Wallenda volants, aimaient le trapèze. Mais nombre d'entre nous n'ont pas eu ce bonheur !

Rejeter les valeurs de sa famille – son clan – est l'une des choses les plus difficiles qui soient. Ces valeurs nous ont été instillées depuis la petite enfance et semblent ancrées en nous grâce aux liens indissolubles de l'amour. Mais, tôt ou tard, chacun d'entre nous doit trouver quelles sont les siennes, et cesser d'écouter les ordres émis par son entourage pour n'écouter que son propre cœur. Ce n'est qu'ainsi que nous découvrirons la vie qui nous rendra heureux. La poétesse Mary Oliver, qui a obtenu le prix Pulitzer, sait que peu de tribus encouragent les enfants à devenir des poètes. Dans son poème intitulé « Voyage », elle écrit :

*Un jour vous avez enfin su
ce que vous aviez à faire et commencé,
bien que les voix autour de vous
continuent de crier
leurs mauvais conseils
... peu à peu,
à mesure que vous laissiez les voix derrière vous,
les étoiles se sont mises à scintiller
à travers le voile de nuages,
et une nouvelle voix est apparue
que vous avez lentement reconnue comme la vôtre,
qui vous tenait compagnie
pendant que vous pénétriez à grands pas
dans le monde...*

LE SYNDROME DU VILAIN PETIT CANARD

Andersen connaissait bien ce problème. Il l'a relaté dans le conte « Le vilain petit canard » qui, si vous vous en souvenez bien, n'était pas un canard et n'était pas laid. C'était un cygne élevé par des canards tout comme Marnie était un professeur élevé par des propriétaires de bar. Et comme dans le conte, la famille de ce petit cygne croyait qu'elle était une drôle de sorte de canard. Mais l'hérédité nous façonne autant que l'environnement. Chaque être humain porte en lui des gènes d'ancêtres inconnus comme un coffre de trésors enfouis. C'est ainsi que des chanteurs peuvent avoir un enfant qui aimera la ferme ou que des juges et des avocats pourront donner naissance à un futur comédien doué. « Être né au milieu des canards importe peu, conclut Andersen. Si vous sortez d'un œuf de cygne. »

Et vous, de quelle coquille sortez-vous ? Quelle sorte d'animal êtes-vous ? J'ai mis au point dans mon travail avec Marnie et avec d'autres « vilains petits canards » une série de cinq exercices pour aider ceux-ci à revendiquer avec fierté leurs différences. Le premier consiste à mettre en scène un débat.

Exercice 1 : Le grand débat

Quand vous délaissez votre tribu, ou même seulement si vous envisagez de le faire, vous engagez un débat dans votre tête entre deux équipes de débatteurs talentueux et sans pitié, chacune prétendant vous représenter. Quand Marnie a décidé de devenir professeur, l'équipe représentant sa famille – que j'appelle « la voix tribale » – s'est immédiatement mise à la huer. Lorsqu'elle a essayé de quitter le monde universitaire, l'équipe qui était de son côté – la « voix personnelle » – lui a dit qu'elle allait gâcher sa vie si elle tournait le dos à son école bien-aimée. Le débat qui se déroulait dans sa tête était sans fin. Si vous êtes comme Marnie, je veux que les arguments de ces deux équipes soient consignés. Ils contiennent des informations importantes pour vous, et il faut que vous les notiez pour pouvoir les examiner de plus près.

Voici comment.

Tracez deux colonnes sur une feuille de papier. Dans la première, vous noterez les affirmations de votre « voix personnelle ». Ce sera la colonne « Personnelle ». La seconde, la colonne « Tribale », sera consacrée aux voix du conformisme. Vous pouvez orner chacune d'elles de signes appropriés comme des sourires ou des froncements de sourcils. Marnie a écrit « La bataille pour mon rêve » tout en haut.

Il ne vous reste plus qu'à entamer le débat. Cela ne devrait pas être difficile. Un moyen infaillible pour commencer est de dire avec force – dans votre tête – qui vous êtes et ce que vous souhaitez ardemment. Écrivez cela dans votre colonne personnelle et attendez un instant. Si vous vous trouvez dans un conflit tribal, votre voix tribale ne pourra pas demeurer silencieuse bien longtemps alors qu'elle est ainsi provoquée par une affirmation ferme et personnelle.

Belinda, une femme qui participait à l'un de mes ateliers, a déclenché son débat en écrivant dans sa colonne personnelle : « Devenir exploratrice dans l'Arctique me conviendrait très bien parce que c'est ce que je veux faire et que je sais que je serai efficace. Quand je suis allée en Alaska avec Greenpeace, tout le monde a été impressionné par mon travail. »

Belinda n'a pas attendu bien longtemps pour que sa voix négative, sa « voix tribale », réagisse. Elle s'est manifestée sur-le-champ de manière vigoureuse et claire : « La belle affaire ! Cela ne nous impressionne pas. Tout cela ne prouve rien ! »

Elle a noté cela dans sa colonne tribale et, avant même qu'elle ait terminé, sa voix personnelle répondait : « Ah oui, ça vous laisse froids ? Cela ne prouve rien ? Vous avez tort ! Les scientifiques de Greenpeace jouissent d'une renommée mondiale. *Eux*, ils sont impressionnés ! »

Vous avez pigé ? Rappelez-vous que c'est un débat, alors laissez s'exprimer tous les arguments, tribaux et personnels, jusqu'à ce que les deux colonnes soient remplies.

Voici l'histoire de Kate. Kate voulait être styliste mais, dans son entourage, on était travailleur social, avocat ou philanthrope. Sa famille n'avait pas un grand respect pour la mode et considérait qu'aider les autres était la seule carrière valable. Lorsque Kate est venue me voir, cela faisait si longtemps qu'elle était malheureuse que sa famille aurait accepté son choix professionnel quel qu'il fût pourvu qu'il la rendît heureuse. La famille dans *sa tête*, en revanche, ne se montrait pas aussi tendre. Kate avait intériorisé les valeurs de sa véritable famille et avait désormais honte de ce qu'elle voulait. Il fallait qu'elle déclenche un débat entre ses voix internes et qu'elle arrive à convaincre sa voix interne négative que la mode était une carrière respectable.

Elle a commencé par un énoncé positif et personnel : « Je vais devenir une très bonne styliste parce que j'aime dessiner des vêtements. » Sa voix tribale négative a immédiatement répliqué : « La mode ? Quand des gens meurent dans la rue ? Quelle perte de temps ! » Dans sa colonne personnelle, Kate a contré cela par un argument qui l'a surprise : « Bien s'habiller augmente l'estime que l'on se porte, celle des riches, comme celle des collégiens ou des pauvres. Le travail social n'est pas la seule façon d'aider les autres. »

La colonne tribale s'est remplie aussi vite que la colonne personnelle. À mesure qu'elle écrivait, elle a justifié férocement par écrit ce que devenir styliste signifiait pour elle. Discuter avec sa voix tribale a permis à Kate de devenir fière de clamer haut et fort son droit d'être styliste.

Quand les conflits entre soi et sa famille sont trop intenses, les affirmations ne suffisent plus. Se promener en disant « J'ai le droit d'être styliste » ne pouvait vaincre l'angoisse de Kate. Il fallait qu'elle descende au plus profond d'elle-même et qu'elle réfute les arguments négatifs que sa tribu intériorisée lui jetait à la figure. Vous devrez aussi faire face à ces voix négatives dans votre tête, alors mettez en scène votre débat comme Kate et Belinda l'ont fait.

Une fois que vous aurez terminé ce premier exercice et que vous aurez bien bataillé avec vos voix tribales internes, elles n'exerceront plus jamais le même effet sur vous. *Même si vous ne remportez pas le débat, vous aurez réalisé un changement énorme : vous aurez départagé votre voix et les voix tribales*. Cette prise de conscience signifiera que vous avez franchi une étape importante dans la définition et la défense de votre véritable personnalité.

Votre voix tribale ne disparaîtra pas, bien sûr. Elle continuera à désapprouver parce que c'est sa nature. Mais dorénavant, vous cesserez de la confondre avec votre voix personnelle.

Gardez le débat écrit à portée de main. Si votre voix négative revient avec de nouveaux arguments, notez-les et répondez-leur. Vous allez devenir un débatteur talentueux et chaque discussion vous rendra plus déterminé et moins intimidé. Maintenant que vous savez que votre voix tribale peut être contestée, vous verrez que la manière dont vous gérez votre vie est une décision bien trop importante pour la confier à d'autres qu'à *vous*.

Exercice 2 : Inventez votre famille parfaite

Vous êtes désormais convaincu de ne pas être un vilain petit canard. Vous êtes un cygne qui a grandi au milieu des canards. Le problème est que vous ne savez pas bien ce que c'est qu'être un cygne. Si Marnie avait grandi dans une famille d'érudits, elle aurait commencé à vivre sa vie d'intellectuelle dès le berceau. Des livres auraient été entassés dans tous les coins. Sa famille aurait parlé de saint Augustin au petit déjeuner et débattu de questions épistémologiques à l'heure du coucher. Si elle avait eu une telle enfance, Marnie aurait trouvé facile de vivre comme un véritable membre de sa tribu.

Vous ne pouvez changer le passé, mais je voudrais que vous imaginiez ce qu'aurait pu être votre vie si vous aviez été soutenu par votre tribu dès le départ. L'exercice suivant vous aidera à vous inventer une nouvelle histoire personnelle imaginaire. Quel en est l'intérêt ? Sûrement pas de vous rendre amer. Et ne croyez surtout pas que vous devez ou que vous pouvez remplacer votre histoire réelle par une rêverie. Le but de cet exercice est plus important que cela.

Je veux que vous viviez la situation la plus favorable que vous puissiez imaginer, et que vous voyiez ce que vous ressentez au plus profond de vous. *Une fois que vous vous autoriserez à entrevoir une partie de ce que votre vie de famille aurait pu être, vous vous considérerez différemment.* Et lorsque vous aurez imaginé un autre passé, vous serez prêt pour un présent différent. Et un avenir aussi. Alors, prenez une nouvelle feuille de papier et un crayon.

Inventez une autre famille, une famille qui vous aurait accueilli et compris dès votre naissance. Je vais vous demander de concevoir deux familles idéales, l'une après l'autre. Il est important de faire les deux versions de cet exercice, je vous expliquerai pourquoi quand vous aurez terminé.

Version 1 : La famille célèbre.

Créez une famille dont les membres réels ou imaginaires sont des sommités dans le domaine qui vous tient à cœur. Si vous aimez la physique, incluez Georges Charpak dans votre famille imaginaire. Vous aimez la comédie ? Pourquoi ne pas choisir Sarah Bernhardt et Robert De Niro comme parents et Tom Cruise pour petit frère ? Vous pouvez choisir des réalisateurs de films, des financiers, des fermiers, des peintres ou des paléontologues, etc. Assurez-vous que les personnes que vous aurez choisies témoigneront du plus grand respect pour votre objectif et pour vous-même. Imaginez que vous soyez tous assis dehors en plein été. Écrivez les commentaires de votre famille sur vos souhaits. Voici ce que la famille idéale de Marnie a dit :

MARCEL PROUST : *Eh bien quoi, elle aime étudier ! Laissez-la vivre ! C'est pour des gens comme elle que j'écris !*
MARIE CURIE : *Une curiosité naturelle est signe d'un esprit extraordinaire. Il faut l'envoyer dans une bonne université.*

Jo *(des Quatre filles du Docteur March)* : *Au diable les sceptiques, Marnie ! Terre-toi avec tes bouquins et laisse-les mariner.*

Relisez ce que chaque membre de votre famille imaginaire a dit. Vous êtes surpris ? Marnie a été abasourdie. « Je suis complètement différente dans cette famille imaginaire. Comme si j'étais merveilleuse et non plus un être bizarre. C'est un sentiment curieux. »

Voilà un changement important. Quelques minutes plus tard, Marnie a commencé à éprouver des sentiments intenses. « Rien ne clochait chez moi. Je n'ai pas à me justifier auprès de quiconque. »

Attendez quelques minutes pour que l'effet de cet exercice pénètre bien en vous. Nous allons maintenant créer une autre sorte de famille idéale.

Version 2 : Le refaçonnage psychologique.

Dans cette version de la famille idéale, vous allez partir de votre vraie famille et inverser complètement ses attitudes négatives. Si ses membres étaient irritables, imaginez-les patients et doux. S'ils étaient tristes, imaginez-les heureux. S'ils étaient peureux, qu'ils soient braves ! Et s'ils étaient critiques, rendez-les soutenants.

Allez-y !

Vous êtes à table. Vous présentez votre objectif actuel à votre famille et vous obtenez la réponse la plus extraordinaire qui soit. Chaque membre de votre famille vous encourage vivement.

Voici comment deux personnes ont imaginé une telle scène.

Joe, vingt-trois ans, étudiant dans une grande école de commerce : « Nous sommes à table. Je viens de terminer mes études et d'annoncer que je voulais visiter l'Himalaya plutôt que de rechercher un travail. Mon père, au lieu d'exploser, s'intéresse à tout ce que je dis. Il écoute attentivement et dit qu'il aimerait lui aussi y aller un jour. Il m'aide même à imaginer comment réaliser ce rêve. »

BILL, vingt-neuf ans, professeur de lycée : « Ma mère ne s'inquiète pas du tout. Elle dit : "D'accord pour que tu sois comédien. On pourrait peut-être imaginer un travail qui te permettrait de payer ton loyer sans empiéter sur le théâtre." »

La seconde version est une expérience très différente de la première. Contrairement à cette dernière, ici les visages vous sont familiers. Seuls leurs traits de caractère pénibles ont changé.

Vous venez d'avoir un aperçu important. En imaginant votre propre famille sans ses craintes et ses résistances habituelles, les visages que vous avez toujours aimés vous montrent le respect dont vous souhaitiez tant être l'objet. Cet exercice comme le précédent peut être bouleversant mais il conduit à des résultats différents. Au lieu de vous rendre votre Moi, celui-ci vous aidera à soulager une partie des blessures que votre famille vous a infligées. En plus, la voir telle qu'elle souhaiterait probablement être atténuera votre rancune à son égard, ce qui est essentiel pour vous. Vous avez besoin d'éprouver de l'affection pour elle sans quoi vous serez handicapé lorsque vous essaierez de voler de vos propres ailes. Nous en reparlerons plus loin.

Pour l'instant, vous avez imaginé deux familles idéales. Vous avez élargi votre expérience pour y inclure ce que la vôtre aurait dû être. Vous avez maintenant un aperçu de la manière dont les familles idéales peuvent s'autoriser à apprécier et à encourager les aspirations de chacun de leurs membres.

Vous n'avez bien sûr pas eu de famille idéale, pas plus que vos parents d'ailleurs. Votre imagination n'y changera rien. Mais avec une idée plus précise de ce qu'elle pourrait être, vous pourrez partir à sa recherche. Il est temps que vous trouviez des personnes qui n'auront pas de mal à accepter vos désirs, des personnes réelles, disponibles qui vous aideront à faire ce pour quoi vous êtes là et qui comprendront cette partie de vous qui déroutait votre famille. Voici comment.

Exercice 3 : Sortir

Je connais un homme qui avait toujours voulu travailler avec les animaux. Sa famille pensait qu'il avait perdu la tête. « Nous ne sommes pas des fermiers mais des financiers, lui disait-on. C'est quand nous avons vendu nos actions dans l'agroalimentaire que nous avons été le plus proches des animaux. » Il s'est alors abonné aux *Échos* et il a oublié les animaux. Un jour, un ami l'a emmené dans une exposition canine. Il avait lu de nombreux livres sur les animaux mais n'avait jamais vu d'exposition. Il avait peur de voir ce qu'il ne pouvait avoir : il était comme une personne au régime qui tourne la tête dès qu'elle voit passer le chariot des desserts. Il n'avait pas imaginé que la salle serait remplie non seulement de chiens, mais aussi de centaines de personnes qui faisaient de l'élevage leur métier et qui pensaient que travailler avec des animaux était la chose la plus merveilleuse au monde. Elles aimaient parler et partager leurs connaissances. Pour la première fois de sa vie, il n'avait plus à justifier son amour des animaux. Chacun dans le hall d'exposition pensait que les aimer était une chose parfaitement normale. Il avait enfin trouvé les siens !

La morale de l'histoire ? Vous devez commencer à chercher. Vous ne trouverez pas les vôtres en restant chez vous à regarder la télévision. Vous devez les rechercher dans leur habitat naturel. Voici quelques tuyaux pour rencontrer ceux qui sont comme vous :

1. Pensez comme un chasseur.

Vous voulez devenir journaliste ? Trouvez où se rendent les journalistes après leur travail. Réfléchissez un peu et vous découvrirez où les vôtres sont toujours fourrés. Allez les trouver. Soyez direct : parlez de ce qui vous intéresse à ceux que vous rencontrez. Même si ces personnes ne peuvent pas vous aider directement, elles vous indiqueront peut-être la direction à suivre.

2. Envoyez une fusée éclairante.
Les petites annonces sont trop précieuses pour n'être utilisées que pour trouver le compagnon idéal. Passez par exemple une annonce ainsi libellée : « Recherche quelqu'un pour parler de trekking en Antarctique autour d'une tasse de café. Appelez-moi. »

3. Lisez le récit autobiographique de quelqu'un qui connaissait le terrain.
Vous êtes différent de votre famille mais une personne qui vous ressemble à écrit un livre. Trouvez-le et sélectionnez des citations que vous collerez partout dans la maison pour ne jamais oublier qui vous êtes.

4. Faites de tout.
Enlevez vos œillères. Sortez des sentiers battus. Accompagnez vos amis quand ils se rendent dans des lieux où vous n'iriez pas sans eux. On trouve sa tribu soit par hasard, soit par dessein.

LA FROUSSE

Vous vous débrouillez comme un chef. Vous avez débattu avec vos voix négatives et vous avez gagné, vous avez imaginé une famille idéale et vous avez commencé à rencontrer les vôtres. Vous êtes en train de vous détacher de votre famille et d'enfreindre toutes les règles de votre tribu. *Attendez-vous maintenant à des problèmes !* La crainte de la punition qu'éprouve l'enfant qui enfreint les lois du clan pourrait soudain vous envahir.

Vous risquez de manquer des rendez-vous ou d'être submergé par la peur de ne pas posséder le talent nécessaire pour atteindre votre but. Vous vous détesterez quand vous raterez des choses, et vous vous détesterez encore plus quand vous les réussirez car vous aurez l'impression d'être un frimeur. Alors que vous étiez heureux au milieu de vos nouveaux amis un instant auparavant, vous éprouverez peut-être soudain le sentiment de n'être qu'un imposteur sur le point d'être démasqué et vous vous demanderez alors : « Qu'est-ce que je fabrique ici ? »

Pourquoi cela se produit-il ? Parce que vous avez abandonné la sécurité et le soutien que vous apportait votre famille pour suivre votre aventure. Non seulement vous avez peur, mais la joie que vous éprouviez est écrasée par le poids de votre solitude.

Quand vous êtes submergé par cette anxiété, souvenez-vous de ceci : ce que vous traversez là est normal. Ne perdez pas courage. Vous souffrez de douleurs de croissance, mais la direction que vous vous êtes fixée est toujours la bonne. Si vous avez besoin d'un rappel, relisez les minutes de votre débat avec votre voix tribale.

Souvenez-vous que, lorsque vous allez à la recherche de votre véritable identité, une partie de vous a le sentiment que vous enfreignez la « loi ». Cela fait partie du tout. Cela signifie simplement que vous êtes humain, un jour cela passera.

L'ÉTRANGER

Dans votre nouveau domaine, vous serez un étranger pendant un moment, ce qui n'est pas sans avantages. Être un étranger vous donnera en effet un point de vue unique. Le romancier Joseph Conrad en est un spectaculaire exemple. Sa langue maternelle était le polonais et il est pourtant considéré comme l'un des maîtres de la littérature anglaise. Quel est le secret de sa réussite ?

Conrad affirmait qu'écrivant dans une langue qui ne lui était pas familière peu d'éléments échappaient à son attention. Parce qu'il était étranger, il était capable de relever des aspects de sa langue d'adoption qu'un Anglais n'aurait pas vus.

Comme Conrad, vous apporterez votre point de vue unique et votre expérience dans votre domaine d'élection. Les exercices suivants vous aideront à découvrir comment votre milieu d'origine peut vous donner un avantage dans le nouveau monde que vous avez choisi.

Exercice 4 : L'adaptation parfaite

Voici un exercice facile. Rien à écrire. Demandez-vous simplement : pourquoi quelqu'un, possédant mes capacités et provenant de mon milieu, est-il un candidat extraordinaire pour le job dont je rêve ?

Kate, la future styliste issue d'une famille de philanthropes, m'a répondu : « J'ai appris dans mon milieu à être attentive aux autres. Mon but n'est pas seulement la haute couture ou l'argent. J'aurais ainsi une nouvelle approche du confort, du coût et du plaisir qu'on éprouve à être bien habillé. »

Marnie, la fille de propriétaires de bar qui voulait être enseignante, a remarqué : « De nombreux universitaires oublient de poser des questions évidentes. Ils vivent dans un microcosme et ne savent rien des réalités de la vie. Moi, je les ai apprises dans le bar de mon père. Je sais quand l'empereur est tout nu. »

Vous devez être fier de la fraîcheur que votre point de vue original apporte à votre nouveau domaine. Elle provient de vos racines, et c'est votre patrimoine.

Exercice 5 : Regardez bien
les atouts que votre famille vous a donnés

Maintenant que vous savez mieux qui vous êtes (vous êtes un cygne et non un canard), et que vous disposez d'outils qui vous aideront à vous construire un avenir meilleur, il vous reste une chose importante à faire. Il faut que vous cherchiez dans votre passé les pépites d'or qui y sont enfouies.

Il est temps d'inventorier tous les atouts que votre famille vous a légués. Si vous faites l'exercice suivant soigneusement, vous découvrirez les forces inestimables que vous possédez *simplement parce que vous appartenez à votre famille*. Vous devez les reconnaître car vous allez les emmener avec vous dans l'avenir.

Partie A : Dressez la liste de vingt atouts que vous tenez de votre famille.

Incluez les centres d'intérêt, les habitudes, le tempérament, les caractéristiques physiques et les savoir-faire.

Ne vous arrêtez pas avant d'en avoir noté au moins vingt. Continuez si cela vous vient tout seul. N'oubliez pas les dons que vous tenez de vos grands-parents, de vos oncles et tantes, et des amis intimes de la famille. Ils ont peut-être eux aussi apporté leur pierre à l'édifice.

N'omettez pas non plus les caractéristiques que l'on vous a reprochées. La critique « Tu es bien arrogante et snob comme ta tante Alice, tu ne fais jamais ce que l'on te demande ! » peut être traduite ainsi : « Je suis indépendante. Je pense par moi-même ! » Vous pourriez transformer la critique : « Tu es plus lente qu'un escargot, comme ton grand-père » en éloges : « Je suis concentrée, attentive et précise exactement comme grand-père. »

Partie B : Pensez aux liens qui existent entre ce que fait votre famille et ce que vous souhaitez faire.

Quelle que soit l'importance de la différence qui existe entre vos valeurs et celles de votre tribu, il existe inévitablement des liens – ils vous ont élevé, après tout.

Trouvez des ressemblances, même si elles vous semblent artificielles. Vous vous découvrirez ainsi des potentialités auxquelles vous n'aviez pas songé.

Voici par exemple les points communs que Marnie a observés entre la vie de ses parents et la sienne : « Ma famille s'est toujours frayé un chemin toute seule. Personne n'a aidé mes parents à acheter leur bar. C'est pour cela que je peux entrer dans un lieu inconnu et me défendre. Les études demandent de la curiosité, et je l'ai héritée de ma mère, une obstination silencieuse que je retrouve chez mon frère. Et même une certaine combativité que mon père m'a transmise. »

Après avoir terminé cet exercice, vous vous sentirez plus fort. Les atouts de votre famille ont toujours été vôtres et vous les assumez désormais. C'est votre héritage. Vous vous rappellerez que vous devez en être fier.

UNE FIN HEUREUSE

Marnie est finalement devenue une intellectuelle. Elle a d'abord établi des liens avec le monde universitaire en suivant des cours de philosophie, de mathématiques et de littérature à la faculté. Chaque fois qu'elle s'angoissait, elle rentrait chez elle et refaisait l'exercice du grand débat jusqu'à ce qu'elle soit suffisamment calme pour pouvoir se remettre à son travail. Elle a rapidement repris ses études et elle a réussi à publier certaines de ses critiques dans des revues universitaires. Elle reçoit désormais chez elle toutes les semaines un groupe de personnes passionnées par le langage, la poésie et la pensée. Cette année, ils étudient la Bible sous l'angle littéraire. Ils se rencontrent souvent et bavardent toute la nuit. Pour Marnie, c'est le paradis.

P.-S. Votre famille pourrait bien céder.

Il arrive parfois après de longues années que la famille finisse par voir les choses du point de vue de leurs enfants.

Très souvent, quand nous commençons à réussir dans la carrière que nous avons choisie, notre famille en devient très fière et se met à fanfaronner. Nos parents disent : « Mon fils joue dans un long métrage » et oublient qu'ils avaient bondi quand vous leur aviez confié votre désir de devenir comédien.

D'autres ne cèdent jamais. Je connais des personnes qui ont réussi, qui sont respectées et admirées par leurs pairs. Pourtant, lorsqu'elles rentrent chez elles, leur famille essaie encore de les convaincre de changer de carrière et de revenir sur la « bonne » voie. Comment se protègent-elles ? J'ai rencontré un agent théâtral issu d'une famille de banquiers. Il sourit à ses parents affectueusement, et se rappelle qu'il les aime et que peu importe ce qu'ils disent. D'autres posent simplement la loi : « On n'est pas d'accord. Bon, passe-moi la purée et changeons de sujet. »

La plupart des familles finissent par accepter votre choix quand elles s'aperçoivent que vous êtes vraiment accroché, et que vous pouvez vous construire une vie qui vous conviendra en suivant vos aspirations.

La fierté qu'elles éprouvent pour vous est probablement plus importante que leur besoin d'avoir raison.

Même le père de Marnie a cédé. Il aime dire : « Elle est vachement intelligente pour une femme. »

9

Au secours ! Je ne suis pas encore prêt à naître

Vous venez de décrocher votre bac, ou votre diplôme de fin d'études, ou de terminer une formation professionnelle. La « vraie » vie vous attend. Aujourd'hui est le premier jour du reste de votre existence. *Comment se fait-il alors que vous ne vous sentiez pas si bien que ça ?*

« Je suis trop jeune pour mourir », m'a dit Ella, vingt-cinq ans. Quel destin funeste l'attendait ? Un emploi dans l'un des plus importants cabinets d'avocats des États-Unis ! Elle ne se sentait pas trop jeune pour mourir mais trop jeune pour *naître* !

J'ignore à quel moment nous en arrivons à penser que l'école nous prépare à la vie. C'est en allant chercher notre attestation de réussite à l'examen que nous prenons soudain conscience que nous entrons dans un monde complètement différent.

Anthony, vingt-trois ans, était frais émoulu d'une école de journalisme. Aucun journal, aucun magazine ne lui avait offert le job qui lui aurait permis de commencer à rembourser les emprunts contractés pour payer ses études. L'argent et le temps lui auraient encore plus manqué comme écrivain professionnel que lorsqu'il était en fac. Je lui ai demandé ce qu'il comptait faire et il m'a répondu : « Je songe à retourner à l'université, et à prendre de nouveaux emprunts. »

Nous admettons tous qu'il est quasiment impossible à une femme au foyer de cinquante ans de devenir une scientifique. Alors pourquoi prétendons-nous qu'il est naturel et facile de quitter l'université pour commencer à travailler ? Comme cette ménagère, vous ne passez pas simplement à l'étape suivante. Ne laissez personne vous raconter des histoires : *vous êtes en train de réaliser un changement de carrière radical !*

Oui, un changement de carrière. Réfléchissez à cela deux minutes. Vous êtes un étudiant expérimenté. Vous occupez ce job depuis l'âge de cinq ans. Vous comprenez le jargon universitaire, vous savez faire des recherches, prendre des notes, passer des examens et rédiger des devoirs. Vous avez compris la règle : si vous travaillez bien, vous aurez de bonnes notes. Si vous ne faites rien, vous serez recalé. Vous êtes un vrai pro à ce petit jeu.

Considérez maintenant le monde dans lequel vous venez de pénétrer. Ici, votre réussite dépend de forces extérieures. Vont-« ils » vous engager ou vous dire non ? Vont-« ils » vous confier le travail intéressant ou vous coller dans un placard à perpète les oies ? Votre communauté respectera-t-elle le domaine que vous aurez choisi ? Votre famille sera-t-elle fière de vous ?

Martin n'avait pas à séduire quiconque pour décrocher des « A » à l'école. Il fallait simplement qu'il étudie sérieusement. Maintenant, il faudra qu'il fasse en sorte que son supérieur l'apprécie, ou son job sera en danger. Il m'a dit : « À l'école peu importait si vous aviez l'air d'un clodo. Si vous saviez bosser, vous obteniez une bonne note. »

Il est difficile d'admettre que l'école n'était qu'une expérience temporaire qui ne se renouvellera jamais. C'était toute votre vie. Alors ne vous en veuillez pas d'être désorienté parce que *ce que vous vivez n'est rien d'autre qu'un choc culturel.*

LE CHOC CULTUREL – COMMENT Y FAIRE FACE

Quitter l'université pour commencer à travailler, c'est un peu comme quitter la France pour s'installer à Istanbul. Votre nouveau style de vie vous semble insensé : « Quoi, travailler du matin au soir toute l'année simplement pour payer son loyer ? Tu appelles ça une vie ? Sans moi ! »

Mais arrêtez-vous pour réfléchir un moment. Vous considérez le monde professionnel du point de vue d'un étranger. Vous ne comprendrez pas ce qui se passe dans un pays inconnu tant que vous n'y aurez pas vécu quelque temps. Il en va de même pour le monde du travail. Cette visite particulière sera l'une des plus importantes de votre vie parce que, tant que vous n'aurez pas exploré cet univers, vous ne saurez pas ce que vous attendez de la vie. C'est la raison pour laquelle je vais vous supplier de trouver un emploi dans l'un de ces bureaux du centre-ville.

C'est mon cœur qui parle. L'entreprise n'est pas mon truc. Ce qui me convient, ce sont les petites structures de travail à domicile. Mais je n'ai jamais regretté d'avoir passé du temps dans de grosses sociétés avant de me décider à travailler chez moi. Il est impossible de faire un choix éclairé sur un style de vie tant qu'on n'a pas visité l'univers des entreprises. De mon point de vue, c'est la première chose qu'il faut que vous fassiez.

Ce sera votre dernière année d'études. Vous avez en effet encore quelques petites choses de base à apprendre : vous lever tôt cinq jours par semaine, vous accoutumer à un rythme de huit heures de travail par jour, vous habiller comme les autochtones et parler le langage du cru. Vous avez besoin de faire la connaissance de personnes que vous ne pourriez pas rencontrer autrement. Et vous avez besoin de l'assurance que vous acquerrez en apprenant les ficelles de la boîte, en gagnant votre propre argent et en survivant dans ce monde étranger. Il faut que vous sachiez ce dont vous êtes capable dans ce nouveau système même si vous décidez finalement de passer le restant de vos jours à la plage. Quelle est la différence entre deux personnes qui passent leur vie à la plage, l'une *étant capable* de gagner de l'argent et l'autre pas ? La première peut décider de la quitter, la seconde restera là où elle est.

Minute papillon ! Suis-je en train de vous suggérer un mariage à l'essai ? Ne faut-il pas trouver le « bon » job ? Oui, je vous suggère un mariage à l'essai. Non, vous n'avez pas besoin de trouver le bon job, en tout cas pas immédiatement. Je vais vous expliquer exactement ce que je veux dire dans un moment. Mais il faut d'abord que vous sortiez ce que vous avez sur le cœur.

Exercice 1 : L'arrivée en terre nouvelle :
« Ce que je pense du monde du travail »

Tracez deux colonnes sur une feuille de papier. En haut, à gauche, écrivez le signe « + » et en haut à droite, le signe « – ». Notez dans ces colonnes toutes les choses positives et négatives auxquelles vous vous attendez quand vous entrerez dans le monde du travail. Vous pouvez par exemple noter à gauche : « gagner mon propre argent » et à droite « payer mon loyer ».

Jetons maintenant un coup d'œil sur cette liste.

Jane, récemment diplômée en sociologie, a écrit dans la colonne « + » : « Quand je marche dans la rue, j'ai l'assurance de quelqu'un qui a un job. Ma famille se calme parce que j'ai décroché un boulot. »

Dans la colonne « – » : « Ne jamais être embauchée, ou être embauchée mais incapable de faire le boulot. Il sera sans intérêt et je m'ennuierai. Je serai coincée là jusqu'à ce que je devienne une vieille dame ! »

La liste des points négatifs est plus longue que l'autre, n'est-ce pas ? Une seule alternative : soit on ne voudra pas d'elle, soit on l'embauchera et elle se *retrouvera* coincée. J'ai conversé avec de nombreuses personnes dans sa situation, elle n'est pas la seule à penser ainsi.

Hillary, vingt-deux ans, a passé des entretiens. Elle a eu l'impression que cela avait été un désastre. Certaines sociétés n'étaient pas du tout intéressées par sa candidature, ce qui lui était insupportable. Puis, on lui a proposé un emploi et on lui a fait visiter les bureaux. « Quand j'ai balayé du regard ces halls, j'ai eu le sentiment que j'allais pénétrer dans une prison et que je serais perdue à jamais », m'a-t-elle confié.

Philip, vingt-quatre ans, après deux ans de congé sabbatique passés à voyager, ne s'est rendu qu'à un seul entretien : « Ça suffisait ! Rien que porter ce foutu costard me donnait mal au cœur. M'inquiéter, sourire et *quémander*, tout ça me rendait dingue. Je ne voulais pas de ce foutu job. J'ai quand même essayé de le décrocher mais eux *ils n'ont pas voulu de moi !* »

Comme on ne peut pas échapper aux entretiens, j'aimerais vous donner quelques tuyaux pour vous aider à gérer les refus qui surviendront inévitablement.

LES REFUS

« C'est la vie. Oublie tout ça et tente ta chance à nouveau. » Voilà les paroles d'encouragement habituelles lorsqu'un entretien s'est soldé par un refus. Je détestais ces bons conseils. Je savais qu'il fallait que je m'accroche mais chaque échec entamait un peu plus ma confiance en moi.

Les refus ne sont drôles pour personne, mais je pense qu'ils ont un effet encore plus dévastateur quand on sort de l'école. Pourquoi ? Parce qu'on ne sait pas encore très bien qui l'on est.

Réfléchissez : lors de vos premiers entretiens, *vos futurs employeurs* ne vous connaissent pas, et *vous* non plus. Serez-vous un bon élément ? Qui peut le dire ? Les entreprises essaient de se protéger en convoquant plus de personnes qu'il ne leur en faut, aussi les refus sont-ils inévitables. Vous avez besoin de deux alliés pour atténuer leurs effets sur vous : votre identité et vos copains.

Voyons à nouveau qui vous êtes.

RECOUVRER VOTRE IDENTITÉ

Commençons par le passé. Vous aviez une identité quand vous aviez deux ans, et si vous ne me croyez pas, posez la question à vos parents. Vous considériez le monde d'une façon unique, vous aviez une gamme de sentiments très riche et vous vous en serviez.

À l'âge de deux ans, vous ne cherchiez pas vraiment encore à être « sage ». Vous lanciez des « non ! » au cas où les adultes n'auraient pas compris que vous étiez une entité séparée qui exigeait de donner son avis.

L'entrée au jardin d'enfants a peut-être été un choc, mais les responsables savaient que c'était leur boulot de s'occuper de vous. Les tables et les chaises étaient basses, les institutrices vous rappelaient d'aller aux toilettes, et elles vous enseignaient l'alphabet et non James Joyce.

Toute cette prise en considération de vos besoins est aujourd'hui terminée. Pour la première fois de votre vie, vous entrez dans une arène qui n'a en aucune façon été conçue en fonction de vous. Vous vous sentez peut-être très petit dans le monde du travail mais les chaises sont de taille normale, et on attend de vous que vous vous adaptiez rapidement. Votre identité d'« enfant » ou d'« étudiant » vient d'en prendre un coup.

De plus, vos amis et votre famille ont tendance à vous coller l'une de ces deux nouvelles identités : gagnant ou perdant.

Exemples : « Ma fille Ella travaille pour le meilleur cabinet d'avocats de New York. Elle a commencé à quatre-vingt mille dollars par an ! » (Traduction : Ella est une gagnante.)

« Mon fils Johnny ne s'est pas encore trouvé. » (Traduction : Johnny est un perdant.)

Vous n'avez jamais eu tant besoin de recul. Je veux vous prouver maintenant (bien que cela ne vous paraisse pas le cas) que *vous êtes plus important que n'importe quel job que vous serez amené à occuper*. Il faut que vous gardiez cela à l'esprit lorsque les entretiens se solderont par des échecs, mais aussi quand vous serez embauché.

Le vrai « Vous » est toujours là, mais ces défis à votre ego ont brouillé votre idée de vous-même. *Il vous faut un projet pour retrouver votre identité.*

Souvenez-vous qu'il s'agit de votre vie.

Je voudrais que vous preniez du recul pour la voir dans sa globalité : passé, présent et futur. Vous découvrirez ainsi des choses auxquelles vous n'aviez pas songé auparavant.

Exercice 2 : Faites un plan sur quatre-vingt-quinze ans

Quatre-vingt-quinze ans ? Oui ! Vous devez commencer au début de votre vie et traiter toutes vos années passées comme si vous les aviez délibérément planifiées : à zéro an, je suis né ; à cinq ans, je suis entré à l'école ; à dix ans, je suis parti vivre à Montpellier. *Remontez jusqu'au présent puis dépassez-le et allez dans le futur :* à cinquante-sept ans, je suis allé en Antarctique ; à soixante-cinq ans, j'ai planté des orchidées et j'ai écrit un roman célèbre ; à quatre-vingt-cinq ans, je me suis remarié. Ne vous arrêtez pas avant quatre-vingt-quinze ans !

Pour cela, collez bout à bout plusieurs feuilles de papier millimétré dans le sens de la longueur. Divisez-les en quatre colonnes. La première sera intitulée « Âges ». Vous noterez les âges : 5, 10, 15, 20 jusqu'à 95. Sautez des lignes pour intercaler des graduations supplémentaires.

En haut de la deuxième colonne, écrivez « Événement majeur ». Cela inclut naître, commencer l'école, déménager, tout ce qui s'est passé ou se passera, et qui vous semble important. Imaginer les événements majeurs qui pourraient survenir dans vingt, trente ou cinquante ans demande des efforts mais faites-le soigneusement. Vous êtes en train de construire la grille dont dépendent les deux dernières colonnes.

La troisième colonne est plus ardue mais aussi plus intéressante. Intitulez-la « Ce que j'ai appris » et notez ce que vous avez appris – ou apprendrez – de plus important à chaque âge. Ne vous pressez pas. Cette partie de l'exercice peut être une expérience très stimulante.

Intitulez la quatrième colonne : « La chose la plus hallucinante que j'aie observée. » Vous ne vous souvenez peut-être pas très bien du passé mais faites confiance à vos intuitions, elles ne se tromperont guère. En ce qui concerne le futur, laissez votre imagination vagabonder. Faites-le vraiment, cela en vaut la peine.

Quand vous aurez terminé l'exercice, écrivez au bas de la dernière page : « Ce que je voudrais dire aux jeunes. » Racontez ainsi ce que cette promenade imaginaire pendant quatre-vingt-quinze ans vous a enseigné sur le sens de la vie.

Voici ce que d'autres personnes ont découvert :

HILLARY, vingt-deux ans : « Me rappeler l'enfant drôle, dure et ingénieuse que j'avais été m'a sidérée. Je dressais à quatre ans tous les chiens du quartier à faire le beau. Je ne pense pas que j'avais de la chance mais à l'époque je trouvais que je me débrouillais très bien. J'étais une petite fille sympa. Ce souvenir m'a permis de m'imaginer un futur très entreprenant. Je ne l'aurais pas fait auparavant. »

PHILIP, vingt-quatre ans : « J'ai écrit "un peintre célèbre dans le monde entier" à l'âge de trente ans. Puis j'ai découvert ce que j'aimais par-dessus tout. C'était apprendre à vraiment voir. Je me suis souvenu que la seule raison pour laquelle je voulais peindre était que cela m'aidait à voir. Quand je suis arrivé à soixante ans, j'ai regardé l'ensemble de ma vie, puis j'ai rajouté à l'âge de trente ans des choses sans aucun rapport avec la peinture. Je veux vivre dans d'autres pays. Je veux savoir comment construire une maison. Je veux fonder une famille et l'aimer. »

ADÈLE, vingt-neuf ans : « J'ai beaucoup de temps. Cela a été un choc pour moi de le constater. Trop de temps. À soixante-cinq ans, je ne voyais rien à faire de plus. Je voulais dire aux jeunes de cesser de tant s'inquiéter et de tant se dépêcher. »

JANE, vingt-trois ans : « Penser que j'avais quatre-vingt-quinze ans devant moi m'a calmée parce que j'ai envie de réaliser tant de choses, monter ma boîte puis la revendre et voyager. Et je veux aussi contribuer à changer le monde, encourager l'écologie et aider les gens. J'ai maintenant le sentiment que je n'ai pas à faire des choix exclusifs. Je pourrai tout faire. »

Et vous ? Qu'avez-vous découvert ? C'est important parce que vous venez de donner la description du job de votre vie entière !

J'espère que vous avez compris cela : *vous n'avez qu'un seul véritable job et ce job, c'est de vivre toute votre vie*. Vous voyez combien elle regorgera d'événements, de décisions, de lieux, d'expériences et de projets ? Ne pas être embauché à la suite de plusieurs entretiens ne semble plus aussi dramatique, n'est-ce pas ? Les refus font aussi partie de toutes les choses que vous devez apprendre à accepter.

Il vous faut encore passer un costume ou un tailleur pour aller à un nouvel entretien, et vous n'aurez pas seulement besoin de recul.

Vous aurez aussi besoin de soutien.

PREMIÈRE AIDE D'URGENCE POUR LES ENTRETIENS

Si les entretiens vous terrifient, vous risquez de les fuir, alors permettez-moi de vous offrir en cadeau ma meilleure invention : l'Équipe de Réussite. (Voir aussi chapitre 10.) Une Équipe de Réussite est un groupe de cinq à six personnes qui se retrouvent chaque semaine et s'entraident pour obtenir ce dont elles ont besoin. C'est un remède miracle pour surmonter les misères de la recherche d'emploi. En voici les bases essentielles.

Prenez un copain – ou six copains.

La compagnie est essentielle quand vous devez réaliser quelque chose de difficile. Elle atténue l'angoisse, c'est aussi simple que ça. Aussi est-elle particulièrement utile dans la chasse au travail. Réfléchissez. Après un entretien, quelle qu'en soit l'issue, vous quitterez les lieux et vous vous retrouverez dans la rue.

Qu'éprouveriez-vous alors si vos meilleurs amis s'élançaient et vous passaient le bras autour de l'épaule en vous disant : « Allez, on va boire un café. Comment ça s'est passé ? » Ils vous féliciteraient pour vos efforts, comprendraient vos erreurs, maudiraient vos ennemis. Les entretiens sont éprouvants et vous aurez besoin de sympathie, d'une bonne bière et de quelques rires quand vous en aurez terminé.

Comment obtenir ce contact ? *Téléphonez à vos amis pour mettre cela au point.*

Les équipes sont géniales pour tout. Vous pouvez vous voir pour « répéter » avant un entretien, ou même pour lire les petites annonces ensemble. Les C.V. sont plus faciles à rédiger quand un ami vous pose des questions et les dactylographie pour vous.

Un point important : une Équipe de Réussite/de potes, est différente d'un groupe de développement personnel. Ces derniers peuvent enrichir de manière intéressante et plaisante le travail que vous êtes déjà en train de faire sur vous-même. Mais si vous hésitez entre plonger dans le monde professionnel ou rester sur le bord, les ateliers de développement personnel risquent de vous donner un très bon alibi pour ne pas bouger. Entrer dans le monde vous fera progresser en chassant vos peurs irraisonnées et en vous obligeant à mettre vos capacités en pratique. Rappelez-vous que vous améliorer est la tâche de toute une vie, alors n'attendez pas de l'avoir achevée pour vous mettre à vivre !

DU TRAVAIL !

Maintenant que nous avons vu comment gérer les refus, voici l'autre gros problème : Et si on m'embauche, si ce job ne me convient pas et que je me retrouve coincé ? Pourquoi aurions-nous peur d'être bloqué à vie alors que nous vivons dans un pays où l'on a le droit de changer de job aussi souvent que l'on veut ? J'ai posé la question autour de moi. Voici les réponses de mes enfants et de leurs amis :

« On nous met la pression pour qu'on trouve un job tout de suite et qu'on s'y accroche. On ne peut pas papillonner. Il faut tomber sur le bon du premier coup. »

Pensez-vous la même chose ?

Vous savez quoi ? Vous avez tout faux.

Vous n'avez pas à trouver le bon job du premier coup.

Je crois même qu'il est dommage de tomber sur le bon job tout de suite. Regardez votre plan sur quatre-vingt-quinze ans. Même si vous ne vivrez pas quatre-vingt-quinze ans, vous avez beaucoup de temps devant vous. Alors pourquoi limiter votre expérience si tôt ? Je pense que tout le monde devrait travailler en usine pendant un moment puis à l'étranger. On devrait tous prendre des cours de théâtre, en particulier ceux qui souhaitent entrer dans le monde des affaires. Je pense qu'on en apprend autant sur soi et sur la manière de travailler avec les autres dans des cours de comédie qu'en psychothérapie ou que lors de formations en management.

Je le répète, tout le monde devrait bosser dans une grande entreprise même si c'est au courrier. Voilà une bonne occasion de fourrer votre nez dans tous les autres services pour voir ce qui s'y passe ! Vous serez surpris de vos découvertes. Les grandes entreprises ont des directeurs, des chercheurs, des comptables, des chefs de produit, des graphistes, des représentants, des électriciens, des concierges, des cadres et des employés à temps partiel et surtout une culture unique.

J'espère que vous aurez la possibilité de *tout* faire : travailler dans une usine *et* dans une grande entreprise, prendre des cours de théâtre *et* partir à l'étranger.

Réfléchissez-y. Vous n'êtes pas censé épouser la première personne avec laquelle vous sortirez, alors pourquoi laisser les gens vous dire que vous devez épouser votre premier job ? Si votre premier choix doit nécessairement être le bon, pas étonnant que vous soyez paralysé ! Votre école veut de brillants anciens élèves, vos parents souhaitent que vous réussissiez et que vous soyez indépendant et vous, vous voulez faire plaisir à tout le monde. Mais c'est impossible.

Le monde du travail est aujourd'hui très différent de celui qu'ont connu vos parents. Ils vous évaluent peut-être en fonction de critères appartenant à une ère économique révolue, et si vous essayez de répondre à toutes leurs attentes, vous subirez des pressions insoutenables.

La vérité est que vous allez devoir être un pionnier et naviguer dans le monde du travail d'une façon toute nouvelle en vous accoutumant à une réalité différente de celle qu'ils ont pu imaginer. *Mais vous n'êtes pas en danger*. La réalité ne vous fera pas de mal. Au contraire, elle va vous sauver.

LA SOLUTION RÉALITÉ

Les obstacles imaginaires sont insurmontables. Pas les vrais. Mais sans informations réelles, impossible de voir la différence entre les deux. La peur crée souvent davantage d'obstacles imaginaires que l'ignorance. *C'est pourquoi la moindre action dans la réalité vous tirera un peu plus de vos conjectures, ce qui pourra vous être d'un grand soulagement.*

Faites un petit pas extraordinaire, comme Georges. Georges voulait rencontrer la femme idéale, se marier et avoir des enfants. Mais il voyait des obstacles imaginaires qui rendaient cela impossible à ses yeux. Il travaillait dur comme consultant en informatique et n'avait pas beaucoup d'argent. Il pensait qu'aucune femme ne s'intéresserait à lui tant qu'il n'aurait pas les moyens de redécorer son appartement, d'acheter une voiture et de l'inviter dans de bons restaurants.

J'ai demandé à Georges quand il pensait obtenir tout cela. Il m'a répondu qu'il ne savait pas.

« D'ici octobre ?

— Oh non, pas d'ici là.

— Alors peut-être dans dix ou quinze ans ? » lui ai-je demandé.

Georges a eu l'air horrifié. La vérité est qu'il n'avait aucune expérience des femmes et qu'il avait peur. Nous avons décidé d'utiliser la Solution Réalité.

Elle consiste en ceci : *Faites-le avant d'être prêt.* Dans le cas de Georges, cela voulait dire : recherchez la compagnie des femmes dès que possible avant même d'avoir tout ce que vous croyez nécessaire. (Dans votre cas, remplacez simplement le mot « femmes » par celui de « travail » et vous verrez pourquoi j'ai utilisé cet exemple.)

La solution pour Georges était de s'inscrire dans un club de célibataires. Il était stupéfait. Quelques mois plus tard, il m'a dit :

« Il y a toutes sortes de femmes dans ce club, et je suis fou de chacune d'elles. Je veux dire que la présence de tant de femmes différentes me remplit de joie !

— Et la voiture ? lui ai-je demandé.

— Elles en ont *toutes*. Cela ne les dérange pas de *me* conduire !

— Qu'est-ce qu'elles pensent de vous ? »

Il a souri et répondu :

« Certaines m'aiment vraiment beaucoup. »

Faire un petit pas extraordinaire signifie accomplir quelque chose de réel, *et cela peut révolutionner votre univers tout entier*. À la minute où vous vous engagerez dans une situation réelle, les obstacles imaginaires tomberont.

Je ne dis pas que les obstacles n'existent pas. Pour recevoir, Georges a dû apprendre à cuisiner (ce qu'il fait merveilleusement) et à danser. Puis il a décidé d'apprendre à conduire, même s'il n'a jamais acheté de voiture « parce qu'il est utile de savoir conduire quand on part en groupe à la montagne », m'a-t-il dit. Où a-t-il trouvé l'argent pour ses leçons ? Il n'en pas eu besoin. Ses nouveaux amis et parmi eux de nombreuses femmes lui ont appris à conduire.

Les véritables obstacles ne vous feront pas tourner en rond. Ils peuvent être surmontés. Les imaginaires, en revanche, ressemblent à des labyrinthes. Alors ne restez pas assis à attendre les informations qui vous pousseront à l'action. La plupart du temps, vous n'obtiendrez celles-ci qu'en faisant de petits pas vitaux dans la réalité.

Je vais vous proposer une série d'exercices qui vous aideront à regarder votre problème de job dans la réalité, comme dans le cas de Georges avec les femmes. Je pense que nous allons tomber sur des résistances. La plupart des gens pensent en effet qu'ils doivent être plus préparés que ne l'était Georges, même pour faire un tout petit pas. Ne vous inquiétez pas. Il n'est pas difficile de démolir cette sorte de résistance. Il faut simplement découvrir ce qui se cache derrière.

Et je sais ce qu'il y a là.

LA RÉALITÉ EST ANGOISSANTE

Il y a un monde entre *faire* et *imaginer*. Réfléchir à l'idée de nager, ce n'est pas se mettre à l'eau. Rentrer dans l'eau peut vous couper le souffle ! Une défense intérieure nous pousse à la prudence et à éviter l'intensité inhérente à tout type d'action nouvelle. Son job est de nous protéger, elle nous tient donc à l'écart de tout ce qui lui semble dangereux. Mais elle a souvent tort.

Tout ce qui vaut la peine d'être accompli vaut la peine d'être accompli *trop tôt*. (Mais ne risquez pas des choses importantes dont vous pourriez avoir besoin plus tard, comme des contacts précieux, de l'argent ou votre vie !) Dès que vous comprendrez que c'est la crainte qui réveille votre résistance, il vous sera beaucoup plus facile d'agir. C'est un cas où la raison peut vous sortir de l'ornière. Quand vous saurez pourquoi vous êtes bloqué, vous verrez combien ce danger est limité en réalité. Et vous serez prêt à bouger.

Mais la peur peut revêtir différentes apparences. Ce sont toutes des tactiques d'immobilisme. Certaines personnes, préférant rêver plutôt qu'agir, se justifient en disant qu'elles doivent réfléchir à fond avant toute chose.

Janet, une jeune femme qui venait de terminer une formation de haut niveau m'a dit qu'elle voulait créer un institut d'éthique sans but lucratif. Elle souhaitait commencer comme consultante. « Mais personne ne réclamera mes services. Je n'ai ni expérience ni bagage. Personne ne *recherche* de consultant en éthique ! » m'a-t-elle dit.

Je ne sais pas ce qu'est un institut d'éthique mais je suis prête à croire que cela existe ou pourrait exister. La question importante était là : *Janet* savait-elle ce que c'était, voulait-elle réellement le faire, et le ferait-elle vraiment ?

On ne peut trouver de réponse à cette question en restant assis à y réfléchir seul dans le noir. Il faut utiliser la Solution Réalité.

J'ai conseillé à Janet de réunir des amis et de jeter quelques idées sur le thème de l'honneur et des affaires pour commencer. Janet a résisté.

« Je ne suis pas vraiment prête pour ça. Il est bien trop tôt pour réunir des gens, même des amis. Il faut que je réfléchisse encore un bon moment.

— À quoi voulez-vous réfléchir ?

— Je voudrais que tout soit bien prêt avant de commencer. Ce n'est pas assez bien défini, vous savez.

— Que comptez-vous faire pour devenir prête ?

— Me promener, y réfléchir à fond. Je vais passer du temps sur ma planche à dessin.

— Vous ne savez pas encore ce que vous voulez dessiner, lui ai-je dit, réunissez des amis. Commandez une pizza et discutez-en.

— Mais je ne saurais pas exactement quoi dire. J'ai plus d'intuitions que d'informations sur le sujet.

— Alors, allez à la bibliothèque pour vous renseigner.

— Je ne peux pas tant que je ne sais pas ce que je cherche.

— Bon, vous venez juste de prouver qu'il était impossible de commencer. »

Je l'ai eue par la logique et elle le savait.

« Je pense que je tergiverse. Mais j'ai vraiment envie de faire ça. Pourquoi est-ce que je me dérobe ainsi ?

— Qu'est-ce que vous ressentez ? lui ai-je demandé.

— Je me sens nerveuse et effrayée.

— Vous avez peur de quoi ?

— De plonger, a répondu Janet, songeuse, alors je pense que je ferais mieux de m'y mettre. »

Voici ce qu'elle a fait.

Bien que se sentant un peu débordée par son projet, Janet a décidé d'entreprendre au moins la première étape. Elle a réuni un groupe d'amis pour parler de l'éthique dans le monde des affaires. Au bout de vingt minutes, ils lui avaient déjà posé des centaines de questions auxquelles elle s'employait à répondre.

« Qu'est-ce que l'éthique des affaires ? »

« Est-ce que ça importe à quelqu'un ? Je veux dire, peux-tu trouver un job là-dedans ? »

« C'est toi qui as inventé cela ? »

Ne voulant pas se lancer à l'aveuglette, Janet avait auparavant consulté tous les articles qu'elle avait pu trouver sur l'éthique des affaires, et elle s'était aperçue qu'elle était mieux informée qu'elle ne le croyait. Elle s'est aussi surprise à exprimer tout haut des opinions tranchées.

« Sans éthique, les affaires ne peuvent pas marcher ! » a-t-elle dit avec insistance.

Ses amis ont commencé à acquiescer.

« Mon père, tu sais, était un homme d'affaires honnête et il n'avait pas de place dans le monde », a renchéri un de ses amis.

« J'ai lu dans un magazine que les P.-D.G. parlaient de tout ça, se démenant comme de beaux diables pour ne pas couler. Quelqu'un a même fait une importante donation à l'université de Harvard pour que soient dispensés des cours d'éthique dans les affaires. »

« Qui va acheter des actions s'il n'a plus confiance dans la Bourse ? Pas moi. »

« Pourquoi ne mettrais-tu pas au point des séminaires pour les entreprises, Janet ? »

« Pourquoi n'écrirais-tu pas d'abord un article dans un quotidien économique pour acquérir de la notoriété ? »

C'est ainsi que Janet a entamé sa nouvelle carrière.

Je suis tellement convaincue que chacun devrait commencer avant d'être prêt que j'aimerais vous suggérer d'accepter un job qui ne vous convient pas (j'appelle également cela un « *mauvais* » *job*). Avant que vous ne pensiez que j'ai perdu la tête, voici un petit exercice.

Exercice 3 : Essayez un « mauvais » job en pensée

Faites comme si vous aviez décidé de prendre un travail. N'importe lequel. Posez un annuaire ou une série de petites annonces devant vous sur la table, fermez les yeux, tournez les pages et posez votre doigt au hasard. Voilà votre nouveau job !

Vente d'ordinateurs, chauffeur, cuisinier ou marin sur un remorqueur.

J'espère que vous serez tombé sur un job que vous connaissez à peine. Dans le cas contraire, fermez les yeux et recommencez. Éleveur de cochons, ingénieur en électronique, peu importe. Moins vous connaîtrez le job, mieux cela sera. Il faut simplement qu'il vous permette de vivre, qu'il ne soit pas illégal et qu'il *ne vous convienne pas du tout*. Une fois que vous aurez fait votre « choix », passez aux quatre étapes suivantes.

La première étape est celle-ci : imaginez que vous ayez décidé de vous investir à fond dans ce job bien qu'il ne vous convienne pas du tout. Soyez « dedans » et décrivez à haute voix ou par écrit les lieux et ce que vous faites.

Voici ce que Barb, aînée de cinq enfants, diplômée de littérature de l'université de Yale et ancien professeur, a dit de son « mauvais » job en tant que chef de section dans une usine fabriquant des tracteurs : « Je porte un bleu de travail, je parcours les lieux avec un chronomètre et des dates de livraison en attendant l'arrivée de l'acier. Je m'assure que tout fonctionne, je note les absences et je fais démarrer les machines. »

La deuxième étape consiste à vous poser la question suivante : « Qu'est-ce qui se passe dans ce job ? Qu'est-ce qu'on ressent ? » Barb a trouvé qu'il était : « Assez intéressant. Et j'ai le droit de rentrer chez moi à cinq heures ? Et de ne jamais revenir ? »

Non, vous ne pouvez pas partir tout de suite. Pas dans cet exercice !

Parce qu'il y a une *troisième étape* : imaginez que vous ayez conservé ce job pendant trois mois. Demandez-vous : Comment est le job au bout de trois mois ? Qu'est-ce qu'on éprouve ?

Barb ne l'appréciait plus autant. « Ce job n'a aucun intérêt pour moi. Cela ne me mènera nulle part. Qu'est-ce que je vais devenir dans une usine de tracteurs ? »

Voici maintenant la *quatrième étape* : l'obligation de choisir. L'idée est la suivante, vous ne pourrez quitter ce job que lorsque vous l'aurez transformé en quelque chose de merveilleux. C'est votre seule issue de secours ! Si vous n'y arrivez pas, vous serez coincé là éternellement. Voilà qui a rendu Barb plus imaginative.

« La seule chose qui me vienne à l'esprit est d'essayer de faire du très bon travail. Au moins, ça sera intéressant. Et je me sentirai mieux. » Elle s'est ainsi rendu compte que le plaisir de maîtriser des tâches nouvelles était essentiel pour elle. C'était un bon début.

Mais vous devez apprendre à encore mieux vous connaître, alors je veux que vous rendiez cet exercice plus difficile. Imaginez que vous soyez resté dans ce job pendant six *mois* et que vous commenciez à vous ennuyer. Alors ?

Barb nous a dit : « Si je devais rester aussi longtemps, je pense que j'essaierais d'obtenir une promotion. Mais je ne voudrais pas perdre le contact avec les ouvriers. J'aimerais communiquer avec eux, pas les surveiller. J'aimerais créer une ambiance dans laquelle chacun se sentirait respecté et donc fier de travailler là. Ça, alors ! *Mes goûts sont en train d'apparaître !* »

Si je lui avais simplement demandé : « Quel job vous conviendrait, à votre avis ? », Barb n'aurait jamais découvert à quel point ses valeurs pouvaient se manifester, y compris au sein d'une usine de tracteurs.

Alors quelle est votre solution ? Si vous aviez un job qui ne vous convenait pas, et si vous deviez le transformer en quelque chose de merveilleux, que feriez-vous ?

Qu'avez-vous appris sur vous-même ?

RUTH, vingt-trois ans : « J'ai choisi un job de chef du personnel junior dans une grande entreprise. Il n'y a rien que je déteste plus ! Lorsque j'ai dû le transformer pour qu'il devienne merveilleux, je me suis retrouvée en train d'écrire un bulletin d'information destiné aux employés. Il était vraiment très bon ! Puis j'en ai fait un magazine. J'ai adoré tout organiser par téléphone et interviewer les gens. »

CANDACE, vingt ans : « J'ai décidé d'être cuisinière dans un camp forestier. C'était vraiment pas mon truc, croyez-moi ! Au bout de six mois, j'avais ouvert une boutique d'artisanat local vendant des objets sculptés dans du bois réalisés par les bûcherons et les Indiens. Je les ai réunis pour qu'ils travaillent ensemble et montent une P.M.E., ce qui a permis de faire rentrer de l'argent dans l'économie locale. Je me suis aussi beaucoup occupée de la mise au point d'un système de vente par correspondance. C'était très chouette. C'était moi le patron ! »

Vous voyez maintenant comment vous pouvez vous découvrir même dans un « mauvais » job ? Si vous craignez d'accepter un job qui ne serait pas le bon, vous risquez de vous retrouver paralysé et de n'en prendre finalement aucun ! Je veux que vous cessiez de croire que votre premier emploi déterminera le reste de votre existence parce que ce ne sera pas le cas.

Mais je ne vous blâme pas de penser que vous pourriez être embarqué dans une direction qui ne vous conviendrait pas. Après tout, chaque fois que nous pénétrons dans un monde nouveau, celui-ci nous paraît très puissant et nous nous sentons très petits. Les autres sont là depuis plus longtemps et savent faire le boulot alors que nous sommes « ignorants » par définition. *Mais ne confondez jamais ignorance avec inaptitude ou faiblesse.* Rappelez-vous ceci : pour vous, vous êtes et vous serez toujours *l'élément le plus solide de votre environnement.* C'est pourquoi, tous les jobs, qu'ils vous conviennent ou non, vous enseigneront des leçons importantes sur vous-même. La vérité est que la raison principale pour laquelle nous devrions travailler est notre développement personnel.

Vous travaillez déjà pour une entreprise et cette entreprise, c'est vous !

Si vous gardez bien cela à l'esprit, vous aurez résolu votre problème. Vous êtes l'entreprise, vous en êtes le président-directeur général. Vous vendez vos services, pas *vous* ! Chaque fois que vous décrochez un job, c'est comme un contrat. Et tout ce que vous apprenez s'ajoute à votre actif.

Vous pouvez vous fier à votre avenir si vous avez confiance en vous-même. Qu'est-ce que cela signifie ? *Vous devez vous fier à vous-même pour savoir quand une chose ne vous convient pas puis la laisser tomber.*

C'est ainsi que les personnes ambitieuses ont toujours procédé. Elles conservent un job tant qu'il leur apporte quelque chose, et quand ce n'est plus le cas, elles vont ailleurs. Avant cela, elles travaillent de leur mieux et font en sorte que leurs employeurs souhaitent qu'elles ne les quittent jamais. Quelle que soit la situation, bonne ou mauvaise, elles continuent d'apprendre.

C'est ce que je veux que vous fassiez. Vous acquerrez ainsi assurance et estime pour vous-même, cela augmentera votre longévité dans la place et surtout, c'est l'avenir. De plus en plus de gens deviennent free-lance, emportent leur expérience avec eux de job en job. Autrefois, seuls les cadres avaient un C.V. Aujourd'hui, les soudeurs aussi en ont besoin. Nous acquiérons tous de l'expérience que nous emportons avec nous de mission en mission comme une boîte à outils.

On n'a pas créé pour l'instant de job qui ne pourrait rien vous apporter si vous l'occupiez pendant six mois, surtout si vous êtes un « voleur de savoir » !

C'est la raison pour laquelle je vais vous faire une suggestion vraiment scandaleuse : trouvez le job qui vous convient le moins !

Exercice 4 : Trouver un « mauvais » job

Si vous savez quel job vous conviendra et si vous voulez vous lancer dès maintenant, sautez cet exercice ! Mais si ce n'est pas le cas, faites-le. Il paraît radical, mais il vous permettra de sortir de l'impasse parce que vous n'aurez plus besoin de réfléchir !

Prenez dix journaux locaux et nationaux et consultez les petites annonces. Proposez votre candidature toutes les fois que vous pensez qu'elle pourra être retenue. Juste pour essayer. (Vivre dans des endroits différents vous fera le plus grand bien avant de vous fixer. Mais attention ! Choisissez un climat que vous supportez car vous pourriez très bien tomber amoureux et décider de vous installer là-bas.)

Si quelqu'un veut vous embaucher, acceptez. Oui, c'est bien ce que j'ai dit. Prenez un « mauvais » job ou un job qui pourrait peut-être ne pas vous convenir. Vos études ne sont pas encore terminées. Vos premiers emplois seront la véritable université.

Essayez différents jobs si vous n'avez rien de mieux à faire. *Et rappelez-vous à quoi sert chaque journée :* il ne s'agit pas de rendre votre patron heureux ni d'impressionner vos anciens camarades, mais d'acquérir des connaissances et un savoir-faire pour vous-même.

Si vos parents vous demandent ce que vous fabriquez, voilà encore une bonne occasion d'apprendre l'autonomie : donnez-leur une petite tape sur l'épaule et dites-leur de ne pas s'inquiéter, que tout mène quelque part et que faire de nouvelles expériences est bon pour vous. C'est vrai. Un job, quel qu'il soit, est bon pour vous *tant que vous vous souvenez de la raison pour laquelle vous êtes là.*

CE QUE VOUS DEVRIEZ FAIRE
DANS VOTRE « MAUVAIS » JOB

1. Prévoir une fête pour la « quille ».

La première chose qu'il faut que vous fassiez est de fixer une date de démission pour organiser une soirée à cet effet. Invitez tous vos amis (sauf ceux que vous avez rencontrés dans ce job). Cette soirée devra se dérouler six mois après le début de votre « mauvais » job. À cette date, vous devrez soit démissionner, soit donner à vos amis une bonne raison pour continuer. Si vous ne partez pas, vous devrez prévoir une nouvelle soirée six mois plus tard.

Organiser votre petite fête résout deux problèmes : d'abord vous ne vous sentirez pas coincé dans votre « mauvais » job si vous savez que vous démissionnerez à une date fixée à l'avance. Deuxièmement, vos amis ne vous laisseront pas vous trouver des excuses éternellement et vous aurez honte au bout de la troisième soirée. Vous serez ainsi protégé de ce que j'appelle la « dérive professionnelle ».

Qu'est-ce que la dérive professionnelle ? C'est une maladie redoutable que je ne veux pas que vous attrapiez. Quand quelqu'un dit : « J'ai accepté ce job temporaire mais rien de mieux ne s'est présenté. Et quatorze années se sont écoulées », c'est une dérive professionnelle.

Quel est le problème ? Cette personne a commis une énorme erreur. Elle attendait que quelque chose de mieux se présente. Si vous recherchez des expériences variées, *tout vous conviendra mieux que ce que vous connaissez déjà*. Elle aurait dû démissionner dès que son job était devenu répétitif.

Je sais que vous n'êtes pas comme ça. Vous n'en êtes pas encore là. Je veux simplement que vous sachiez que vous ne vous attendez peut-être pas à certains problèmes auxquels vous serez confronté. J'ai entendu une femme dire récemment : « J'adore mon travail. Le boulot et les gens sont super. Mais si je pouvais retirer un intérêt quelconque de l'invention que j'ai mise au point, je partirais. Voilà longtemps que je suis là, et il est temps d'aller voir ailleurs. Mais je n'en ai pas envie. J'aime ce job. »

Je parie que vous n'avez jamais pensé qu'aimer votre travail pourrait être l'un de vos problèmes. Il y a beaucoup de choses auxquelles vous ne vous attendez pas.

Mais beaucoup de choses auxquelles vous vous attendez *ne* se produiront *pas*.

2. *Travaillez pour vous.*

Les « mauvais » jobs peuvent être merveilleux tant que vous n'oubliez pas pourquoi vous êtes là. Cela signifie entre autres que vous apprenez pour vous, pas pour votre patron.

Vous n'êtes pas là pour gagner l'affection des autres ou pour passer des tests. Vous ne resterez vraiment indépendant que si vous ne *passez que vos propres tests*, pas ceux de quelqu'un d'autre. Il est important de garder à l'esprit que vous n'avez que peu de temps à consacrer à ce job et que vous avez l'intention d'en tirer le maximum. Engagez-vous à en apprendre le plus possible et ne gâchez pas votre temps. Rappelez-vous ceci : quand vous acquérez des connaissances, vous augmentez votre actif.

Et quand vous faites du bon travail, vous acquérez de bonnes références.

Ne croyez pas que vos employeurs ne vous remarqueront pas. Ils admirent généralement les personnes ambitieuses. Le piège le plus gros dans lequel vous risquez en fait de tomber est qu'ils pourraient essayer de vous garder et même de vous promouvoir. Une promotion vaut le coup si elle vous donne la possibilité d'apprendre un autre job. Si, en revanche, il s'agit de faire plus ou moins la même chose, tenez bon et démissionnez. Rappelez-vous ceci : vous êtes autonome. Vous n'appartenez à personne d'autre qu'à vous-même.

L'autonomie

Qu'est-ce que c'est ? Si vous n'êtes pas autonome, voici votre manière de penser : Mon chef aimera/ n'aimera pas mon rapport. Ma famille trouve que ce job est bien/n'est pas bien. Je ne supporte pas d'être obligé de faire des choses qui ne m'intéressent pas.

Si vous êtes autonome, vous pensez : *J'aime/Je n'aime pas* la manière dont j'ai rédigé ce rapport. Si ma famille n'aime pas mon job, c'est *son* problème. *Tout* ce que je ne sais pas encore m'intéresse.

Si votre chef vous en fait voir de toutes les couleurs, vous ne pourrez pas vous empêcher de vaciller. Sortez prendre l'air et oubliez cela. *Vous ne devez pas vous laisser absorber par les injustices ou par le mal que l'on vous a faits, sinon vous en oublierez votre autonomie.* Après tout, vous êtes dans ce job pour des raisons personnelles et vous avez vos projets. Vous êtes là pour apprendre, parce que vos connaissances vous appartiennent et que personne ne pourra jamais vous les enlever.

Pratiquez l'autonomie

Dans un carnet que vous appellerez « Notes d'autonomie », inscrivez à l'intérieur de la couverture, à gauche, la date de votre soirée. Dressez également la liste des personnes que vous projetez d'inviter. Chaque fois que vous rappellerez la date de la fête à l'une d'elles, tracez une petite croix à côté de son nom.

Sur les pages de gauche, inscrivez les actes et les sentiments qui, selon vous, montrent que vous *n'avez pas fait preuve* d'autonomie : « Mon chef n'a pas apprécié mon travail et cela m'a fait de la peine » ou : « J'étais irrité, et j'ai délibérément traîné les pieds quand il a fallu passer au classement. » Sur les pages de droite, notez des pensées qui vous rappelleront ce qu'est l'autonomie : « La connaissance m'appartient »,

« Ma vie est plus importante que n'importe quel job », etc. (Relevez aussi des citations dans des recueils à la bibliothèque.)

Désormais, chaque fois que vous écrirez un sentiment « non autonome » sur la page de gauche, cherchez une pensée encourageante pour le contrebalancer et notez-la sur la page de droite. Si vous dites sur la page de gauche : « J'ai laissé mon oncle Joe me donner l'impression que j'étais stupide », vous pourriez écrire en face : « Laisser quelqu'un vous définir est une attitude passive. Refuser d'écouter son oncle est une attitude active. »

L'autonomie, c'est travailler pour soi, quel que soit son employeur. Rappelez-vous que si vous avez la mentalité d'un esclave, vous échouerez à tous les coups, *même si vous êtes l'esclave favori*. Vous devez toujours être votre propre patron quels que soient votre employeur et la satisfaction que lui apporte votre travail. Cela ne signifie pas que vous ne devez pas faire ce qu'il vous demande. Vous le ferez *pour vous-même* parce que vous souhaitez progresser le plus possible. Et vous ferez encore plus.

Plus ? Oui, j'ai bien dit cela.

Si vous êtes un athlète doué et si vous avez un bon entraîneur, vous l'écoutez avec respect. Pas parce qu'il est le patron mais parce que *vous* l'êtes. Réfléchissez à cela. Si vous êtes un bon coureur, vous ne cherchez pas à décrocher un 20/20 en gym. Vous voulez devenir très bon. Après tout, votre entraîneur ne gagnera aucune médaille. Vous, si.

C'est pourquoi il n'y a rien de plus stupide que de se montrer amer.

La rancœur est une attitude faible qui abaisse l'estime que vous vous portez.

C'est le piège le plus banal. Vous vous surprenez à penser : « Je ne veux pas m'impliquer dans ce travail parce qu'il me rend amer. Je ferai le juste minimum pour ne pas m'attirer d'ennuis. »

Quelle perte de temps précieux ! Cela signifie en plus que vous êtes coincé dans une lutte intime avec quelqu'un ou avec une tâche que vous n'aimez même pas. Vous êtes en terre étrangère, et vous ne faites que passer. Les voyages ouvrent l'esprit. Ne laissez pas un moment désagréable gâcher le vôtre.

Et si on continue à vous donner les mêmes missions épouvantables parce que vous avez suivi mes conseils et que vous avez fait du très bon travail ? C'est probablement ce qui se passera. Et vous devrez alors dire : « Je serais ravi de montrer à quelqu'un d'autre comment réaliser ce projet parce que j'aimerais continuer à acquérir des connaissances nouvelles. Pourriez-vous me confier autre chose ? » Et si on vous répond non, dites au revoir.

Cela vous paraît arrogant ? Les bonnes entreprises savent qu'elles ne pourront garder leurs bons éléments que si elles leur proposent des défis, croyez-moi. Vous ne faites que leur rappeler quelque chose qu'elles n'auraient pas dû oublier.

Avez-vous déjà entendu l'expression « prendre le mors aux dents » ? Cela se produit lorsqu'un cheval, lassé d'être dirigé, coince le mors entre ses dents et se met à courir deux fois plus vite que ne le veut son cavalier, dans la direction que celui-ci lui a indiquée. C'est exactement ce que vous allez faire. Cela veut dire que votre travail ne vous rendra jamais amer. Au contraire, vous vous y impliquerez à fond. *Et s'il* ne s'améliore pas, vous le quitterez.

3. *Devenez journaliste économique aux* Échos

Pour ne pas oublier pourquoi vous avez accepté ce « mauvais » job, devenez journaliste amateur. Apprenez tout ce qui touche au domaine dans lequel vous travaillez temporairement et découvrez la place qu'occupe votre entreprise dans cet univers. Vous développerez ainsi votre sens de l'observation et vous acquerrez une excellente formation qu'aucune école ne pourrait vous apporter. Que ferez-vous de tout cela ? Ne vous inquiétez pas. Les informations, c'est comme l'argent. Tôt ou tard, vous saurez comment les utiliser.

4. *Écrivez un roman.*

Notre lieu de travail est parfois tellement déplaisant que nous ne pouvons pas nous empêcher de regarder l'heure toute la journée. C'est dommage de gaspiller son temps ainsi. Si vous vous trouvez dans ce cas, vous avez deux solutions : *souffrir ou créer.*

Avant qu'il ne soit temps pour vous de quitter ce job, devenez créatif ! Cela vous procurera du plaisir et vous apprendrez quelque chose par la même occasion.

Commencez à prendre des notes pour écrire un roman ou un scénario. Relevez ce que disent les gens, comment ils se comportent, à quoi ils ressemblent, comment ils se traitent mutuellement. Vous n'avez pas besoin d'une intrigue pour l'instant. Saisissez des fragments, des moments, des impressions.

Cela n'est pas seulement une bonne technique de distanciation, c'est aussi une merveilleuse catharsis. Vous pourrez liquider toute votre frustration en notant les choses stupides ou injustes dont vous serez témoin. Vous vous surprendrez à vous délecter des querelles terribles ou des remarques que vous aurez entendues. Vous commencerez à entrevoir la manière subtile dont la politique de la direction est appliquée, et comment les cadres supérieurs la manipulent en fonction de leurs intérêts. Vous pourriez très bien un jour écrire un roman ou film.

Alan était un jeune avocat très malheureux parce qu'il était obligé de rester au moins un an dans l'entreprise qui venait de l'embaucher. Désespéré, il s'était mis à rédiger un roman et l'ennui avait disparu. « Les discussions fastidieuses se sont transformées en dialogues, m'a-t-il dit en souriant. J'ai observé l'entrée de l'immeuble chaque matin et j'ai remarqué une espèce de marbre jaune qui encadrait des portes en verre épais. J'ai développé par écrit ce qu'elles évoquaient pour moi : les portes de l'enfer. C'est comme cela que j'ai commencé, et je suis assez content de mon histoire ! »

Permettez-moi de résumer ce que vous devez faire dans votre « mauvais » job :
— prévoir votre soirée pour la « quille »,
— travailler pour vous,
— devenir journaliste économique aux *Échos*,
— écrire un roman ou un scénario et
— vous rappeler d'écrire dans votre carnet d'autonomie.

Si vous faites tout cela consciencieusement, vous verrez que le temps que vous passerez dans n'importe quel « mauvais » job vous sera plus précieux que vous n'auriez jamais pu l'imaginer.

Je vous le promets.

Que ferez-vous après avoir quitté votre « mauvais » job ? Vous en aurez appris beaucoup plus sur ce que vous aimez et n'aimez pas qu'à l'école. Vous aurez aussi rencontré de nombreuses personnes et acquis une bonne réputation dans le travail. Vous saurez peut-être désormais ce que vous voulez et à qui vous adresser.

Et dans le cas contraire ? Essayez un autre « mauvais » job dans un domaine qui vous intéresse et recommencez. Vous aurez peut-être un C.V. un peu baroque mais cela témoignera de la variété de vos centres d'intérêt et de vos capacités. Ne laissez personne vous déstabiliser à ce sujet. Répondez simplement : « On n'a jamais fini d'apprendre. Je change de job pour accroître mes capacités. »

Les temps ont évolué. L'emploi à vie au sein de la même entreprise appartient à une époque révolue. La plupart d'entre nous changeront de métier *et* de domaine d'activité plusieurs fois au cours de leur carrière. Votre C.V. bizarre ne paraîtra plus aussi bizarre que ça après tout.

Et puis, à force, vous pourriez très bien tomber sur le bon job ! Si vous continuez à vous diriger vers des activités qui vous semblent intéressantes, et si votre employeur vous laisse apprendre de nouvelles choses, vous découvrirez peut-être une niche qui vous conviendra parfaitement.

Admettez simplement que vous avez le droit de ne pas savoir ce que vous voulez pour l'instant. C'est d'ailleurs probablement très bien comme ça. Parce que je suis convaincue que vous risquez de choisir un but trop tôt, avant d'en savoir suffisamment sur vous-même et sur le monde.

Deux mots sur les objectifs :
Notre culture aime tellement les buts que nous essayons de nous en fixer, même si nous ne disposons d'aucune information. S'il vous est trop difficile de suivre mon conseil et de travailler sans direction précise, si vous éprouvez le besoin d'avoir un objectif, vous pouvez agir même si vous n'avez pas d'informations : fixez-vous un objectif de travail.

Je m'explique : un « objectif de travail » est un objectif qui sera probablement modifié. C'est comme le titre provisoire d'un livre ou d'un film. On donne un nom à ce que l'on fait, même s'il n'est pas exact, pour pouvoir écrire et quand on a terminé, on en change. Cela marche aussi pour les carrières. Fixez-vous simplement un but – directeur, représentant, styliste – et élaborez un plan pour l'atteindre. (Autant choisir quelque chose qui vous plaise parce que vous allez en apprendre beaucoup à son sujet.) Suivez ensuite ce plan jusqu'à ce que vous découvriez quelque chose de plus intéressant. Je connais un couple qui a commencé par étudier la musicologie. Il a rencontré des musiciens africains et a fini par enseigner l'anglais au Mozambique, ce qui lui procure beaucoup de plaisir.

Tout l'intérêt des buts, c'est qu'ils vous poussent à agir. *Et c'est ainsi que des accidents heureux se produisent.*

On peut aussi se fixer une direction sans aucun but ni projet.

Comment ?

Suivez simplement votre intuition.

Dirigez-vous *vers* tout ce qui vous intéresse et fuyez tout ce qui vous ennuie, même si vous ne savez pas pourquoi ! Comme une plante se tourne vers le soleil, vous vous surprendrez à vous tourner vers ce que vous aimez. Vous adorez les animaux ? Trouvez un moyen de travailler avec eux à n'importe quel niveau et pensez aux cinq exercices à faire dans votre « mauvais job » dont je vous ai parlé plus haut ! Vous pourriez très bien vous retrouver à Hawaii en train d'élever des gorilles. C'est arrivé à d'autres.

Vos centres d'intérêt sont des indicateurs infaillibles de vos talents. Vous ne les connaissez pas tous car vous ne les avez pas encore découverts. Mais si vous respectez votre curiosité, vous vous trouverez de nouveaux talents dans tous les jobs que vous occuperez.

Qu'est-ce que cela signifie ? La vie vous pousse plus vite que vous ne le souhaitez et il faudra bien un jour ou l'autre que vous vous mettiez à bouger, alors autant vous lancer dès maintenant. Si vous vous sentez perdu, relisez ce chapitre et vous vous rappellerez qui vous êtes et où vous vous trouvez.

Ce que vous êtes en train de faire est plus grand que votre carrière. Pour apprendre à vivre dans notre univers, on ne peut pas passer son temps à contempler son nombril. On doit s'engager dans une activité sérieuse. Le travail est un moyen d'apprendre qui on est. Si votre itinéraire personnel nécessite que vous développiez vos muscles, vous pourrez le faire dans le cadre de votre travail. Si vous devez devenir organisé, vous pourrez l'apprendre là aussi. Il vous enseignera quand vous pouvez dire ce que vous pensez et quand vous devez vous taire.

Il y aura peut-être des moments dans votre vie où savoir travailler pourra vous sauver. Ce sera votre havre de paix dans les temps d'incertitude ou de doute, comme ceux que vous traversez aujourd'hui.

10

Réorganiser sa vie : une tout autre histoire

Vous n'avez pas la moindre idée de ce que vous voulez parce que votre vie vient juste de changer radicalement.

Je parie qu'au cours de toutes ces années pendant lesquelles vous avez construit votre vie pas à pas – famille, travail, maison, finances – vous n'avez jamais songé qu'un beau jour vous devriez tout recommencer à zéro. Comme la plupart d'entre nous, vous croyiez qu'après avoir rempli votre contrat et mis la machine en marche vous pourriez vous croiser les bras et laisser les choses aller tranquillement : votre famille, votre travail, votre maison et vos finances tourneraient tout seuls.

Je ne sais pas d'où vient *cette* idée.

Le changement n'est pas seulement probable, il est inévitable.

Vous êtes licencié et tout s'écroule autour de vous ; ou bien vos enfants grandissent et quittent la maison (non seulement ils vous manquent mais vous avez perdu votre boulot de père). Ou bien vous prenez votre retraite (en imaginant que vous allez être en vacances pour le restant de vos jours, sauf que vous ne le supportez pas, ou que vos finances ne vous le permettent pas). Ou bien vous voilà divorcé, veuf à moins que votre conjoint ne tombe gravement malade. Il se peut aussi que vous soyez devenu parent isolé : vous essayez d'être un père et une mère à la fois, de tenir la maison et vous êtes la seule source de revenu de la famille avec deux fois plus de responsabilités, et la moitié des ressources auxquelles vous étiez habitué.

Cela, vous ne l'aviez pas prévu, alors vous devez vous réorganiser comme le ferait un général d'armée confronté à l'imprévu et à un changement complet des opérations.

Il existe une foule de situations qui demandent une totale réorganisation. Même un bonheur imprévu constitue un changement troublant. Mon ami Barney était complètement désemparé lorsqu'il a hérité d'un peu d'argent. Il n'était pas devenu riche, mais de nouvelles possibilités s'offraient soudain à lui. Il m'a dit : « Je ne sais pas quoi faire ni comment procéder. Voyager jusqu'à ce qu'il ne me reste plus rien ? Ou continuer à travailler pour pouvoir acheter un appartement ? Ou investir puis démissionner pour vivre très modestement des intérêts de cet héritage ? Si j'agis *ainsi*, comment vais-je m'occuper ensuite ? Je devrais peut-être me servir de cet argent pour monter ma boîte. Et si je me casse la figure et que je me retrouve au point de départ ? »

Si vous pensez que vous aimeriez avoir le même genre de problème que Barney, réfléchissez deux secondes.

Vous avez exactement le même.

Si votre vie a soudainement changé, *vous aussi vous avez reçu un héritage*. C'est peut-être un désastre à vos yeux, mais réfléchissez à votre situation pendant un moment. Vous avez tout d'un coup une foule de possibilités nouvelles qui s'offrent à vous, en deux mots *une deuxième vie*.

Et vous avez le même dilemme que Barney : vous n'avez pas la moindre idée de la façon dont vous allez la construire.

LORRAINE, quarante-trois ans : « Je n'ai jamais réfléchi à ma vie. J'ai toujours travaillé et aidé ma famille. Dès que j'ai arrêté l'école, j'ai trouvé un emploi dans l'automobile que j'ai conservé jusqu'à maintenant. Mais le secteur est aujourd'hui sinistré. Je vais peut-être devoir quitter cette région et faire quelque chose de nouveau, mais je n'arrive pas à imaginer ce que *je* veux. »

Rachel, cinquante-cinq ans : « Je suis une mère de famille typique. Je me suis occupée de mes enfants pendant trente ans à plein temps ! Je suis désormais prête à m'investir dans quelque chose qui me plaise, mais je n'ai pas la moindre idée de ce que cela pourrait être. En plus, je n'ai reçu aucune formation. Par où dois-je commencer ? »

LES SENTIMENTS D'ABORD

Que ressentez-vous ?

Vous venez d'être débarqué dans un pays inconnu sans cérémonie. Quelle que soit la vie que vous venez de quitter (bonne ou mauvaise), un tel changement constitue un choc énorme pour le système nerveux. La seule chose dont vous soyez pour l'instant capable est de regarder avec effroi le navire qui vous a déposé faire demi-tour et s'éloigner. La perte d'une manière de vivre qui vous était familière est l'une des plus difficiles qui soient.

Les mots ne changeront rien à votre consternation, mais *vous devez découvrir un moyen d'éviter de vous enliser*. Lorsque vous avez peur, ou que vous n'êtes pas sûr de la prochaine étape, vous risquez d'être envahi par un sentiment de perte. Bien qu'il soit normal d'éprouver de la tristesse dans de pareilles circonstances, il est essentiel que vous trouviez un moyen de ne pas vous laisser écraser par elle. Si vous savez quoi faire des sentiments hors de contrôle, votre esprit restera calme et clair.

Laissez-moi vous suggérer des méthodes qui pourraient vous aider.

Méthode 1 : Vous savez toujours ce que vous ressentez mais vous pensez qu'il n'est pas bien de se plaindre

Plaignez-vous quand même.

Chaque fois que je vis une transition importante, je m'efforce de geindre et de me plaindre parce que j'ai plus peur en réalité que je ne veux l'admettre. Alors je m'oblige à l'admettre. Haut et fort. (Ou bien j'écris dans mon cahier spécial réservé aux Moments Difficiles.) Je m'isole et je m'autorise à céder à la panique : « Si je n'arrive pas à me construire rapidement une nouvelle vie, je vais me retrouver toute seule ! Je finirai sur le pavé sans un sou ! Je deviendrai folle ! »

Lorsque vous êtes dans cet état d'esprit, tous les discours optimistes sur cette merveilleuse opportunité qui s'offre à vous vous semblent un tissu de conneries. Vous n'*avez pas le sentiment* qu'il s'agit là d'une grande chance pour vous ; nous parlons ici de sentiments, pas de faits.

Méthode 2 : Si vous avez tendance à refouler vos sentiments...

Souvent vous ne savez pas ce que vous ressentez. Vous êtes las ou tendu, c'est tout. Cela veut dire que vous avez l'habitude de gérer les problèmes en réprimant vos émotions et en vous plongeant dans l'action. *Mais vous ne devez pas ignorer vos sentiments simplement parce que vous savez les contrôler. S'ils commencent à s'accumuler, vous risquez de sombrer dans la panique.* Si vous vous surprenez en train de « péter les plombs », c'est qu'il est grand temps de consulter vos sentiments.

Pour accéder à ceux-ci, il faudra que vous vous réserviez une plage de temps personnelle afin de prendre votre pouls émotionnel. Je pars par exemple en promenade dans la matinée parce que c'est le moment où mes sentiments me sont le plus accessibles. Si je me sens négative, je mets mon stoïcisme de côté et je m'autorise à évoquer toutes les pensées négatives qui flottent dans un coin de ma tête. Je pense au temps qui passe si vite, aux personnes que j'aime et qui toutes vieillissent, aux choses qui ne se sont pas déroulées comme je l'espérais. Dans ces promenades matinales, je m'offre une pitié bien méritée. Puis, je pars à la recherche de sentiments particuliers.

Passer en revue la liste des quatre sentiments de base l'un après l'autre vous aidera à vous situer psychologiquement. Réfléchissez et posez-vous la question suivante : est-ce que je me sens heureux ? Suis-je en colère ? Triste ? Est-ce que j'ai peur ? Laissez-vous aller et soyez reconnaissant envers les larmes ou les soupirs qui surgiront. Ils expriment des sentiments refoulés qui risqueraient, s'ils ne sortaient pas, de troubler votre vision de l'existence.

Rappelez-vous ceci : *vous n'avez pas à avoir peur de vos sentiments*. Les sentiments sont temporaires. Les exprimer ne peut que vous être bénéfique. Quand vous prendrez conscience de ce que vous ressentez, et que vous laisserez échapper quelques « aïe », une chose très agréable se produira : vos sentiments commenceront à changer. Le bloc de glace qui pesait sur votre poitrine parce que vous aviez peur se transformera en léger brouillard puis disparaîtra. La douleur deviendra moins intense et se muera en une tristesse légère tout à fait supportable. La colère se transformera en sourire ou en détermination sereine. De nombreux sentiments pénibles disparaîtront totalement.

Lorsque vous aurez donné libre cours à tous les sentiments enfouis au fond de vous, vous pourrez vous détendre et les laisser s'évaporer. Vous aurez accompli votre exercice émotionnel, et le restant de votre journée s'en trouvera embelli.

Si vous traversez une situation particulièrement difficile, vous aurez bien sûr à prendre contact avec vos sentiments plus souvent et parfois plus longtemps. Si vous avez, par exemple, lutté contre une maladie grave, ou si un proche a éprouvé des problèmes de santé ou des difficultés financières, il faudra que vous vous accordiez un espace *assez vaste* pour ressentir et exprimer la douleur que vous êtes en train de vivre. *C'est pour cela que la nature nous a donné des sentiments :* pour nous aider à analyser les chocs de la vie. *Lorsque nous prenons un choc, nous le déchargeons à travers nos sentiments.* C'est l'un des cadeaux que la nature nous a faits pour nous aider à traverser les moments difficiles. Réprimer ses sentiments n'est pas sain et, tôt ou tard, on en paie le prix. Évacuez-les et vous serez en forme pour attaquer le restant de la journée.

Méthode 3 : Si vous sombrez dans un bourbier de sentiments négatifs...

Si les sentiments négatifs s'incrustent après que vous leur avez donné l'occasion de s'échapper, ou s'ils réapparaissent malgré vous, *refusez-leur l'hospitalité* ! Je connais une vieille dame intelligente de quatre-vingts ans qui dit à ses amis quand ils deviennent trop compréhensifs : « Je n'ai le cafard que le mardi. Changeons de sujet ! »

Laisser des sentiments négatifs vous envahir trop longtemps peut obscurcir votre jugement. Quand on est déprimé, le bonheur paraît ridiculement myope ! Nous prenons la longue-vue pour remonter très loin dans le passé et nous projeter très loin dans l'avenir. Nous ressassons des pensées du genre : « Qu'est-ce que tout ça veut dire ? » Il est difficile de se rappeler dans ces moments-là que notre vision de la réalité n'est pas exacte. Quel que soit, en apparence, le bien-fondé de celle-ci, en particulier si votre existence entière a été bouleversée, n'oubliez pas que *le désespoir et l'amertume sont toujours le fruit d'une vision brouillée*. Vous ne pouvez pas ignorer les sentiments douloureux. Vous pouvez, en revanche, limiter leurs heures de visite et décider que le temps qui leur était imparti est écoulé pour aujourd'hui. Vous vous en occuperez à nouveau demain.

Plus facile à dire qu'à faire ? Utilisez votre sens de l'humour. Je pense que la persistance de sentiments pénibles a poussé les humains à inventer des blagues. L'une des histoires les plus drôles est celle de *Gargantua* et de *Pantagruel,* écrite par Rabelais pour remonter le moral de ses malades. Mon fils Matthew affirme que le film des Marx Brothers intitulé *Duck Soup* est un remède souverain. Les recherches médicales de Norman Cousins confirment cette thèse : le rire peut vous projeter hors du trou dans lequel vous avez glissé.

Préparez-vous chaque soir une bonne journée pour le lendemain.

Avant de vous endormir, réunissez en pensée tous vos alliés autour de vous. Cette technique, employée par les Indiens d'Amérique, peut exercer un puissant effet sur votre humeur du lendemain. Appelez ainsi tous ceux qui sont, ou ont été, de vrais amis, et imaginez qu'ils ou elles veillent sur vous pendant votre sommeil. Cela vous rappellera qu'on vous aime et qu'on vous estime, et vous dormirez en éprouvant une impression de sécurité et de chaleur. Vous vous réveillerez en pleine forme. Il se passera peut-être deux mardis avant que vous ayez à nouveau besoin de broyer du noir !

LE CHANGEMENT VOUS FERA DU BIEN

Quand vous aurez dit au revoir à votre bateau en pleurant la perte que vous avez subie, viendra le temps *de vous retourner et de regarder la terre sur laquelle vous venez de débarquer. Vous êtes un étranger,* mais vous avez déjà su vous débrouiller en territoire inconnu et vous avez survécu. Un tel changement s'est produit chaque fois que vous êtes passé d'une école où vous étiez

« un grand » à une autre où vous deveniez un petit bleu. Après le lycée, vous êtes entré à l'université, à moins que vous n'ayez commencé à travailler, et dans les deux cas, vous étiez à nouveau un débutant. Vous avez donc déjà éprouvé ces sentiments d'appréhension et d'incertitude puisque vous avez été un débutant à maintes reprises. Cela nous arrive plusieurs fois au cours de notre vie. Maintenant que nous vivons plus longtemps et que notre société bouge rapidement, chaque génération peut s'attendre à devoir opérer des virages à 180 degrés plus souvent que la précédente. Une recherche menée en 1990 a ainsi montré que les diplômés de l'université occuperaient *dix à vingt emplois différents qu'ils exerceraient dans trois à cinq domaines distincts au cours de leur vie professionnelle.*

Chaque changement est désagréable, mais il fait partie de la vie, et vous avez déjà prouvé que vous étiez capable d'y faire face.

COMMENT TROUVER VOTRE CHEMIN SUR CETTE NOUVELLE TERRE

Je vais d'abord vous demander de vous rappeler qui vous êtes et ce que vous aimez. Il se peut que vous n'ayez pas réfléchi à cela depuis longtemps mais tant que vous n'aurez pas repris contact avec vous-même, avec vos capacités et vos talents innés, vous ne serez pas en mesure de prendre de bonnes décisions pour la suite de votre existence.

Découvrir ce que vous voulez vraiment vient en premier. Ensuite, vous verrez ce qui est possible. Avec cela en tête, vous serez en mesure de choisir une direction, et de concevoir un objectif.

Et ne pensez pas qu'il est trop tard pour réaliser vos rêves. Je n'ai jamais encore rencontré quelqu'un n'ayant pu accomplir ce qu'il désirait alors qu'il s'y était attelé sur-le-champ. Une de mes amies, qui vient juste de s'inscrire à un cours de danse de salon, m'a dit cette chose simple et profonde : on peut tout apprendre à n'importe quel moment de son existence *si l'on accepte l'idée d'être débutant*. Si vous apprenez à aimer être débutant, le monde s'ouvrira à vous.

Alors, entreprenons de découvrir ce que vous voulez !

PREMIÈRE DIRECTION : POUR CEUX QUI ONT DE L'IMAGINATION

Si vous avez de l'imagination, il vous sera facile et amusant de découvrir ce que vous voulez vraiment.

Exercice 1 : Voyage dans votre fauteuil

C'est très sérieux ! Asseyez-vous dans un fauteuil confortable. Puis, une feuille de papier et un crayon en main, apprêtez-vous à passer un petit test. Vous allez rêvasser. (N'oubliez pas de répondre aussi aux questions commençant par « pourquoi ».)

1. Avec quelle personne au monde voudriez-vous passer une journée ? Pourquoi ?
2. Quelle personne célèbre souhaiteriez-vous être pendant une journée ? Pourquoi ?
3. Quel animal aimeriez-vous être pendant une journée ? Pourquoi ?
4. Quelle époque et quel lieu de l'histoire voudriez-vous visiter ? Pourquoi ?

Voici les réponses d'autres personnes :

RACHEL, la femme au foyer de cinquante-cinq ans : « Je voudrais passer une journée avec Amelia Earhart[1].

---

[1]. Amelia Earhart (1897-1937), aviatrice américaine, première femme à avoir traversé seule l'océan Atlantique. Elle s'est écrasée dans l'océan Pacifique en 1937. *(N.d.T.)*

Pourquoi ? Parce que je voudrais savoir comment elle a su qu'elle voulait voler. Quelle personne célèbre je voudrais être ? L'astronaute Neil Armstrong. J'aimerais être la première à accomplir quelque chose que personne ne croyait réalisable.

Le genre d'animal que je souhaiterais être ? Un animal sauvage, pas un chien ou un chat, pas un animal domestique. L'époque, ou les lieux historiques, que j'aimerais visiter seraient les mers du Sud avant qu'elles n'aient été conquises par le reste du monde, quand elles étaient encore pures, que les peuples vivaient de la pêche dans leur village et faisaient les choses comme ils l'entendaient. »

Gardez précieusement vos réponses à cet exercice. Elles vont vous conduire tout droit à votre but.

SECONDE DIRECTION : POUR CEUX QUI N'ONT PAS D'IMAGINATION

Quelques personnes, au cours de mes ateliers, lèvent la main pour dire qu'elles n'ont pas d'imagination. Elles aiment penser à leurs loisirs, comme la pêche ou les sports, mais elles ne sont pas du tout habituées à rêver.

Nombre d'entre elles s'y refusent et me disent que ces sottises ne les intéressent pas parce qu'elles ont d'autres chats à fouetter. Et elles ont raison.

En tout cas, elles *avaient* raison.

Elles ont toute leur vie accompli leurs obligations et n'ont jamais pris la peine d'imaginer d'autres modes d'existence parce qu'elles ne s'attendaient pas à avoir un jour la possibilité de choisir.

Si vous êtes comme elles, vous possédez deux trésors qui vous aideront à découvrir ce que vous voulez faire. Le premier, c'est votre mémoire ; le second est votre capacité d'améliorer ce qui existe déjà sans avoir à imaginer ce qui n'existe pas.

Allons d'abord puiser dans votre mémoire.

Je voudrais que vous essayiez de vous rappeler certaines choses que vous aimiez faire à différents moments de votre vie.

Exercice 2 : Qu'aimiez-vous faire à cinq ans, à dix ans, à quinze ans, etc. ?

Quelles sont les activités que vous aimiez faire à chacun de ces âges ? Notez tout ce qui vous vient à l'esprit.

Voici ce que j'ai écrit :

À cinq ans, j'aimais lire des livres d'images et regarder la neige tomber par la fenêtre.

À dix ans, j'aimais me promener à travers champs à bicyclette, chanter des chansons et lire.

À quinze ans, j'aimais faire des tours en voiture avec mes amis et écrire mon journal.

À vingt ans, j'aimais lire et marcher sur la plage.

À vingt-cinq ans, j'aimais emmener mon bébé faire de longues balades en voiture et écrire de la poésie.

À trente ans, j'aimais aller à mon cours de théâtre et imaginer que j'étais très belle, que l'on m'admirait et que je vivais à Londres.

À trente-cinq ans, j'aimais lire et écrire mon journal, et regarder le temps changer à la campagne.

Conservez soigneusement la feuille sur laquelle vous avez écrit ce que vous aimiez faire à chaque âge. Ces joies de l'enfance pourront vous montrer la voie vers un avenir heureux.

Utilisons maintenant votre deuxième trésor, votre capacité d'améliorer ce qui existe déjà, pour voir quelles informations vous pouvez découvrir sur ce que vous aimez.

Exercice 3 : Qu'aimez-vous faire aujourd'hui ?

Qu'appréciez-vous le plus aujourd'hui ? *Notez tout ce qui vous fait plaisir sur une feuille de papier*, y compris les petits détails comme « J'aime prendre une tasse de thé et des toasts à quatre heures » ou « J'adore retrouver une chaussure égarée au fond d'un placard quand personne n'arrivait à mettre la main dessus ».

Lorsque vous aurez terminé, vous devriez avoir en main une longue liste de choses apparemment ordinaires que vous aimez accomplir dans votre vie quotidienne.

Conservez-la soigneusement parce que vous allez bientôt l'utiliser. Je voudrais pour l'instant vous rappeler d'où nous sommes partis : vous êtes une personne qui ne savait pas ce qu'elle voulait, d'accord ?

Voyez la multitude de choses que vous aimez faire !

Je voudrais que vous réfléchissiez maintenant à ce que vous *détestez* parce que c'est tout aussi important.

Exercice 4 : Ce que vous détestez faire

Lorsque vous construisez votre avenir, il est essentiel que vous preniez très au sérieux la liste des choses que vous détestez faire. *Il est impératif que vous les écartiez de tous vos projets futurs !*

Nous pouvons tous tolérer une certaine dose de frustration afin d'obtenir ce que nous voulons dans un deuxième temps. Heureusement, car les routes qui mènent à nos objectifs sont toujours tortueuses. Mais ne laissez pas ce que vous détestez prendre une place permanente dans votre dessein. Nous sommes parfois tellement habitués à en baver et à accomplir nos obligations, que nous oublions qu'il est possible de mener une vie faite de tout ce que nous aimons le plus. Quels sont vos goûts et vos préférences ? Si vous n'aimez pas passer beaucoup de temps avec vos cousins, ne projetez pas de rencontre ! Si vous n'aimez pas tenir une comptabilité et être un patron, *ne le faites pas* !

Tenter des activités qui ne vous plaisent pas peut être un bon exercice, mais rappelez-vous que *vos dons les plus précieux ne se manifesteront que lorsque vous ferez ce que vous aimez*. Vous investir à fond dedans, loin d'être égoïste, est aussi intelligent que de planter des fleurs dans une terre riche plutôt qu'au milieu des cailloux.

L'un des moyens les plus sûrs pour découvrir ce que vous aimez vraiment est de supprimer toutes les choses que vous détestez telles des mauvaises herbes. Par exemple : la paperasserie, les réglementations, un emploi du temps trop serré ou trop lâche. Alors, prenez un crayon et dressez la liste des vingt choses que vous détestez le plus. Je voudrais ensuite que vous réduisiez votre liste aux trois activités que vous détestez par-dessus tout.

Lorsque vous aurez ainsi épuré votre liste, *écrivez quel est l'exact opposé de ces trois activités détestées*. Si vous avez par exemple noté « faire le ménage », écrivez ce que vous feriez si vous n'aviez plus jamais à vous occuper du ménage : Vous deviendriez champion de tennis ? Vous composeriez des poèmes ? Vous monteriez votre société ou vous flemmarderiez tout simplement ? Si vous avez écrit que vous détestiez recevoir des ordres, l'opposé de cela pourrait être d'en donner ou de devenir votre propre patron.

TROUVER VOTRE PIERRE DE TOUCHE

Assis dans votre fauteuil, vous avez imaginé des souhaits ou recueilli toutes les choses nécessaires à votre « reconstruction ». Vous avez en main des feuillets remplis où figurent toutes vos rêveries, vos préférences, vos rôles et activités favoris. Je voudrais que vous étaliez toutes ces feuilles de papier sur une table et que vous les regardiez. *La clé du mystère se trouve quelque part dans ces pages !* Vous pensez peut-être que vous avez écrit des sottises, que vos rêves sont impossibles à réaliser, que vous avez décrit des activités que vous ne voulez plus poursuivre. Mais vous pourrez quand même vous construire un avenir à partir de tout cela. *Vous devez simplement découvrir ce qui se trouve au cœur de ce que vous aimez.* Vous aurez alors trouvé votre pierre de touche.

Votre pierre de touche est l'essence de toutes les choses que vous voulez, ce qui vous attire le plus en elles.

Toutes les activités qui reviennent dans vos rêveries, toutes celles que vous avez poursuivies depuis l'enfance, tout ce qui a survécu aux coupes que vous avez faites à vos listes sont des indices précieux permettant d'identifier votre pierre de touche.

Voici ce que j'ai constaté en reprenant la liste de tout ce que j'aimais depuis mon enfance.

Les répétitions étaient parfois évidentes : partout il est écrit que j'aimais lire. D'autres fois, c'était plus subtil : j'aimais « me promener à bicyclette » à dix ans, « faire des tours en voiture » à quinze, « marcher sur la plage » à vingt ans. Les rêveries sur Londres à trente ans et l'idée de passer du temps à la campagne à trente-cinq m'ont rappelé ma passion des voyages et mon goût pour la lecture et l'écriture.

Un déclic s'est soudain produit dans ma tête ! Je pourrais écrire sur les voyages ! J'ai mis cette idée à l'épreuve en prenant des notes chaque fois que j'allais quelque part pour mes affaires ou à la campagne en week-end, et même lorsque je me rendais en ville. J'ai ainsi découvert que j'*adorais* écrire y compris sur des lieux qui m'étaient très familiers. Voilà le projet dont j'avais besoin pour rendre les voyages amusants !

Alors soyez très attentif à ce que vous avez dit dans votre exercice de remémoration.

Vous vous rappelez Rachel, la femme au foyer de cinquante-cinq ans qui voulait être Neil Armstrong ? Elle aimait l'aventure et le courage, ce qui transparaissait dans son envie d'être un animal sauvage et non un animal domestique. Elle adorait aussi les mers du Sud. Les choix de Rachel s'expriment clairement et lui disent qu'elle étouffe et qu'elle a le sentiment de ne pas s'être réalisée. Tant qu'elle n'aura pas vécu sa « grande aventure », elle éprouvera de la difficulté à prendre une décision pour son avenir. Elle devrait, quoi qu'il en soit, commencer doucement à s'y mettre. Des vacances sur une petite île du Pacifique ou même un guide de voyage avec de splendides photographies pourraient constituer un bon point de départ.

Et si vous aimez quelque chose que vous ne pouvez ou ne *voulez* plus faire ? Ce n'est pas un problème, parce qu'une fois que vous aurez découvert votre pierre de touche, vous pourrez échafauder une dizaine d'objectifs autour de ce thème !

Même si vous avez imaginé, ou si vous aimez, une activité que vous ne pouvez plus faire – être un nageur de compétition, par exemple –, demandez-vous ce que vous aimiez le plus dans la natation de compétition. Était-ce la fièvre qui entourait la course ? La possibilité d'être le meilleur dans un domaine ? Était-ce avoir un but que tout le monde comprenait et qui inspirait le respect ? Ou aimiez-vous avoir une bonne excuse pour aller nager des heures chaque jour ?

Chacune de ces raisons – ainsi que toutes celles auxquelles je n'ai pas pensé – peuvent être au cœur du nouveau but que vous vous créerez. Découvrez votre pierre de touche *puis ne vous en occupez plus pendant un moment*. Savoir quelles sont vos préférences changera votre manière d'envisager toute votre vie. Vous aurez besoin de cela lorsque nous entamerons l'étape suivante qui sera probablement la plus importante de toutes celles que vous entreprendrez.

ET LES OBSTACLES ?

Les obstacles réels.

Il y en a toujours au moins un ou deux. Vous n'aurez peut-être pas le temps, l'argent, les titres, le savoir-faire ou les relations vous permettant de réaliser votre désir. Vous pourriez me dire que vous ne vous accrochez jamais assez ou que vous manquez d'assurance pour sauter à pieds joints dans une nouvelle vie.

Je vais maintenant vous faire une suggestion qui pourrait changer votre vision de ce qui est possible en ce monde et vous aider à surmonter tous les obstacles. C'est la clé du succès :

Votre propre Équipe de Réussite.

L'isolement est l'assassin des rêves. Votre patron vous oblige à venir travailler, votre professeur à faire vos devoirs et votre famille à gagner votre croûte. Mais personne ne vous obligera jamais à réaliser vos rêves. Tout le monde se fiche complètement que vous n'écriviez jamais votre roman, que vous ne partiez jamais pour l'Amérique du Sud ou que vous n'appreniez jamais à jouer de la guitare. Alors personne ne vous poussera à faire tout cela. C'est pourquoi trop souvent vos rêves ne se réalisent pas.

Je ne crois pas que l'on ait toute l'énergie et la force de caractère nécessaires pour se pousser tout seul. Moi, je ne l'ai pas. Non seulement je ne m'accroche pas quand c'est difficile, mais en plus j'oublie en quelques jours l'objectif que je m'étais fixé. C'est la raison pour laquelle j'ai créé la première Équipe de Réussite en 1976 avec tous mes amis. Voici ce que je leur ai proposé : « Dites-moi quels sont vos souhaits et je vous dirai quels sont les miens. Je vous aiderai et vous harcèlerai tant que vous n'aurez pas réalisé votre rêve, et vous m'aiderez et me harcèlerez tant que je n'aurai pas réalisé le mien. » Une Équipe de Réussite n'est qu'un

« système-pote » dans lequel tout le monde s'entraide pour que les rêves de chacun deviennent réalité.

Je n'ai pas eu beaucoup d'idées qui m'aient rendue aussi fière de moi que celle-ci. C'est pourtant tellement simple !

Lorsqu'on recommence sa vie à zéro, on a plus que jamais besoin de soutien.

Comment arriverez-vous à vous secouer pour accomplir tout ce que vous devez réaliser ? Cela ne sera pas nécessaire. Votre équipe le fera pour vous.

Qu'il s'agisse de vos devoirs, de nettoyer des placards ou de trouver le meilleur avocat, il vous faut deux choses : du soutien et des informations. Une équipe vous donnera tout cela plus vite et mieux que vous ne le feriez tout seul. Votre équipe prendra des parts dans votre rêve un peu comme des actionnaires. Elle voudra que vous le réalisiez.

C'est un univers tout nouveau pour vous. La volonté de fer, l'autodiscipline douloureuse, c'est terminé ! Au contraire, vous voilà entouré de personnes solides, chaleureuses, patientes et consciencieuses qui veillent sur vous et qui finissent ce qu'elles ont entrepris parce qu'elles vous aiment. Ce n'est pas l'amour arboré tel un étendard, non, c'est l'amour tout simple, quotidien et fiable, comme lorsque vous aidez un enfant dans ses devoirs, ou que vous conduisez votre voisin à l'hôpital.

Rien n'est plus excitant que de partir en quête de ce que l'on veut tout en étant soutenu. C'est un peu comme naître riche. Toute cette aide, au départ, est un peu angoissante quand on n'en a pas l'habitude, mais vous verrez, cela transformera radicalement votre vie.

Nous en avons tous besoin, car quand il s'agit de nos rêves, nous sommes tous orphelins.

Ce n'est pas le moment de faire bande à part. Il vous faut votre propre « système-pote » pour vous donner le courage de pousser toutes ces nouvelles portes.

Vous avez besoin de gens pour lesquels vous comptez, qui vous féliciteront quand vous réussirez, se montreront sensibles lorsque cela marchera moins bien, et surtout qui vous diront de continuer à vous accrocher.

N'envisagez pas une seconde de vous enfermer seul chez vous pour imaginer votre avenir. D'abord, c'est trop dur pour le moral. Vous serez découragé ou submergé par l'angoisse. Ensuite, ce n'est pas pragmatique. Vous raterez des occasions en or si vous ne sortez pas de chez vous. Il se passe une foule de choses dans ce monde et vous n'en saurez rien si vous ne vous rendez pas là où les gens se rencontrent et discutent.

Si vous venez d'emménager dans une nouvelle ville, et si vous ne connaissez personne, adhérez à des associations ou mettez des petites annonces dans les journaux. Écrivez par exemple : « Créons un groupe d'entraide : réunissons-nous pour nous aider mutuellement à retrouver un emploi. » Ne tombez pas dans le piège qui consiste à vouloir tout faire en solitaire. J'ai créé mon Équipe de Réussite après des années passées seule. Lorsque j'ai constaté combien être soutenu par des amis transformait ma vie, j'ai regretté de ne pas en avoir eu l'idée plus tôt.

UNE AUTRE ÉTAPE DIFFICILE : LA CINQUANTAINE

Toute notre discussion relative aux pierres de touche est très stimulante, aussi attendez-vous à des réactions émotionnelles. Vous focaliser sur ce que vous attendez vraiment de la vie peut déclencher une sorte de « crise de la cinquantaine » même si vous croyez avoir déjà traversé la vôtre. C'est peut-être après tout la première fois depuis votre adolescence que vous songez à vivre pour vous-même, à *votre* manière, en fonction de *vos* désirs.

Jusqu'à la cinquantaine, vous pouvez ignorer que seule une partie de vous est le gagne-pain de la famille et un parent ; l'autre moitié, c'est *vous*. Il y a au fond de chacun de nous un esprit unique qui n'appartient qu'à nous-mêmes. Cet esprit ne ramène pas d'argent à la maison, ne prend soin de personne, et surtout il est complètement libre de vouloir des choses fantastiques telles que grimper au sommet de l'Himalaya ou devenir un mystique.

Cet esprit a été enfermé dans une boîte insonorisée pendant des années.

La plupart d'entre nous se retrouvent coincés dans une espèce d'esclavage ordinaire, surtout quand leurs enfants sont petits, et n'ont pendant des années pratiquement pas le temps d'ouvrir un magazine.

Même lorsque nos enfants ont grandi et qu'ils ont moins besoin de nous, nous continuons à les servir parce que nous ne pouvons pas faire autrement, ou simplement parce que nous ne savons pas comment nous occuper. Nous perdons le fil du temps qui passe jusqu'au jour où quelque chose nous fait soudain revenir à nous et prendre conscience que nous dérivions : un ami meurt soudain, l'aîné de nos enfants part pour l'université, et nous nous apercevons que nous travaillions tellement que nous ne l'avons pas vu grandir, ou que nous avons atteint le sommet dans notre carrière et que nous n'avons nulle part d'autre où aller.

C'est à ce moment-là que l'esprit qui nous habite se libère et commence à nous dire : « Ne savais-tu pas que nous étions deux ? Il y a la bête de somme et il y a *moi* ! »

Vous risquez alors de paniquer en voyant le peu de temps que vous avez consacré à la réalisation de vos rêves.

Je ne dis pas que vous auriez dû mener votre vie différemment. Nous avons tous besoin d'assumer des responsabilités à un certain âge, d'aimer et de prendre soin d'autres personnes que nous-mêmes, ou de progresser dans notre carrière. Mais il est un jour temps d'abandonner certaines de ces lourdes responsabilités pour commencer une nouvelle vie.

C'est peut-être la première occasion qui vous est donnée d'apprendre qui vous êtes.

Cette extraordinaire prise de conscience et ce retour sur vous-même seront délicieux et voluptueux. Votre première pensée sera : « Voilà des années que j'aurais dû faire cela ! » Mais la pensée suivante risquera de vous paralyser soudain. Vous vous direz peut-être : « Qu'est-ce que j'ai foutu pendant tout ce temps ? » ou : « Est-ce que je pensais que je serais toujours jeune ? Que les enfants seraient toujours petits ? Comment ai-je pu être aussi bête ? »

Ces regrets sont parfois si intenses que nous préférons renoncer à notre liberté plutôt que de les reconnaître. Nous ne voulons pas commencer de nouvelle vie.

Deborah K. avait passé des années à développer son entreprise de conseil en informatique. Elle avait six employés dignes de confiance et ne manquait pas de travail. Elle souhaitait au fond d'elle-même parcourir le monde mais la manière dont son entreprise était structurée rendait la chose impossible. Deborah consacrait le plus clair de son temps libre à rechercher l'homme idéal.

« J'avais pensé prendre trois ou quatre mois d'affilée pour vraiment voyager en Afrique, en Asie, partout. Mais j'attendais de me marier. Je ne voulais pas partir tant que cette question ne serait pas réglée. Je n'ai maintenant plus envie d'attendre. Si je dois rencontrer quelqu'un, je le rencontrerai en voyageant. Et sinon, tant pis. Je verrai le monde, au moins. »

Mais Deborah ne semblait pas très heureuse, et elle n'avait toujours pas acheté ses billets d'avion. Quel était son problème ?

« C'est difficile à admettre, mais j'ai gâché de nombreuses années », m'a-t-elle dit.

J'ai refréné mon envie de lui faire voir les choses différemment parce que je savais qu'il fallait qu'elle éprouve des regrets avant de pouvoir être réellement libre.

Nous devons faire face à nos regrets. Mûrir, c'est apprendre à accepter ce que l'on ne peut pas changer, faire face à son chagrin et prendre la vie comme elle vient, et non comme on voudrait qu'elle soit. Et aimer la vie, c'est en partie admettre ses regrets.

Ne laissez pas cette perspective vous épouvanter. Nous pouvons tous regarder notre passé et souhaiter avoir agi différemment.

Mais je pense que nous n'aurions pas pu faire mieux. Nous essayions tous de nous arranger pour que les choses tournent bien.

Comment aurions-nous pu procéder autrement sachant les connaissances et les besoins que nous avions alors ? Un de mes amis à qui l'on demandait pourquoi il avait consacré tellement de temps à une cause perdue de toute évidence a répondu : « J'étais mal informé. »

Nous étions mal informés. On est toujours ignorant au départ. On devient sage en commettant des erreurs. Mais voici de bonnes nouvelles : lorsqu'on a enfin ce que l'on voulait, on regrette moins le passé. *Mais il faut d'abord regretter le passé pour obtenir ce que l'on veut*, alors voyons ce dont vous vous êtes privé pour vous aider à vous construire un avenir meilleur.

Le seul moyen de se débarrasser de ses regrets, c'est de les regarder en face. Ayez le courage d'examiner les espaces vides de votre passé même si cela vous fait souffrir. Et promettez-vous *aujourd'hui* que vous remplirez désormais ces espaces ! Les regrets ne font jamais long feu en compagnie de la détermination.

Alors, quels étaient ces espaces vides ? Imaginez que vous soyez des jumeaux. Seul l'un d'entre vous aurait eu pour obligation d'aller à l'école, de réussir dans une profession, de fonder une famille et l'autre « vous-même » aurait été libre *de faire tout ce qu'il voulait*. Quelle sorte de vie aurait-il alors choisi de vivre ?

Exercice 5 : Votre jumeau et vous

Cet exercice comprend trois étapes. Reprenez votre stylo. Je voudrais que vous écriviez l'histoire de quelqu'un qui n'a jamais vécu : *votre autre moitié.*

Première étape : *Écrivez l'histoire de votre jumeau imaginaire.*

Deborah a écrit : Ma jumelle se serait bien marrée. Elle ne se serait pas tant souciée de son apparence ou de son comportement en présence des hommes. Elle n'aurait pas passé des années à essayer de sauver des relations amoureuses vouées à l'échec. Elle aurait dit : « J'ai des lieux à visiter et des choses à faire ! » Elle aurait parcouru la Russie, la Mongolie, le désert de Gobi et la Chine.

Deuxième étape : *Où serait votre jumeau aujourd'hui ?*

Deborah a écrit : Elle serait spécialiste des voyages. Elle aurait des amis et des photos des quatre coins du monde. Elle aurait lu de merveilleux ouvrages inconnus sur les voyages. Elle aurait écrit un, deux ou peut-être même trois livres ! Elle n'aurait pas laissé ses rêves en suspens et entravé ainsi sa progression pour consacrer tout ce temps aux hommes.

Troisième étape : *Qu'allez-vous faire à ce sujet ?*

Deborah a souri : « Je pense que je ferais mieux d'acheter un appareil photo et d'aller voir un agent de voyages. Le temps passe ! »

Une fois que vous aurez analysé vos regrets, un déclic se produira et vous verrez votre passé différemment.

Une autre confidence de Deborah : « Parmi toutes ces années, seules les cinq dernières ont été gâchées. Après avoir compris qu'il était temps d'aller de l'avant, j'ai encore traîné cinq ans. J'avais peur de reconnaître que j'avais commis une erreur. J'avais besoin d'accumuler du courage. Je n'aurais pas osé me lancer plus tôt. »

Deborah sait ce qu'elle veut et comment le trouver mais nous ne sommes pas tous dans cette situation. De nombreuses personnes qui tentent de réorganiser leur vie ont besoin d'un job et ne savent pas trop par où commencer.

QU'EST-CE QU'IL Y A, LÀ-DEHORS ?
(COMMENT DÉCOUVRIR CE QUI EXISTE)

Soyons réaliste : vous ne pouvez pas partir en quête de ce que voulez si vous ne savez pas ce qui existe.

« Le manque d'information est le plus gros problème que nous rencontrons, dit Anita Lands qui donne des cours à l'université de New York aux personnes du troisième âge. Notre souci principal est d'aider les gens à découvrir ce qu'il y a vraiment, là-dehors. »

Nous ne connaissons malheureusement pas les jobs qui existent en dehors de notre spécialité.

Un compositeur de chansons m'a dit : « Je parcours le pays ces temps-ci pour vendre de la musique aux annonceurs à la radio. Me croiriez-vous si je vous disais que cela fait trente ans que je suis dans cette branche et que j'ignorais cet aspect de la profession ? »

Comment pourrez-vous découvrir tout cela si vous restez sur la touche ?

Vous devez entrer sur le terrain.

Le meilleur moyen pour cela est d'activer votre « système-pote » et de demander à vos amis de vous aider à étendre votre *réseau relationnel*. Vous puiserez ainsi de nouvelles idées, vous saurez ce qui existe, et vous ne serez plus étranger et isolé.

Vous devez absolument vous tenir au courant et cela signifie adhérer à des associations. Ce n'est pas tellement mon truc mais j'ai appris à mes dépens que, si l'on restait assis dans son coin, on ne saurait jamais où et quand les fêtes auraient lieu. On l'apprend en demandant à ses amis ce qui est prévu prochainement. C'est pareil pour trouver un job. Je ne parle pas ici de ce que l'on fait habituellement pour nouer des relations, comme se rendre à une conférence en costume trois-pièces, les poches remplies de cartes de visite. Vous n'êtes peut-être pas prêt pour quelque chose d'aussi conventionnel. Des rencontres moins formelles vous conviendront mieux pour l'instant. Cela signifie voir des gens différents, apprendre à les connaître, découvrir ce qu'ils font dans la vie. Cela peut vous paraître un peu vague mais lorsque l'on n'est pas sûr de ce que l'on veut, on ne sait pas quoi demander de toute façon. Je pense d'ailleurs que cela peut être un atout. On se sent en effet moins opportuniste et plus à l'aise.

Mais où *sont* toutes ces personnes ? Il va falloir que vous vous transformiez en champion de l'adhésion ! Commencez par les attaches que vous avez déjà : votre église, votre synagogue ou votre mosquée tiennent sûrement des réunions. L'université où vous avez fait vos études organise peut-être des activités pour ses anciens élèves. Puis, passez à vos centres d'intérêt, *quels qu'ils soient*. Vous pourriez très bien trouver un job dans la construction navale en adhérant à la S.P.A. ! Il existe des centaines d'associations. Prenez l'annuaire. Relevez le nom de toutes celles qui vous intéressent. Vous serez surpris de constater l'étendue des possibilités qui s'offrent à vous.

Je pense que le meilleur moyen de nouer des relations est aujourd'hui de se connecter sur Internet. Je souhaiterais que tout le monde ait un ordinateur et sache se brancher sur ce réseau. Les tableaux d'affichages électroniques locaux ne coûtent pas cher et remplissent la même fonction qu'un café ou un bar de quartier. Vous trouverez toujours quelqu'un disposé à vous aider quand vous serez sur le réseau. Je n'ai jamais rencontré tant de personnes généreuses et encourageantes ! Peut-être l'anonymat met-il suffisamment les gens en confiance pour partager leur expérience et *ils partagent vraiment* ! Si l'on demande l'adresse d'un bon dentiste, d'un déménageur efficace ou d'un garagiste honnête, on obtient toujours une foule de réponses. J'ai à plusieurs reprises vu des annonces comme celle-ci : « Il y a un poste vacant de maquettiste à mon bureau. Si cela vous intéresse, appelez-moi. »

Vous ne connaissez rien aux ordinateurs ? J'étais comme vous. Un ami est venu chez moi et m'a initiée, et je n'ai plus qu'à cliquer sur la souris de mon ordinateur pour consulter les messages que l'on m'a envoyés, trouver des commentaires sur des livres intéressants, dénicher des adresses de bons restaurants, et tout savoir sur les célébrités.

Si je peux « télécommuniquer », vous le pouvez aussi. Demandez à vos amis qu'ils vous l'apprennent. Si vous ne connaissez personne, allez dans un magasin qui vend des ordinateurs et renseignez-vous sur les groupes d'utilisateurs d'ordinateur, ou achetez un magazine spécialisé qui vous en donnera la liste. Si vous avez un Macintosh, trouvez un groupe d'utilisateurs de Mac, même chose pour les autres marques. Ceux qui participent à ces groupes s'entraident sur le plan technique, et sont généralement bien informés et disposés à donner des coups de main.

Quel que soit le lieu où vous nouerez des contacts (écran d'ordinateur ou association de quartier), soyez sympa ! Cela peut paraître évident à ceux qui se lient facilement, mais moi, j'ai dû apprendre et vous aurez peut-être à faire de même. Si vous avez déjà assisté à des réunions en étant si peu sûr de vous que vous n'avez adressé la parole à personne, et si vous en êtes reparti en vous jurant de ne jamais revenir, il va falloir que vous acceptiez l'idée que vous allez vous sentir un peu mal à l'aise au départ. Vous verrez que cela ne durera pas longtemps. Quand vous commencerez à rencontrer des gens, votre gêne disparaîtra.

Être sympa signifie parler de soi y compris de sa situation actuelle. Si vous songez à changer de carrière, dites-le autour de vous. Demandez aux gens ce qu'ils font, s'ils aiment leur travail et comment ils ont commencé. Mon amie Pamela dit : « Chaque fois que j'ai besoin de quelque chose, j'en fais part à toutes les personnes que je connais et ça marche. J'en parle jusqu'à ce que je l'obtienne. »

LE MÉCANO

Quand vous aurez une petite idée de ce que vous voulez et après avoir parlé à une foule de gens et découvert ce qui est possible, vous serez prêt à vous lancer. Vous pourrez désormais créer un job qui vous conviendra parfaitement.

Je crois que l'on peut se construire son monde professionnel comme on construit une maison, pierre par pierre. Il existe un plan pour entrer dans chaque profession, comme il existe un plan pour bâtir chaque type de maison. Vous pourrez toujours établir un plan par étapes pour obtenir ce que vous voulez, quelles que soient la nature de celui-ci et l'étendue de vos connaissances sur ce sujet.

Après être sorti de chez vous et avoir rencontré des personnes nouvelles, vous entreverrez des possibilités auxquelles vous n'aviez jamais songé.

Je sais ce que vous êtes probablement en train de dire : *Oublie un peu ce que je veux. Qui va vouloir de moi ?*

Tous ces discours destinés à vous aider à découvrir ce que vous voulez ne vous mèneront pas bien loin si vous craignez de ne pouvoir décrocher *aucun* job : « Nombre d'entre nous ont besoin d'un job quel qu'il soit et ne peuvent s'offrir le luxe de se demander ce qu'ils veulent. »

Avez-vous dès maintenant besoin d'un emploi ? Pas de problème, vous avez simplement *deux* projets : un projet à court terme qui consiste à obtenir un job alimentaire dès que possible, et un projet à long terme qui est de trouver un job que vous aimerez vraiment. Appliquez simplement la technique que nous venons de voir à votre objectif à court terme : nouez des relations pour obtenir des informations, élaborez un plan par étapes à partir des renseignements obtenus, et créez une Équipe de Réussite qui vous encouragera. Une fois que votre projet de recherche d'un job alimentaire sera sur les rails, vous pourrez vous focaliser sur votre objectif à long terme : trouver un travail qui vous conviendra parce qu'il vous permettra de payer vos factures et qu'il vous procurera du plaisir.

Si vous ne parvenez pas à trouver de job qui vous convienne, ne vous inquiétez pas. Il est très possible que vous puissiez le créer vous-même.

Comment créer ce que vous voulez si ce n'est pas immédiatement possible ?

Trouvez un job supplémentaire.

Travaillez de jour et montez votre entreprise la nuit.

Alan gérait une imprimerie. Il m'a dit : « J'aimerais faire des portraits, prendre des visages en photo. Mais je ne peux pas laisser tomber mon job alimentaire pour devenir photographe. »

Comment Alan peut-il devenir photographe tout en occupant un poste à plein temps ? Il lui suffit de prendre des photos lorsqu'il ne travaille pas. C'est une occasion rêvée pour lui de commencer à rencontrer d'autres photographes. Ainsi quand il sera prêt à se lancer, il saura déjà ce qui se passe dans le monde de la photo.

C'est comme ça que la plupart des gens débutent.

C'est en traînant autour d'un aéro-club que June est devenue instructeur professionnel. C'est en allant tous les week-ends donner un coup de main pour entraîner des chevaux que Morton s'est retrouvé dans un ranch en Australie à élever des pur-sang. C'est en assistant à une conférence académique sur un sujet littéraire qui m'intéressait que je suis devenue rédactrice en chef de ce qui est désormais un journal universitaire de renom !

Fiez-vous à ce système. Il produit des miracles.

L'HISTOIRE D'UNE RÉUSSITE

Norman s'est servi de ce qu'il aimait pour se créer un super-job.

En partie d'origine indienne d'Amérique, Norman avait grandi à Washington. Il était devenu programmateur en informatique. Mais il s'intéressait à ses racines indiennes. Aussi s'est-il mis un jour à lire sur ce sujet, il a assisté à des conférences, regardé des documentaires et admiré l'art indien. Il s'est d'abord fixé comme objectif de passer ses vacances dans l'Ouest. Il avait économisé suffisamment pour ses six semaines de vacances, mais au moment de partir sa voiture est tombée en panne définitivement. Il a tout dépensé pour s'en acheter une nouvelle. Il ne lui restait plus rien.

Il a alors demandé de l'aide à ses amis. Il les a invités chez lui pour imaginer ensemble un moyen de partir dans l'Ouest : Mendier ? Emprunter ? Faire du troc ?

Ils lui ont demandé ce qu'il savait faire. Il leur a répondu en s'excusant : « Je ne sais qu'enseigner l'anglais.

— Enseigner l'anglais ? lui ont-ils dit.

— Oui, l'anglais comme deuxième langue vivante. Je suis diplômé. »

Ses amis se sont exclamés : « Le Bureau des Affaires indiennes doit sûrement rechercher des profs ! Appelle ton sénateur ! »

Norman a appelé son sénateur. Celui-ci l'a mis en contact avec le Bureau des Affaires indiennes. Là, on lui a dit : « Venez, nous vous engageons ! Nous avons besoin de vous pendant huit semaines. » Norman n'avait que six semaines de congé.

Il a de nouveau invité ses amis et il leur a dit : « Je n'ai que six semaines de vacances. »

Ils lui ont répondu en chœur : « Tant pis, vas-y quand même ! »

Norman leur a dit : « Vous avez raison. »

Il a demandé deux semaines de congé supplémentaires qu'il a obtenues (sans solde) et il est parti pour l'Ouest. Il a vécu dans une famille indienne. C'était tellement merveilleux qu'une fois rentré chez lui il a démissionné de son job pour partir s'installer dans la réserve. Il enseigne désormais là-bas.

Vous voyez maintenant où tous ces souhaits peuvent vous mener. Deborah, Norman et Allan ont ainsi trouvé le moyen de transformer les leurs en une nouvelle carrière.

Découvrir ce que vous aimez le plus, même si cela vous semble complètement irréalisable, est la chose la plus sensée que vous puissiez faire.

VOTRE NOUVELLE VITALITÉ

On me demande souvent au cours de mes ateliers ce que j'ai à dire à ceux qui ne se sentent plus du tout ambitieux.

« Je continue à croire que je peux encore réussir tout ce que j'avais envie de faire, mais si cela ne m'intéresse plus désormais ? » m'a dit Georges, un professeur d'université à la retraite.

Je réponds à Georges et à tous ceux qui sont comme lui : « Bravo ! Vous avez dépassé le besoin impérieux de réussite qui vous stimulait étant jeune, et vous êtes prêt à commencer à vivre. Vous n'avez plus besoin que l'on vous adresse les félicitations que vous n'étiez pas capable de vous accorder vous-même. Et maintenant, vous pouvez faire ce que *vous* voulez. »

Alors avez-vous encore des rêves de jeunesse que vous n'avez pas pu réaliser ? Qu'est-ce qui vous en a empêché à l'époque ? Le prestige ? Le conformisme ? Regardez autour de vous. Ces obstacles ont disparu.

Vous vouliez devenir comédien, vous vautrer dans votre hamac, aller à l'université ou donner à manger aux pauvres ? Vous pouvez *désormais* le faire.

À chaque âge ses atouts. Vous voyez la différence avec les personnes âgées. Elles sont passionnées par une foule de choses mais elles n'ont plus l'énergie de la jeunesse.

Georges a soixante-six ans. Il a pris sa retraite il y a trois ans.

« Au début, c'était très dur pour moi. Je voulais reprendre le collier. Je n'arrivais pas à trouver un quelconque intérêt ailleurs que dans mon travail. Alors j'ai commencé à regarder autour de moi et je suis tombé amoureux de tout : de ma femme, de mes petits-enfants, de la lecture, du changement des saisons. Je ne me suis jamais senti aussi alerte. »

Recommencer sa vie à zéro peut ressembler à cela.

Pas mal, non ?

11

Mon grand rêve est parti en fumée : il ne me reste plus rien

La malchance existe.

Il est de bon ton de dire aujourd'hui que la chance n'existe pas ou que l'on doit la provoquer. Nous, les Américains, sommes particulièrement sensibles à cette façon de penser parce que le potentiel est plus important à nos yeux que les traditions. Nous avons tendance à nous tenir pour responsables de tout ce qui nous arrive.

Mais :

Si, après avoir obtenu ce que vous recherchiez – un poste de premier plan, un beau mariage ou un engagement au P.S.G. –, quelque chose hors de votre volonté se produit soudain et si vous perdez tout, c'est ce que j'appelle de la *malchance*. Votre entreprise est par exemple rachetée et votre branche revendue – mais sans vous –, vous vous retrouvez veuf ou vous n'êtes pas sélectionné pour participer aux J.O. en raison d'une blessure. Vous jouez selon les règles, vous faites les choses comme il faut, tous vos efforts sont enfin récompensés quand une force extérieure – un changement économique, un accident incroyable ou simplement l'âge – surgit dans votre vie pour vous arracher votre rêve des mains.

La malchance peut vous briser le cœur et vous laisser sans but. Vous ne savez plus ce que vous voulez car rien de ce que vous pouvez désormais obtenir ne vous intéresse. Vous voulez simplement que le passé revive.

La malchance est la fin d'une époque.

On ne peut pas revenir en arrière. Et vous serez condamné à la frustration si vous considérez ce qui vous est arrivé comme un simple revers.

La malchance doit être envisagée différemment.

Vous devez d'abord rejeter l'idée que la malchance est votre faute. Même si vous marmonnez : « Je sais bien que ce n'est pas ma faute », il se peut que vous vous sentiez coupable. Vous essayez peut-être de vous rendre responsable en disant par exemple : « Je n'aurais pas dû entrer dans le bureau un jeudi. » Il n'y a rien de pire que de se sentir impuissant.

Vous perdez alors confiance dans le système. Lorsque vous avez cru en vos capacités et en votre détermination, que vous avez travaillé dur, que vous en avez été récompensé puis que tout s'écroule sans raison valable, votre assurance et votre croyance en une juste récompense en prennent un coup.

Permettez-moi de vous donner quelques exemples.

Bill M., un athlète extrêmement doué, était promis à un brillant avenir. Il excellait dans tous les sports depuis l'enfance mais le base-ball était son préféré, le jeu qu'il *adorait*. Comme beaucoup d'enfants, il rêvait de jouer dans un club de premier plan mais, contrairement à la plupart d'entre eux, il avait, lui, la capacité et tout le soutien nécessaires pour atteindre son but. Un très bon club l'a repéré alors qu'il n'était qu'en terminale, l'a entraîné comme lanceur et lui a fait franchir toutes les sélections pour atteindre les *major leagues*[1].

Par un très beau jour de printemps, alors qu'il était âgé de vingt et un ans, il s'est retrouvé en Floride,

---

1. Les *major leagues* sont l'équivalent de la première division en football et les *minor leagues*, l'équivalent de la troisième division. *(N.d.T.)*

assis sur le banc d'un club de *major league* aux côtés d'un joueur deux fois lauréat du Golden Glove et d'autres joueurs qu'il admirait depuis longtemps. « C'était le paradis. J'étais enfin arrivé. Je n'en croyais pas mes yeux », m'a-t-il dit.

Dès sa première semaine en Floride, au cours d'un entraînement, un joueur lui est rentré dedans et lui a cassé le coude. Les blessures causées à ses ligaments étaient inopérables. Bill venait à peine de commencer sa carrière dans un club de premier plan que tout était déjà fini pour lui.

J'ai rencontré Bill dix ans plus tard. Il travaillait comme vendeur dans une boutique de pièces de rechange pour automobiles. Un job où il n'avait pas besoin de s'investir beaucoup. C'était le seul bon côté.

Sa vie ressemblait aux limbes de Dante : sans souffrance et sans joie. Il *croyait* avoir surmonté sa déception de ne plus pouvoir jouer au base-ball. Il *pensait* que la seule raison qui le conduisait à me consulter était l'ennui qu'il ressentait à son travail. Il avait été déprimé pendant quelques années à la suite de son accident. Il ne l'était plus désormais, il manquait simplement d'entrain. Les années passaient et Bill n'avait trouvé aucun job qui puisse remplacer le base-ball à ses yeux. Et il ne savait pas pourquoi.

Vous reconnaissez-vous dans l'histoire de Bill ?

Demandez-vous : *Est-ce que mon passé m'apparaît comme tellement plus chouette que mon avenir ?*

Si c'est le cas, vous n'êtes pas prêt à planifier votre avenir car le passé vous colle à la peau. Aucune affirmation ne pourra vous convaincre que votre avenir peut être aussi bien que votre glorieux passé.

Rassurez-vous, vous n'êtes pas le seul.

John L., vice-président d'une des cent plus importantes entreprises des États-Unis, brillant dans son travail et très apprécié par son personnel, s'est retrouvé au chômage à la fin de la quarantaine à la suite d'une crise économique importante dans son secteur d'activité.

Nan, cinquante et un ans, mère au foyer, a vu une partie de son monde s'écrouler quand le plus jeune de ses enfants a quitté la maison pour entrer à l'université. Le reste de sa vie est parti en fumée une année plus tard à la mort de son mari.

Vous avez peut-être comme Bill, John et Nan donné le meilleur de vous-même en vous consacrant à votre rêve. En le perdant, vous vous êtes retrouvé sans solution de repli.

Votre entourage ne comprend pas. On vous dit : « Relève-toi et reprends la partie » ou : « Remonte sur ton cheval. »

Quelle partie ? La partie est terminée.

Quel cheval ? Le cheval a disparu.

Pour pouvoir recommencer, il faudrait que vous soyez une personne différente, avec un but différent. Les anciens chanteurs ne souhaitent pas tous enseigner la musique. Les anciens athlètes n'ont pas forcément envie de devenir entraîneur. Vous, vous aimiez ce que vous aviez.

Si quelqu'un vous suggère de changer radicalement de carrière, vous le percevez comme une insulte. C'est un peu comme si on vous disait : « Nous sommes désolés que tu aies perdu ta Maman. On va t'en trouver une autre. »

Certaines choses ne sont pas remplaçables.

Vous ne pourrez pas récupérer ce rêve perdu, mais vous pourrez reprendre goût à la vie.

SURMONTER UNE PERTE IRRÉMÉDIABLE

Vous n'arriverez jamais à vous persuader qu'une perte importante est finalement guérissable. Votre cœur est trop indépendant et trop intelligent pour vous écouter. Il sait ce qu'il ressent, et là, il ressent du chagrin.

Vous devez faire votre deuil sinon vous ne surmonterez jamais le passé. Je vais vous raconter une fable qui illustrera ce que je veux dire.

Il était une fois deux moines, un jeune novice et un moine plus âgé, qui traversaient la campagne ; ils observaient un vœu de silence jusqu'au coucher du soleil. Les moines arrivèrent au bord d'un ruisseau où se tenait une femme qui souhaitait passer sur l'autre rive sans pouvoir y parvenir. Leur ordre leur interdisait également de toucher les femmes et d'avoir le moindre contact avec elles. Pourtant, le moine âgé, sans hésitation, souleva la femme, la porta de l'autre côté du ruisseau, la posa à terre, s'inclina et reprit son chemin. Le novice était stupéfait. Il attendit avec impatience la tombée de la nuit pour pouvoir poser ses questions. Le soleil se coucha enfin, alors les mots s'échappèrent de sa bouche : « Comment avez-vous pu faire une chose pareille ? Comment avez-vous pu la porter ?

— Je l'ai déposée sur l'autre rive, lui répondit le moine âgé. Toi, tu la portes encore. »

La morale de cette histoire ? Vous ne pouvez pas déposer quelque chose que vous n'avez pas porté. Vous ne pourrez pas surmonter votre chagrin tant que vous ne l'aurez pas éprouvé. Vous ne pourrez pas lâcher prise sur le passé tant que vous ne l'aurez pas pleuré.

« Qu'est-ce que cela m'apportera ? vous demandez-vous peut-être. Cela ne ramènera pas le passé. » Non, rien ne le ramènera.

Mais en faire le deuil vous redonnera un avenir.

La douleur, quand elle n'est pas exprimée, vous rend prisonnier du passé. Une fois que vous vous serez laissé aller à pleurer votre passé, vous serez libre d'envisager l'avenir. Il existera toujours en vous, mais il ne vous paralysera plus.

Les blessures de l'esprit guérissent comme les fractures : il faut du temps. Vous ne pouvez pas dire à un os à quelle vitesse il doit se consolider, vous laissez simplement la nature accomplir son œuvre. Vous ne pouvez pas accélérer le processus. Vos fractures ne vous demandent que du repos. Il en va de même pour les blessures de l'esprit. Tout ce qu'elles vous demandent, c'est de laisser les larmes s'écouler. Vous ne deviendrez bien sûr pas follement optimiste l'instant d'après.

Il se peut que vous ayez quelque chose à faire avant de pleurer.

Si vous avez le sentiment que vos amis vous brusquent en vous conseillant de pardonner à vos ennemis, d'oublier le passé, d'avoir du cran, et si *cela vous rend fou de rage*, si entendre qu'il faut voir les choses du bon côté vous donne l'impression d'être entouré d'imbéciles, c'est que vous êtes envahi par la rancœur. Il faut l'affronter.

Vous n'êtes pas encore prêt à oublier et à pardonner.

LA VÉRITÉ AU SUJET DE LA RANCŒUR

Vous avez des raisons d'être amer. Vos amis ne le comprennent pas. Mais attention, la rancœur n'est pas toujours authentique.

Il nous est souvent plus facile de ressentir de l'amertume que de plonger dans la douleur. Cela nous donne l'impression d'être des durs. La rancœur nous donne l'illusion que nous nous battons, que nous n'acceptons pas la défaite les bras croisés. Mais c'est une impasse. Vous serez coincé.

Alors sortez-en grâce à une bonne vieille colère. Si vous pensez avoir surmonté votre rancœur, faites quand même cet exercice. Vous aurez peut-être des surprises.

Exercice 1 : « Ne me dis pas "allez, courage", espèce d'abruti ! »

Imaginez que quelqu'un vous dise : « Allons, allons, tu n'as aucune raison d'être malheureux. Vraiment aucune. Allez, courage, continue. » Est-ce que cela vous agace ?

Sur une feuille de papier (ou à l'aide d'un magnétophone), répondez vivement à ces énergiques optimistes, sans vous retenir. Le but de cet exercice est d'écrire jusqu'à ce que vous ne voyiez rien d'autre à ajouter. Personne ne vous écoute, alors passez un bon moment.

Une chose encore : poursuivez cet exercice jusqu'à ce que vous ne le supportiez plus. Continuez encore un peu. *Ne vous arrêtez pas tant que vous n'en aurez pas ras le bol du sujet*. Sinon, votre rancœur sera de retour dans quelques heures et vous empêchera de continuer votre chemin. (Si une petite voix au fond de vous dit : « Quel intérêt y a-t-il à ce jeu stupide ? Cela ne m'apportera rien ! », ce n'est que votre amertume qui essaie de vous faire renoncer à une tâche un peu difficile. Saluez-la pour son caractère retors et continuez d'écrire.)

Voici un exemple :

Olivia, quarante ans, ex-présentatrice à la télévision : à la suite du rachat de sa chaîne, les nouveaux directeurs étaient arrivés avec leur équipe et avaient licencié le personnel en place. Aucun poste du même niveau que celui d'Olivia n'était vacant sur d'autres chaînes. Elle était clairement sur la touche. Elle a choisi de faire l'exercice dans un cahier. Elle m'a ensuite dit : « Vider ma rancœur par écrit m'a pris *quatre jours* ! Chaque fois que je pensais à quelque chose que je voulais écrire, j'allais m'asseoir et prendre un café. Je croyais alors en avoir terminé mais non, je me rappelais encore un truc qui me rendait folle de rage. J'ai bu tellement de café au cours de ces quatre jours que j'ai cru devenir dingue ! »

Dingue ou pas, Olivia a terminé son exercice anti-amertume et ça a marché. « J'ai injurié *tout le monde*, m'a-t-elle confié. J'ai passé en revue chaque détail. J'ai maudit chaque salaud qui m'avait fait du mal, mais aussi ceux qui ne m'en avaient pas fait, simplement parce qu'ils ne m'avaient pas aidée. J'ai maudit le diable et le destin et j'ai même maudit mon anniversaire. Puis, j'ai recommencé à zéro. C'était génial de pouvoir mettre le paquet et dire tout ce que j'avais sur le cœur ! »

Olivia m'a donné quinze pages à lire. Elle croyait en avoir terminé, mais j'ai insisté pour qu'elle en écrive quinze de plus. Elle s'est plainte que cela n'avait plus le même effet mais j'ai réitéré ma demande. Elle a finalement jeté le cahier et dit : « Ça suffit ! Vous avez gagné. Cela ne m'amuse plus ! »

Elle était prête à passer à l'étape suivante : se rappeler ce qu'il y avait de merveilleux dans ce qu'elle avait perdu.

Exercice 2 : Louez votre passé

Écrivez une lettre ou un essai louant votre passé. Racontez les meilleurs moments de votre ancienne vie. Qu'aimiez-vous alors ? Quels étaient vos moments préférés ? Faites défiler mentalement votre passé avec amour. À quoi ressemblait votre job, que sentait-il, quel goût avait-il ? Que ressentiez-vous physiquement en le faisant ? Quelles sont les activités quotidiennes que vous aimiez le plus ? *Vous adoriez la vie que vous meniez*, alors rappelez-vous aussi le plaisir que vous procuraient les petites choses de l'existence.

SE RAPPELER LES JOURS HEUREUX

Olivia m'a dit : « Courir dans les couloirs des aéroports, mon assistante cavalant derrière moi en prenant des notes, me donnait l'impression d'être une vedette. On aurait dit une publicité pour le succès. J'adorais avoir des secrétaires pour m'aider, être aimée, respectée. C'était le paradis. Et trouver des idées de bonnes histoires avec mes producteurs, travailler avec eux. C'était chouette ! »

« J'attendais que tout le monde soit à l'école ou au travail, m'a confié Nan, puis je rangeais et nettoyais la maison en deux heures. Je la transformais en gravure de magazine, avec des fleurs dans les vases *et tout et tout*. Je m'asseyais ensuite près de la fenêtre et je prenais un café dans une très jolie tasse. À deux heures et demie, les enfants commençaient à me manquer, alors j'allais les attendre devant l'école. J'adorais les voir se ruer vers la sortie. J'arrivais parfois très tôt et j'attendais en lisant dans la voiture. »

John, le vice-président d'une des cent plus importantes entreprises des États-Unis, m'a raconté : « J'adorais aider mes collaborateurs. Je savais écouter. J'aimais aller les voir à leur bureau et anticiper leurs besoins. Même lorsque je devais les rappeler à l'ordre, je trouvais toujours un moyen de les dépanner. J'aimais être celui à qui l'on parlait facilement et j'avais cette réputation. Aider une personne à résoudre un problème ou un conflit était le meilleur moment de ma journée. »

Décrire chaque détail que vous appréciiez vous rendra quelque chose que vous aviez perdu, un moment précieux que vous aviez oublié parce que vous en souvenir aurait été trop douloureux. En vous le rappelant et en le louant, vous le sauverez. Vous le sortirez du coin de votre mémoire où vous l'aviez enfoui il y a longtemps. Vous pourrez l'emmener avec vous dans l'avenir. *De toute façon, vous ne consentirez jamais à partir sans lui.*

SAUVER VOTRE PASSÉ

Vous êtes trop loyal pour tourner le dos à tout ce que vous avez aimé. Il vous est impossible d'oublier le passé, même si vos amis vous exhortent à le faire.

Vous ne vous investirez jamais à fond dans votre avenir si vous n'emmenez pas votre passé bien-aimé avec vous.

Et c'est bien ainsi.

Il n'y a aucune raison de tourner le dos à un passé heureux. Nous essayons parfois d'y parvenir parce que nous avons le sentiment qu'il nous a trahis. C'est un peu comme si nous l'aimions mais qu'il ne nous le rendait pas. Alors nous nous mettons en grève, et nous faisons comme si cela ne nous importait pas, pour punir le destin d'avoir été injuste. Le destin ne s'en soucie pas, bien entendu, et c'est à nous que nous faisons du mal.

Un homme que j'appréciais beaucoup a un jour commis un acte très immoral. J'ai alors essayé de remettre en question les sentiments que j'éprouvais pour lui. Je me suis dit : « Ce n'est plus quelqu'un de bien. Je ne sais plus comment l'aimer désormais. »

Une femme très sage m'a alors confié : « Ton amour t'appartient. Tu ne dois laisser personne y toucher, pas même lui. Tu peux refuser de le voir mais n'essaie pas de détruire ton amour. Il est à toi. Garde-le précieusement. » C'est ce que j'ai fait. C'est une des choses importantes que j'ai apprises au cours de mes voyages.

Vous rappeler ce qui vous a été arraché ne vous brisera pas vraiment le cœur. Vous en aurez peut-être l'*impression* mais parfois éprouver le *sentiment* que votre cœur se brise peut vous faire du bien.

LAISSEZ VOTRE CŒUR SE BRISER DE NOUVEAU

Bill a eu l'impression d'être passé sous un rouleau compresseur au cours de la semaine où il a écrit l'histoire de son ascension dans le base-ball. Il m'a dit : « Me laisser aller et me rappeler tout cela a été un soulagement pour moi. Mes souvenirs me tourmentaient en permanence, de toute façon. Je le sais désormais. » Il a relaté comment les autres joueurs l'avaient accueilli comme un membre de la famille. Il s'est rappelé les spots géants allumés lors des rencontres de nuit, les haut-parleurs clamant son nom et ses entrées sur le terrain en petites foulées en mâchant du chewing-gum.

« Vous n'imaginez pas ce que c'est de jouer dans les *major leagues*. Vous êtes le meilleur. Vous êtes sûr de vous, calme. Cela vous donne envie de sourire », m'a-t-il dit.

Les meilleurs souvenirs de Bill étaient des rêveries, de grandes espérances qu'il avait nourries autrefois : peut-être entrerait-il dans l'équipe nationale, peut-être deviendrait-il un joueur de premier plan. L'idée qu'il pourrait un jour être parmi les meilleurs des meilleurs le rendait euphorique.

Après avoir loué son passé, Bill s'est curieusement senti mieux. « Je peux lire la rubrique sportive plus facilement. Cela ne m'agace plus autant. » Il a pris conscience qu'il regrettait encore amèrement son ancienne carrière, ce qui a été une révélation pour lui. Comprendre qu'il est respectable et nécessaire de pleurer ce que l'on a perdu lui a permis de respecter son chagrin au lieu de le dénigrer.

Et vous ? Quel était votre grand rêve ? Vous avez peut-être constaté que plus vous avanciez dans votre description de ce que vous aimiez dans le passé, plus il vous était difficile de la poursuivre. Se rappeler ce que l'on a perdu à jamais peut déclencher des émotions douloureuses. Il est pénible de regarder un album de photos et de voir le visage de ceux qui ont disparu. On éprouve aussi un pincement au cœur quand on entend la chanson préférée de son année de terminale. Nous luttons tous ainsi contre le chagrin comme s'il allait nous faire du mal, alors que c'est le contraire. Le chagrin peut nous guérir. Laisser votre cœur se briser vous fera du bien. Je pense que la plupart d'entre nous croient que, s'ils se laissent aller, leur peine va les submerger et les noyer.

Quand on garde en soi des sentiments trop longtemps, on finit par avoir l'impression qu'ils sont gigantesques et sans limites. C'est un peu comme lorsque l'on a grand-faim. Un repas normal peut mettre un terme à une grande faim, une période de deuil raisonnable peut mettre un terme à un grand chagrin.

Bill pourrait un jour décider de consacrer une journée par an à la célébration de « Il était une fois ma place dans les *major leagues* » au cours de laquelle il montrerait des photos et des encarts de journaux et il raconterait des anecdotes sur des joueurs célèbres qu'il connaissait. Comme une personne endeuillée lors d'une veillée, il pourrait partager ses histoires, rire et revivre le temps d'une journée toute sa gloire passée. Mais il faut d'abord qu'il panse ses blessures.

Comme Bill, vous devrez admettre que le destin a réduit tous vos efforts à néant. La rancœur vous a toujours caché cela.

LES HÉROS ET LE CHAGRIN

Le mot « chagrin » appartient rarement au vocabulaire des leaders. Ils adoptent généralement une attitude stoïque et sont fiers de jouer le rôle de « tampon » pour ceux qui dépendent d'eux. Ils savent garder la tête haute, absorber les coups et serrer les dents. C'est après tout pour ça que les chefs sont des chefs : pour encaisser les coups des actionnaires, pour apaiser les angoisses lorsque les affaires vont mal, pour protéger les autres quand les temps sont difficiles. Si vous êtes une mère, vous avez supporté les malheurs et les craintes de vos enfants ainsi que les soucis de votre mari. Quand votre famille allait bien, vous continuiez à prendre soin des autres en vous occupant de vos amis.

À ce moment-là, ce n'était pas un problème. Mais être un héros est un fardeau que vous n'avez plus besoin de porter. Vous n'avez d'ailleurs pas besoin de cela maintenant que vous allez entreprendre un voyage. Vous devez voyager léger. Vous allez réunir tous vos merveilleux souvenirs, signaler à la partie de vous qui cherche à vous protéger qu'il n'est pas dangereux de tourner le dos au passé, et faire le premier pas dans la bonne direction : vers le futur.

Le premier pas dans la bonne direction est de cesser d'en vouloir à votre vie actuelle.

PARDONNER VOTRE PRÉSENT

Il se peut que vous n'aimiez pas du tout votre vie actuelle.

« J'ai accepté le premier job qui s'est présenté, m'a dit Bill, et je le déteste. »

Cela ne vous fait pas de mal d'avoir une vie qui ne vous passionne pas follement. Mais si vous êtes comme la plupart d'entre nous, vous gaspillez probablement trop d'énergie à maudire la réalité. Je voudrais vous aider à sortir de cette spirale.

D'abord, votre vie vous paraît pire qu'elle n'est en vérité, car vous croyez que les choses ne changeront jamais. Elle vous semble permanente parce que vous n'avez pas encore surmonté la grande perte que vous avez subie. Quand vous y parviendrez, vous verrez que le moment que vous êtes en train de vivre n'est qu'une étape vers une vie meilleure.

Ensuite, vous battre avec votre vie actuelle vous « bouffe » toutes vos capacités de concentration, sans parler de votre énergie. Cela vous épuise et vous distrait, or le présent n'est pas assez important pour cela. Vous allez avoir besoin de cette énergie et de vos capacités de concentration pour construire votre avenir.

Cela vous fera enfin du bien de constater que cette phase de votre vie est en fait votre alliée. Peut-être pas la plus puissante, ni la plus rayonnante, mais une véritable amie qui vous nourrit et vous donne un toit. Votre vie actuelle est un radeau qui est venu à vous après le naufrage du paquebot sur lequel vous voyagiez. Il n'a peut-être pas toutes les qualités requises pour une croisière de vacances, mais au moins il vous sauvera de la noyade.

RÂLEZ UN BON COUP,
PUIS SURMONTEZ VOTRE RAGE

Si vous avez besoin de râler contre votre vie actuelle, allez-y. On n'arrive pas toujours à chasser ses sentiments négatifs, et on n'y est d'ailleurs pas obligé. Se plaindre est une manière naturelle et saine de les surmonter tant qu'on le fait correctement ! Alors si vous en avez besoin, prenez dix minutes montre en main pour dire les choses les plus épouvantables possible sur votre vie. Demandez à vos amis de vous écouter et de vous applaudir. Soyez odieux et hargneux. Gémissez. Passez un bon moment.

Puis arrêtez-vous parce que vous avez maintenant d'autres chats à fouetter.

Exercice 3 : Pardonnez votre présent

Écrivez une lettre d'excuses à votre présent. Citez tout ce dont vous lui êtes reconnaissant et rappelez-vous que, sans lui, vous barboteriez en plein milieu de l'océan.

Voici ce que Bill a découvert : « Je connais des personnes qui doivent sourire aux gens en toutes circonstances. Pas moi. Je suis assis à mon bureau dans l'arrière-boutique, je fais la plupart de mon travail seul, et je peux être moi-même.

« J'apprécie de ne pas être sous pression. Je sais toujours ce que j'ai à faire ensuite, et ce n'est pas le genre de job qui vous donne des crampes d'estomac. C'est un boulot honnête, direct, sans embrouilles.

« C'est grâce à mon patron qui est un type sympa, à peine plus âgé que moi. J'ai parfois l'impression que c'est le directeur parfait : invisible, secourable et disponible. »

Bill a continué ainsi jusqu'à ce qu'il apprécie un peu plus sa situation professionnelle.

« Je n'aurais jamais cru cela possible, m'a-t-il dit. Je ne remettais pas en question des habitudes de pensée. Je n'éprouvais aucune colère contre ce job. J'en étais simplement resté à la première idée que je m'en étais faite. »

Vous pouvez vous attendre à éprouver des sentiments nouveaux dès lors que vous cesserez de construire votre vie sur la rancœur. Et l'un d'eux sera une sensation de vide. Il y avait un vrai drame dans votre vie, drame qui était alimenté par la colère. Quand celle-ci disparaît, il disparaît aussi. Bien que n'étant pas agréable, ce drame donnait un sens à votre vie. Sa disparition pourra alors vous donner l'impression que votre vie n'a aucun sens. Elle ne vous semblera pas épouvantable mais plutôt sans consistance.

Ce n'est pas grave, croyez-moi. C'est même mieux que ça. Parce que c'est dans les espaces vides que l'on peut construire un avenir.

Mais comme le savent tous ceux qui arrêtent de boire, de se droguer, de s'agiter vingt-quatre heures par jour dans des salles de gym, de sortir avec des désaxés, de contracter des dettes ou de faire la guerre, passer d'une tension très forte à la tranquillité est un gigantesque changement. Même si, au fond de vous, c'est ce que vous *voulez*, vous avez peut-être l'impression que vos organes ne savent gérer que des périodes de crise. Si c'est le cas, faites l'exercice suivant avant de commencer à songer à votre avenir.

Exercice 4 : Je refuse !

Écrivez vingt-cinq fois : *Je refuse d'aimer cette vie stupide, terne, sans issue et...* (ajoutez un adjectif de votre cru) *que je mène actuellement.*

Eh oui, voici encore une période très dure. Se retourner quand on vient de perdre quelque chose, c'est comme demander à un paquebot de faire demi-tour dans un port. Vous devez procéder petit à petit, doucement, et ajuster votre position jusqu'à ce que vous ayez achevé votre manœuvre. Ne vous inquiétez pas. Vous vous habituerez à contenir vos colères. Vous déménagez des armoires normandes en vous. Il est tout à fait normal que cela soit douloureux !

Alors écrivez-le vingt-cinq fois. Et pensez ce que vous écrivez : Je refuse d'accepter la vie médiocre que je mène actuellement ! Je refuse. Je refuse.

Vous avez fini ?

Bon, passons à la suite.

VOTRE AVENIR : FAIRE FACE AU VIDE

Vous allez d'abord constater un fait qui ne va pas vous réjouir : vous ne savez pas grand-chose. *Quand vous étiez en colère, vous saviez tout.*

Lorsque vous admettez que vous ne savez pas du tout ce qui va arriver, vous vous mettez dans la position d'apprendre, et c'est ce dont vous avez absolument besoin aujourd'hui. Il n'est pas facile de renoncer à l'illusion que l'on sait tout. Mais quand on a tout perdu sans espoir de le récupérer, on a un sérieux avantage : on découvre que l'on n'a pas *besoin de tout savoir.*

Quand le destin vous arrache le volant des mains, vous vous retrouvez dans une situation entièrement nouvelle. Pour la première fois de votre vie adulte, vous êtes dans une position complètement passive. John, l'ancien vice-président d'une importante société, m'a dit ainsi :

« Perdre mon job a eu sur moi un impact qui m'a vraiment surpris. Je souffrais beaucoup, et quelque chose d'entièrement nouveau s'est produit. J'ai enfin eu l'impression de ne pas être le plus grand génie que la Terre ait porté, et au lieu d'en être malheureux, je suis simplement devenu curieux de voir ce qui allait venir ensuite. Je ne sais pas très bien comment expliquer cela, mais pour la première fois, je ne me suis plus senti seul. J'ai eu le sentiment que j'avais quelque chose d'important à apprendre. »

John était vraiment sur une piste.

Une fois que vos pires peurs se seront évanouies, quelque chose d'inattendu et de capital se produira. Être confronté à vos limites vous permettra d'accéder à une étape nouvelle. Vous commencerez à croire que les informations concernant la façon dont vous êtes censé vivre vous seront fournies. Et ce sera le cas.

S'il existe quelqu'un qui mérite de se détendre et de cesser de se sentir responsable de tout en ce monde, c'est bien vous.

TOMBER DE NOUVEAU AMOUREUX

Une fois que vous vous serez débarrassé de tous ces débris internes issus de votre passé et de votre présent, vous voudrez tout naturellement tomber amoureux d'un nouvel avenir.

Vous avez le don d'aimer votre travail. Si votre première carrière vous a passionné, une autre vous passionnera aussi. Vous êtes un peu comme ceux qui, ayant aimé leur premier mariage, aiment à se remarier.

Je connais trois voies possibles pour l'avenir et l'une d'elles devrait vous convenir.

1. *Vous pouvez utiliser vos anciennes relations pour vous créer un avenir.*

Tout le monde pense que si vous êtes une ancienne figure du sport ou du monde des affaires, vous devriez devenir commentateur sportif ou consultant, et utiliser vos relations et votre réputation pour refaire votre vie. Peut-être qu'après avoir fait le deuil de votre passé vous aurez *envie* de vous construire une existence de cette façon.

Suzanne Farrell, par exemple, danseuse étoile du New York City Ballet, l'une des muses du chorégraphe George Balanchine, s'est soudain arrêtée de danser après sa seconde opération de la hanche. Elle *voulait* continuer à travailler dans la danse, et tout le monde s'y attendait. Peu après son opération, elle a commencé à enseigner et à mettre en scène les œuvres de Balanchine.

Je connais un joueur de base-ball qui n'est pas comme Bill. Il aime le base-ball autant qu'avant et il adore les jeunes. Il s'est servi de sa réputation pour obtenir un job d'entraîneur universitaire.

2. *Vous pouvez utiliser une pierre de touche de votre passé pour créer votre avenir.*

Bill ne voulait pas être entraîneur. John, lui, a essayé de devenir consultant. Ne faire que passer dans l'entreprise et ne plus être quelqu'un sur qui tout le monde pouvait compter l'a démoli. Il a détesté ce job.

Si vous êtes comme Bill, John ou Nan, voici une technique qui utilise votre passé pour créer une vie entièrement différente, une vie que vous *pourrez* aimer.

Exercice 5 : Trouver votre pierre de touche

Ressortez la rédaction dans laquelle vous louiez votre passé.

Imaginez que quelqu'un ait dit que vous pouviez récupérer trois éléments de votre ancienne vie.

Dressez la liste de tout ce que vous adoriez puis barrez les éléments les moins essentiels, jusqu'à ce qu'il vous soit impossible d'en supprimer davantage. Ce n'est qu'ainsi que vous découvrirez ceux que vous estimez *les plus* indispensables. Soulignez-les. Ces deux ou trois choses sont vos *pierres de touche*. C'est partir d'elles que vous pourrez construire votre nouvelle vie.

Voici des exemples de pierres de touche :

- Bill : une impression de très grande maîtrise ; être dehors ; être une star.
- John : avoir une position spéciale dans la communauté ; me sentir utile ; résoudre des problèmes.
- Nan : créer un foyer agréable et bien tenu ; voir les enfants grandir ; avoir mon mari près de moi.

Si vous pouviez vous construire une nouvelle vie à partir de vos pierres de touche, le voudriez-vous ?

Voilà une question intéressante. La réponse n'est pas aussi évidente qu'il y paraît. Nan, par exemple, ne le souhaitait pas.

Mais la technique des pierres de touche a été la bonne pour Bill.

Lorsqu'il a surmonté sa rancœur envers son travail et pris conscience qu'il l'aimait bien finalement, il a passé une assez bonne année. Il a décidé de conserver son job. Il est même devenu plus efficace dans son travail, sans peine, tout simplement parce qu'il n'avait plus le cœur gros. Il a commencé à sortir de l'arrière-boutique un peu plus souvent et à se montrer plus sympathique. Un des vendeurs l'a invité à dîner chez lui, et ils se sont rendu compte qu'ils partageaient la même passion pour les voitures anciennes. Au bout d'un an, Bill a senti qu'il retrouvait son énergie. Son job de vendeur n'était plus un problème pour lui. La voie lui semblait désormais dégagée. Il a commencé à vouloir s'investir à nouveau dans quelque chose. Mais quoi ?

Il a découvert ses pierres de touche et il a décidé d'écarter l'une d'elles : « être une star ». « Je laisse cela derrière moi, m'a-t-il dit, ou plutôt non, je le porte en moi, ici. » Il a alors posé la main sur son cœur. Mais il a utilisé ses autres pierres de touche, son plaisir à être dehors et sa passion de l'excellence. Maîtriser totalement un savoir-faire était très important pour lui. Il fallait qu'il trouve quelque chose qui lui donne la même discipline et la même impression de maîtrise progressive que le base-ball lui avait procurées autrefois.

Bill est devenu photographe. Il a commencé par photographier des enfants jouant au basket-ball, puis les aspects techniques de la photographie l'ont très rapidement absorbé. Il était sur la bonne voie pour trouver son nouveau grand rêve.

John est retourné à l'université pour étudier la philosophie. Il espérait trouver là une place spéciale dans une communauté où il se serait senti utile, où il aurait pu réfléchir aux problèmes humains et peut-être même les résoudre. Les questions morales l'avaient toujours intéressé mais il n'avait jamais eu l'occasion de les étudier. Bien qu'ayant attendu son entrée à l'université avec impatience, il a été secoué par ce changement soudain et il a éprouvé des difficultés à s'y adapter.

« J'étais un vieux schnock au milieu de jeunes. Je n'avais peut-être pas le droit de me trouver là. Personne ne connaissait mon nom et ne se souciait de ma présence. En tout cas, personne n'attendait d'aide de ma part. Personne ne me disait "Bonjour, John" quand j'arrivais, personne ne me dactylographiait mes devoirs. De quelqu'un, je suis devenu personne. Cela m'a ouvert les yeux. Je me suis rendu compte qu'il allait falloir que je trouve quelque chose ayant un sens pour moi et auquel je pourrais m'accrocher. Je ne savais pas vers quoi me tourner. »

Au bout de deux semestres, John a traversé la rue et s'est inscrit au séminaire de théologie.

« Là, j'ai trouvé les miens, m'a-t-il dit en souriant. Et ma nouvelle carrière. » John étudie maintenant pour devenir pasteur.

Et vous ? Maintenant que vous savez ce que vous aimiez le plus, voulez-vous vous construire un nouveau rêve à partir de cela ? Si oui, c'est possible. Je vous conseille de relire le chapitre 10 « Réorganiser sa vie : une tout autre histoire ». Et emportez vos pierres de touche avec vous.

Il y a dans votre passé de nombreuses passions que vous avez mises de côté pour réaliser votre grand rêve. Vous déciderez peut-être comme John de les revivre. Nan a été surprise par le flot d'émotions qu'elle a éprouvées en repensant au milieu dans lequel elle évoluait autrefois. Elle m'a dit : « J'adorais le monde du jazz avant mon mariage. À l'université, je jouais du piano jazz et j'étais un petit impresario. Puis j'ai été absorbée par ma famille et mon foyer et cela m'est presque sorti de la tête. »

Nan s'est créé une nouvelle pierre de touche en utilisant ce qu'elle aimait auparavant. Elle est devenue agent dans le monde du jazz, un très bon agent d'ailleurs !

Si vous avez perdu votre grand rêve, et si vous en avez fait le deuil, il existe une troisième voie d'avenir pour vous.

3. *Vous pouvez-vous détendre et humer les roses.*

Mon amie Joyce m'a téléphoné de Caroline du Sud pour me dire : « J'ai décidé de n'avoir aucun but. » Elle s'était créé une vie merveilleuse en devenant professeur, pourtant il fallait sans cesse qu'elle essaie de s'améliorer d'une façon ou d'une autre : perdre du poids, apprendre une langue, économiser davantage, etc.

Elle dit désormais : « Chaque fois que je me lève le matin sans but, c'est un triomphe. J'ai passé ma vie à essayer de m'améliorer. C'est fini. » Comme elle se lançait sans arrêt dans des tâches nouvelles, elle n'avait jamais eu le temps d'apprécier ce qu'il y avait autour d'elle. Elle a maintenant atteint la sagesse.

LA SAGESSE

Vous éprouviez une grande satisfaction lorsque vous donniez le meilleur de vous-même. Je parle de ces moments particuliers de concentration extrême et de sérénité que vous viviez lorsque vous étiez absorbé par ce que vous aimiez le plus.

Selon les physiciens, il est mathématiquement impossible à un batteur de voir une balle quitter la main du lanceur. Alors comment fait-il pour la frapper juste et au bon moment ?

Tous ceux qui atteignent un niveau d'excellence connaissent la magie qui entoure chaque instant des performances exceptionnelles. Ils savent qu'ils doivent lâcher prise pour se *fier* à leur entraînement. Ils savent comment découvrir ce qui se présente au lieu d'essayer de tout gérer et de tout contrôler.

Vous pouvez désormais faire en sorte que votre vie tout entière soit à l'image de ces merveilleux moments. Vous êtes quelqu'un qui a déjà appris à lâcher prise et à se fier à lui-même. Les personnes sages emportent cette sagesse avec elles quand elles quittent le cercle des gagnants pour « aller humer les roses ».

Vous pouvez maintenant prendre plaisir à observer ce qui vous entoure : être attentif au temps, à votre chien, aux petits gestes parfaits des enfants, etc., bref à la vie.

Votre nouvelle situation ressemble à celle de ce grand-père qui m'a dit : « J'aurais aimé être aussi détendu avec mes enfants. Comme je ne suis pas responsable de l'éducation de ma petite-fille, je peux profiter pleinement de sa présence. Quel dommage que je n'aie pas connu cela plus tôt. »

Maintenant que vous savez que vous n'êtes pas responsable de tout, vous êtes libre de profiter de la vie.

Perdre est un grand enseignement. La vie est une série de sevrages qui commencent avec la petite enfance. Chaque perte entame notre narcissisme et nous fait prendre conscience que nos souhaits ne sont pas au centre du monde. Être polarisé sur vous-même et focalisé sur vos objectifs était nécessaire mais vous a fait manquer tant d'instants merveilleux, de personnes, de beauté, de sentiments et tant d'occasions d'apprendre des choses extraordinaires ! La vie s'étend maintenant à perte de vue pour vous. Une fois que l'on n'est plus aveuglé par ses propres projets, un monde fascinant s'offre, qui n'attend qu'une chose : que l'on ouvre les yeux pour le voir.

12

Rien ne m'intéresse jamais

« Rien ne m'intéresse jamais », m'a dit Chris tristement. Âgé de vingt-huit ans, une maîtrise en poche, il était caissier dans un restaurant. « Il m'arrive de voir quelque chose qui me semble un peu intéressant puis je me dis : "À quoi bon commencer ? Je ne vais pas aimer cela." *Rien* ne me branche jamais vraiment. »

Chris parlait *la langue de la « négativité chronique »*. Chaque fois que quelqu'un vous dit : « Quand la vie a l'air chouette, ce n'est pas la réalité, mais quand tout semble sans intérêt, *là* on est dans le vrai », c'est de la négativité chronique. Vous l'utilisez quand vous dites « toujours » comme dans « C'est *toujours* ainsi » ou « jamais » comme dans « Rien ne tourne *jamais* à mon avantage ». Cette langue regorge également d'expressions de regrets et d'autoaccusation, telles que : « Pourquoi ai-je agi ainsi ? » ou : « J'aurais dû m'en douter » et : « Il est désormais trop tard. »

Quand vous employez ce langage, vous pouvez être sûr que votre vision de la réalité a pris un coup de froid. Si difficile que cela puisse paraître, il va falloir que vous vous promettiez de ne jamais vous fier à ce mode de pensée.

Parce qu'il est complètement erroné.

La pensée s'embrouille pour une foule de raisons que nous allons examiner sérieusement dans ce chapitre. Mais d'abord commençons par chasser ce langage négatif de votre tête.

PREMIERS SOINS D'URGENCE

La négativité chronique, c'est grave. Elle arrive à jeter son ombre sur la journée la plus ensoleillée et rend pénible la moindre prise de décision. Son langage provient d'un esprit las et parfois désespéré.

Chris est arrivé un jour en agitant un article du magazine *Time*. « Lisez cet article. C'est sur les hommes et la dépression. Il dit que beaucoup d'hommes déprimés sont sarcastiques. C'est mon cas. Ils critiquent tout, pensent que personne ne peut les aider, etc. C'est tout moi. Est-ce que vous croyez que je suis déprimé ? »

Je lui ai répondu : « Un peu. En tout cas, vous souffrez de négativité chronique.

— Bon, je vous écoute », m'a-t-il dit.

Je lui ai alors conseillé trois choses que devraient faire toutes les personnes qui voient la vie en noir depuis trop longtemps.

1. *Recherchez une cause organique*

Bien que votre tristesse puisse être déclenchée par des événements réels de votre vie – un deuil récent ou une enfance difficile –, votre état psychologique risque d'avoir à la longue un retentissement sur votre santé physique. Quand un sentiment nous submerge trop longtemps, il bouleverse l'équilibre biochimique de l'organisme. Si vous viviez dans un état permanent de terreur, vos glandes surrénales finiraient par fonctionner de travers. L'équilibre biochimique de votre organisme peut être déséquilibré pour des raisons que nous ne comprenons pas. Aussi, je vous conseille de rechercher une cause physique chaque fois que vous souffrez de troubles psychologiques de manière chronique, même si vous pensez que « c'est complètement psychologique ».

Des médicaments peuvent apporter un soulagement, surtout dans les cas de négativité chronique peu intenses.

« Je ne pouvais me faire à l'idée de prendre un médicament, m'a dit Rick. J'ignore pourquoi. » Il a réfléchi à sa vie pendant un moment, puis il a ajouté « Vous savez, c'est difficile à croire mais il me semble que cela fait quatorze ans que je n'ai pas eu une vraie journée de bonheur. »

J'ai dû avoir l'air effarée parce que Rick a décidé d'agir rapidement. Il est allé à la bibliothèque municipale, il a lu d'autres articles, puis il est revenu me voir avec de nouvelles informations.

« Vous savez, il est possible que j'aie le même problème que ces personnes qui sont déprimées parce qu'elles ne voient pas assez la lumière du jour. » Rick travaille dans des studios de cinéma. « Parfois, lorsque je n'ai pas le temps de sortir déjeuner, je commence à me sentir mal. En hiver, quand les journées sont plus courtes, c'est encore pire. »

Si vous avez des indices aussi nets que ceux-ci, il est temps de consulter un spécialiste. C'est ce que Rick a fait.

Il a vu un médecin qui a confirmé ses doutes et lui a expliqué qu'il souffrait probablement de dépression saisonnière. Il lui a alors prescrit un traitement par la lumière. Rick s'assoit désormais devant une lampe solaire chaque matin avant de partir travailler.

Il a eu la chance de trouver rapidement une cause physique à son problème : le manque de lumière. Il était souriant lors de notre entretien suivant. Il m'a dit : « Aidez-moi à découvrir ce que je veux rapidement, avant que cette bonne humeur disparaisse. » (Sa meilleure humeur *n'a pas* disparu, et il *s'est trouvé* un projet qui le passionne. Lisez la suite.)

Vous devriez faire des recherches, vous aussi. Cela vaut le coup. Lisez les journaux et les magazines, et voyez ce que l'on dit sur les traitements les plus récents de la dépression chronique légère. Essayez d'en apprendre le plus possible sur les découvertes médicales du moment.

Une fois que vous serez mieux informé, vous voudrez peut-être vous faire aider. Parlez-en à votre médecin de famille, ou prenez contact avec un spécialiste de la psychopharmacologie, et voyez s'ils ont des suggestions à vous faire.

Essayer de sortir de la dépression avec pour seule aide un esprit déprimé *est trop difficile* ! Les médicaments peuvent être une bouée de sauvetage.

Gardez cela en tête pour la deuxième étape.

2. *Prenez de l'exercice : Dès aujourd'hui.*

Quand j'ai arrêté de fumer, il y a une dizaine d'années, je me suis un jour réveillée dans un état de déprime que je n'avais jamais connu auparavant. Je ne pouvais pas supporter cette sensation et je n'en avais pas l'habitude alors j'ai fait quelque chose de radical, en tout cas pour moi. Je suis partie faire un jogging.

Je déteste l'exercice. Pour moi, le paradis, c'est d'écrire, assise devant mon ordinateur, de bavarder, assise à une table ou de lire, assise sous un arbre. L'exercice le plus dynamique que je préfère est de flâner dans New York. Quand je me retrouve en sueur après avoir fait du sport, j'ai l'impression d'être malade.

Mais ce matin-là, quand je suis partie courir, ma déprime était telle que rien ne pouvait être pire. J'ai employé les grands moyens en décidant d'aller courir tous les matins pendant quelque temps pour essayer de me débarrasser de ces sentiments épouvantables. Ça a marché. Je ne me sentais pas sur un nuage en rentrant chez moi, mais j'allais déjà mieux. Et quand arrivait l'après-midi, ma déprime s'estompait.

Le lendemain matin, quand mon moral était à zéro, je repartais courir. Et l'exercice m'aidait à nouveau.

Cela a duré sept mois. Je me rappelle le premier matin où je me suis réveillée avec le moral. J'ai eu ensuite deux bonnes matinées d'affilée. Puis cela a été la fin des moments difficiles.

(Rassurez-vous : j'ai immédiatement cessé de courir et je me suis remise à flâner !)

J'ai éprouvé la même déprime quelques années plus tard lorsque j'ai décidé de ne plus boire de café pendant plusieurs semaines. (Il faut vraiment que je cesse d'arrêter des choses !) Cette fois-là, je me suis mise à courir en écoutant de la musique avec mon baladeur, le genre de musique qui aurait fait danser des morts. Je suis rentrée chez moi d'une humeur sensationnelle !

Prendre de l'exercice en musique, voilà une méthode que je vous recommande chaudement si vous voulez améliorer l'équilibre biochimique de votre organisme et avoir meilleur moral sans ordonnance ! Essayez ! Mettez de la musique et agitez-vous pendant au moins cinq minutes. Cela marche même à petites doses.

Vous n'avez jamais eu si peu l'envie de faire de l'exercice qu'aujourd'hui alors que c'est maintenant que vous en avez le plus besoin. Mais faites-le quand même.

À présent que votre moteur tourne, vous devez avancer. Vous n'arriverez pas, pour l'instant, à vous « propulser » tout seul. C'est pourquoi voici mon troisième conseil.

3. Choisissez-vous un objectif impliquant si possible d'autres personnes.

« Choisir un quoi ? êtes-vous peut-être en train de vous exclamer. Mon problème est que je *n'arrive pas* à choisir d'objectif. »

Non, votre problème est que vous n'arrivez pas à choisir un objectif que vous *aimez*, mais vous *pouvez* en prendre un qui vous importe peu.

Vous subissez, en ce moment, un manque de désir, vous n'êtes donc pas en mesure de choisir un but qui vous tienne à cœur. Si vous en sélectionnez un, vous n'en voudrez plus demain. Nous le savons tous les deux. Alors trouvez-vous un projet et allez-y. Peu importe lequel. Fixez-vous un but qui vous plairait si votre humeur était au beau fixe, puisque vous n'avez pas le choix.

Pourquoi est-ce que je vous demande cela ?

Parce que c'est bon pour vous, voilà tout.

Rappelez-vous ceci. Nous en sommes aux premiers soins d'urgence. Nous ne travaillons pas encore à votre plan de vie. Nous essayons d'abord de vous remettre sur pied. Alors, redécorez une pièce de votre appartement, essayez de devenir un bon joueur de tennis ou enseignez la lecture à quelqu'un.

Impliquez d'autres personnes dans votre objectif si vous le pouvez. Un seul compagnon de route vous mettra sur les bons rails et vous insufflera de l'énergie.

Il faut que vous vous bougiez. Et que vous continuiez à vous bouger.

Vous allez me dire : « J'ai déjà choisi des projets que j'ai abandonnés parce qu'ils finissaient toujours par devenir sans intérêt. »

Cette fois-ci, vous n'abandonnerez pas.

Il est temps de déconnecter vos sentiments de découragement. *Si vous parvenez à ne plus les écouter, vous découvrirez vos besoins, même si votre moral n'est pas au beau fixe.*

Vos idées négatives ne se dissiperont pas immédiatement, mais vous serez impliqué dans un nouveau projet. Il vous aidera à les chasser de votre tête. Alors choisissez le meilleur but que vous puissiez imaginer et allez-y. Rappelez-vous ceci : vous n'avez pas besoin d'*aimer* ce projet, vous devez simplement l'*accomplir*. Plus de débats internes pour savoir s'il en vaut ou non la peine ! Vous n'êtes pas en mesure, compte tenu de votre moral, de juger du bien-fondé d'un projet pour l'instant.

Si vous commencez à vous demander : « Pourquoi suis-je en train de faire cela ? » (question qui reviendra toutes les dix minutes), votre réponse est : « Parce que j'ai dit que je le ferai. » Un point, c'est tout.

Dès que votre esprit négatif se rendra compte qu'il ne peut vous arrêter, il se détachera du projet et vous laissera libre de vous y investir davantage. Cela prend du temps.

Vous vous sentirez encore morose dans vos périodes d'inactivité. Mais au bout d'un moment, vous verrez *que lorsque vous travaillez, vous êtes en meilleure forme.*

Le processus de guérison commencera alors. Travailler sur un projet quand on n'a pas le moral, c'est comme remuscler un membre affaibli : plus vous prendrez d'exercice, plus votre moral se raffermira.

Si le projet que vous vous êtes choisi vous paraît écrasant, décomposez-le en petites étapes. Fixez-vous des objectifs intermédiaires que vous décomposerez à leur tour en plus petites étapes, jusqu'à ce que vous obteniez quelque chose que vous pourrez accomplir dès aujourd'hui. Puis inscrivez chaque étape sur votre calendrier. Ce sont désormais des rendez-vous que vous devrez honorer. Woody Allen dit qu'être là au bon moment, c'est 80 % de la recette du succès.

Essayez d'entraîner un ami avec vous. Discutez au moins de votre progression avec lui de manière régulière. Votre système de croyance manque d'aplomb pour l'instant, et un ami pourra vous aider à le stabiliser.

Candace, quarante-quatre ans, secrétaire médicale, était du genre négative chronique. Elle s'est jointe à un groupe de voisins soucieux de l'environnement. Ils nettoyaient les parcs de sa ville. Candace a décidé d'adopter leur objectif qui, au début, ne l'enchantait guère.

Elle m'a dit : « Je voulais apprendre à prendre des décisions, à m'y tenir et à supporter un peu de frustration.

J'ai décidé de participer à chaque séance de nettoyage. Je sais que ce but peut paraître insignifiant mais aller jusqu'au bout de quelque chose était tout à fait nouveau pour moi. Je pensais parfois que c'était complètement stupide et dénué de sens. Et d'autres fois, je m'indignais parce que quelqu'un avait laissé des cochonneries dans *mon* parc ! Cela a tout changé. *J'ai cessé d'attendre que la vie vienne à moi et j'ai compris que je pouvais provoquer les événements moi-même.*

Candace a découvert ceci : quand on est chroniquement négatif, on est *passif*. On attend. Se lancer dans l'action peut jouer le rôle de starter et révolutionner sa vie.

Encore une chose. Prévoyez un autre projet avant même d'avoir achevé l'actuel. *Ne laissez aucun temps mort. Avoir des objectifs qui se chevauchent est essentiel jusqu'à ce que votre moral remonte.*

LE DÉSIR HANDICAPÉ

Passons maintenant à votre problème le plus important : votre capacité de vouloir est amoindrie. Lorsque rien ne vous intéresse, la vie vous paraît une plage couverte de barques échouées : vous avez l'impression d'être enlisé sur le rivage. Pendant ce temps, d'autres personnes, jouissant de ce mystérieux don qu'est l'enthousiasme, poussent ces barques à l'eau, grimpent dedans et s'éloignent en ramant sans aucun problème. Comment font-elles ? Quel est leur secret ?

Il est normal de connaître des périodes d'abattement, où rien ne semble vraiment passionnant. Une grande déception peut en être la cause. Cela arrive souvent après avoir mené à bien un projet ! On dirait que notre système a besoin de ces moments de déprime. Quelque temps plus tard, nous allons mieux et nous reprenons goût à la vie.

Être totalement incapable de s'intéresser de manière durable à quelque chose est une autre affaire. S'il n'existe pas de raison d'ordre biochimique, il faut rechercher la cause de ce manque d'enthousiasme dans l'enfance. *Il se peut que votre capacité de désirer ait subi un traumatisme quand vous étiez très jeune.*

Une personne qui ne s'intéresse à rien doit souvent son blocage à un événement dramatique : quelque chose ou quelqu'un a tripatouillé dans son mécanisme du désir et l'a mis en panne.

Si vous êtes de ceux qui pensent que rien ne les intéresse jamais, je suis heureuse de constater que vous vous accrochez (en lisant ce livre) parce que ce problème est plus vaste que vous ne le croyez.

Vous êtes né pour désirer

Au fond de chaque personne qui ne s'intéresse à rien, on retrouve un authentique désespoir.
Oui, j'ai bien dit désespoir.

Je sais que c'est un grand mot, mais je crois que nous ne devons pas sous-estimer ce qui se cache derrière votre manque d'intérêt. Vous souffrez d'un chagrin intense. D'où vient-il ?

Les personnes désespérées ont perdu un grand bonheur, peut-être plus grand que le reste d'entre nous. Leur déception est telle que leur rêve devait vraiment être sublime. Si c'est votre cas, il est essentiel que nous remontions aux sources, que nous découvrions quand vous l'avez perdu, où il est parti et *pourquoi*.

Si vous n'arrivez pas à mettre le doigt sur un événement passé qui expliquerait votre attitude négative, si vous pensez que vous avez « toujours » été ainsi, j'ai des nouvelles pour vous. *Vous n'êtes pas né indifférent.*

Vous êtes né bourré de curiosité et débordant de désir. La nature nous a conçus ainsi. Le désir est la première chose qui nous pousse dans la vie : désir de chaleur, de proximité et de nourriture. La curiosité le suit de très près. Quand vous étiez bébé, vous examiniez tout ce qui croisait votre regard. Vous attrapiez tout ce qui vous tombait sous la main. *Alors, que vous est-il arrivé ?* Où est passé votre désir ? Qu'est-il arrivé à tout cet enthousiasme ?

Vous l'avez caché pour le sauvegarder. Votre enthousiasme est intact. Les enfants protègent instinctivement ce qui leur est le plus cher. Quand le danger survient, ils dissimulent parfois leur intelligence, leur originalité, et si *nécessaire, ils cachent leur désir*. Vous ne savez peut-être pas comment accéder à ce désir enfoui en vous pour l'instant, mais il est bien là. Il est entier, riche, unique et prêt à faire surface quand le champ sera libre.

Votre environnement est apparemment devenu très dangereux pour vos désirs quand vous étiez enfant, alors pour protéger ces trésors, vous les avez dissimulés intelligemment. Vous êtes désormais adulte, prêt à ce que votre appétit pour la vie réapparaisse, mais vous ne le retrouvez plus.

Ne vous inquiétez pas. Il existe un moyen de le dénicher.

Quand vous êtes jeune et enthousiaste, si quelqu'un plante régulièrement une épingle dans votre ballon, ce qui vous démolit, vous essayez, pour vous protéger, de vous souvenir qu'il ne faut pas que vous soyez heureux. Vous apprenez à contrôler la situation en plantant vous-même une épingle dans votre ballon. Chaque fois que vous devenez enthousiaste, vous vous arrêtez en employant *le langage de la négativité* : « C'est stupide. C'est sans intérêt. » Si vous avez été trop souvent déçu, et même si personne ne vous a jamais parlé ainsi, vous inventerez ces mots vous-même.

Vous protéger en vous interdisant d'être enthousiaste est inévitable. Personne ne peut en effet souffrir éternellement. Mais, malheureusement, bloquer son enthousiasme peut devenir une habitude.

Le problème des brillantes tactiques de survie conçues dans l'enfance est qu'elles finissent par exister de manière autonome sans nous demander notre avis. Elles font désormais partie de notre mode de fonctionnement, même si nous n'avons plus besoin d'elles. Arrivés à l'âge adulte, nous pouvons laisser derrière nous les dangers de l'enfance mais nous abandonnons rarement nos techniques de survie. *Les personnes qui ne s'intéressent à rien continuent à protéger leur enthousiasme.*

Qu'est-ce qui vous a conduit à cacher votre désir ?

D'où vous vient cette façon de fonctionner ?

Quand vous saurez quel était le danger qui *vous* guettait, vous aurez fait la moitié du chemin.

Les adultes peuvent étouffer les rêves d'un enfant de différentes façons. Permettez-moi de vous donner quelques exemples et voyons s'ils vous rappellent quelque chose.

Histoire n° 1 : Les critiques.

Jackie, une jeune femme très brillante, avait obtenu une bourse pour étudier la géologie à Moscou. Elle avait passé de merveilleux moments là-bas. Après ses études, elle est rentrée aux États-Unis et a trouvé un emploi consistant à faire des relevés géologiques pour une compagnie pétrolière. Mais quelque chose a changé. Son amour pour la géologie a disparu au moment même où elle s'apprêtait à entamer une carrière passionnante. Elle a démissionné au bout de quelques mois puis occupé plusieurs postes administratifs aux quatre coins des États-Unis. Depuis son retour de Moscou, elle n'a jamais éprouvé le moindre enthousiasme pour son travail et elle ne comprend pas pourquoi rien ne l'intéresse.

Voici ce qu'elle m'a dit : « Je ne sais pas si j'aimais vraiment les sciences. C'était peut-être pour moi une bonne occasion de m'éloigner de la maison et d'aller à l'université. J'adorais la compagnie des professeurs et des autres étudiants, et ils m'aimaient tous. Mais quand il a fallu trouver un emploi, j'ai eu l'impression que les sciences ne m'intéressaient pas vraiment. J'ai commencé à éprouver la même déprime que lorsque je vivais chez mes parents.

« Je suis aujourd'hui assez cynique quand on me propose un job. Je me dis qu'il *a l'air pas mal* mais qu'il doit y avoir une entourloupe quelque part. Que si je le regardais de plus près, je me rendrais compte qu'il n'a aucun intérêt. Je passe mon temps à me dire que tel ou tel job n'est pas assez bien, qu'il n'est pas assez payé, qu'il n'est pas assez sérieux ou fiable. Je me demande parfois s'il m'est jamais arrivé de m'intéresser *vraiment* à quelque chose. »

Jackie a été élevée par sa mère dans un petit village d'Arizona. Celle-ci avait eu une vie extrêmement difficile et en était très amère. Elle critiquait sans cesse tout ce que faisait Jackie. « Ma mère n'ouvre la bouche que pour me faire des reproches. » Quand elle réussissait, sa mère découvrait toujours un truc qui clochait. Quand elle paraissait heureuse, sa mère la traitait d'égoïste. « Lorsque je lui demande pourquoi elle semble incapable de me dire la moindre parole gentille, elle me répond qu'elle essaie seulement de m'aider à éviter d'avoir une vie difficile. Lui parler ne sert à rien, m'a dit Jackie en haussant les épaules. Elle est toujours cassante et me dit sans cesse : "Tu veux que je sois mielleuse tout le temps, que je te mente ?" »

Le mystère de Jackie s'éclaircit : les critiques interminables de sa mère sont responsables de son manque d'enthousiasme.

Ce sont ces critiques qui ont fait de Jackie une adulte démoralisée.

Voici comment cela se produit : quand un enfant est bombardé de critiques, il passe d'un mode où il s'intéresse au monde qui l'entoure – ce qui est sa tendance naturelle – à un mode de survie. Comme un pays en guerre, l'enfant critiqué cesse de chercher à construire sa vie pour concentrer toute son énergie dans sa lutte contre l'ennemi.

Histoire n° 2 : Être témoin des critiques.

Il existe des personnes qui n'ont jamais été critiquées mais qui, après avoir vu un de leurs parents rabaisser systématiquement un frère ou une sœur plus âgés, ont décidé de se cacher pour qu'il ne leur arrive jamais la même chose. À la différence de l'aîné qui vit ce drame en prise directe, le cadet a « l'avantage » d'être témoin du conflit et de pouvoir choisir une stratégie de survie.

Il n'a qu'une idée en tête : surtout ne pas s'attirer d'ennuis. Pas question pour lui de prendre le moindre risque. Il a décidé de ne pas s'impliquer dans la vie.

Quand, une fois adulte, il quitte la maison, il n'est toujours pas soulagé et ne se met pas enfin à vivre. Comme ces soldats japonais qui ne voulaient pas sortir de leur cachette à la fin de la Seconde Guerre mondiale, il est persuadé que la guerre n'est toujours pas terminée.

Chris, caissier dans un restaurant, était le benjamin dans sa famille. Il avait passé son enfance à voir son père critiquer et rabaisser ses frères et sœurs plus âgés. À l'âge de cinq ans, Chris a décidé qu'il resterait éternellement un bébé. Adopter un profil bas lui paraissait la seule chose sensée à faire. Il m'a confié : « J'ai décidé de ne rien vouloir. J'ai vu mes frères et sœurs aînés se faire insulter parce qu'ils avaient des pensées et des désirs personnels. Je ne voulais pas que cela m'arrive. »

Un petit mot au sujet de la *colère* et de la *dépression* :

Les personnes qui ont vécu l'une des deux histoires précédentes ont en commun d'avoir subi un traumatisme dans l'enfance qui est très fréquent et qui mérite une mention particulière.

Certaines personnes vous disent que leur enfance s'est déroulée sans problème. Puis elles ajoutent : « La seule chose est que mes parents n'arrêtaient pas de s'engueuler. Ils ne se mettaient pas en colère contre nous. Nous avions l'habitude de les entendre se chicaner, mais nous savions qu'ils nous aimaient. »

Je crains malheureusement qu'elles ne prennent leurs désirs pour des réalités. Si vous réfléchissez à cela, vous verrez que personne ne quitte une telle famille sans être profondément affecté par les spectacles dont il a été témoin. La colère effraie les jeunes enfants même si elle n'est pas dirigée contre eux. Cette colère qui flotte sans cesse dans l'atmosphère finit par les rendre malheureux. Cette tristesse peut demeurer cachée longtemps. Elle n'apparaît parfois qu'à l'âge adulte quand tous les rêves de bonheur que l'enfant s'était créés ne se réalisent pas. De tels rêves ne se réalisent souvent pas parce que *les enfants malheureux ont des attentes irréalistes par rapport à la vie.* Quelques déceptions suffisent à les désespérer et à les déprimer. La dépression est un syndrome de survie, caractéristique des petits animaux. Elle les pousse à fuir le danger en se terrant dans des endroits sûrs et sombres et à s'endormir. Si nous pouvions redevenir « positifs » une fois le danger passé, la dépression serait un atout majeur. Malheureusement, il est difficile de s'en débarrasser.

La mère de Jackie était-elle en colère ?

Elle s'est sûrement persuadée qu'elle essayait simplement d'aider sa fille à grandir, mais il y a un indice important qui prouve le contraire. Ses critiques étaient en effet désobligeantes au lieu d'être positives.

Lorsque les critiques de quelqu'un sont chargées de méchanceté, c'est qu'il est en *colère* et qu'il cherche ainsi à se défouler. C'est pourquoi vous devez toujours rejeter ce genre de critique qui ne vous apportera *jamais* rien de constructif. Son objectif n'est pas de vous enseigner quelque chose ou de vous aider, mais de vous punir. Quand Jackie raccroche après avoir parlé avec sa mère au téléphone, elle se sent toujours punie. Et c'est bien de cela qu'il s'agit.

Mais la colère n'est pas la seule à pouvoir affecter votre enthousiasme naturel.

Histoire n° 3 : Les interruptions.

Des parents aimants entravent parfois involontairement les capacités de leur enfant de développer ses propres désirs en l'interrompant trop souvent.

Ces parents feraient n'importe quoi pour leurs enfants. Sauf leur ficher la paix.

Ils les traînent dans des activités intéressantes ou « éducatives », pensant que les enfants ont besoin d'être constamment occupés et stimulés. Je crois parfois qu'ils se sentent coupables ou mal à l'aise s'ils laissent leur enfant passer un peu de temps dans ses pensées ou jouer seul, comme si cela signifiait qu'ils étaient de « mauvais parents ».

La pensée suit un cours naturel quand nous sommes seuls. Si vous observez des enfants jouer, vous verrez qu'il y a un rythme dans leurs activités. Quand un jouet attire leur attention, ils jouent avec pendant un moment puis ils regardent par la fenêtre et réfléchissent quelques instants, puis ils partent à la recherche de quelqu'un pour jouer avec eux. Toute cette activité est nécessaire pour apprendre à s'intéresser au monde qui nous entoure.

Les capacités d'attention augmentent avec l'âge de l'enfant. Nous nous retrouvons un jour à passer du temps à réparer notre vélo, à lire ou à jouer avec des amis, et ces activités sont importantes à nos yeux.

Chaque fois que la jeune Candace jouait seule, sa mère surgissait et lui parlait. Au bout de quelques années, Candace est devenue nerveuse et s'est mise à éprouver des troubles de l'attention. Elle était devenue incapable d'écouter ses propres pensées.

Quand elle est venue me consulter, elle avait pour habitude de ne jamais terminer ce qu'elle entreprenait. « Je m'intéresse à une profession et à la minute où je décide qu'elle me plaît, mon intérêt s'évanouit. Rechercher un travail, rédiger mon C.V., passer des coups de fil, me semble une tâche tellement écrasante que je suis épuisée rien que d'y penser. »

Pourquoi Candace perd-elle son énergie ? Parce que l'énergie se nourrit du désir, et que le désir de Candace n'a jamais pu mûrir en raison des interruptions répétées de sa mère. Nous avons tous besoin de développer notre personnalité intérieure. Quand notre famille ne respecte pas notre autonomie, elle fait intrusion dans notre Moi, ce qui nous déstabilise. Nous prenons alors l'habitude de focaliser toute notre énergie sur *elle* plutôt que sur ce qui nous intéresse.

Lorsqu'une personne pense que votre vie lui appartient, même si elle est chaleureuse et généreuse, elle n'en demeure pas moins un tyran. Être un gentil tyran est une erreur facile à commettre. Quand vos enfants sont petits, leur vie vous appartient d'une certaine façon, parce que vous êtes responsable de ce qui leur arrive. Et à mesure qu'ils grandissent, vous êtes *censé* intervenir de temps à autre pour leur enseigner certaines valeurs.

Mais si vous n'apprenez pas à respecter leur « différence », si vous vous ingérez trop dans leur vie privée, dans leurs jeux, leur travail en classe ou dans leurs amitiés, ils passeront leur vie à se défendre contre vos intrusions potentielles, même une fois parvenus à l'âge adulte.

Histoire n° 4 : Les promesses non tenues.

Certains parents ne peuvent s'empêcher de susciter chez leurs enfants des rêveries merveilleuses. L'enthousiasme d'un enfant *est* un vrai délice, et certains adultes se remontent parfois le moral en surexcitant leurs enfants. Tant qu'il est clair que l'adulte fait « comme si », il n'y a pas de mal. Mais le cœur d'un enfant est trop authentique pour supporter des tricheries bien longtemps. Il ne faut pas faire des promesses ni des suggestions que vous n'avez pas l'intention de tenir.

Quand Sandra était petite, son père lui disait par exemple : « Nous allons visiter la jungle péruvienne cet été ! » ou : « Tiens, prends le prospectus, on ira à Disneyland. » Mais ils n'allaient jamais nulle part.

Le père de Sandra surexcitait ainsi régulièrement ses enfants à tel point qu'ils dormaient à peine durant toute la semaine. Et tout aussi régulièrement, il avait oublié ses promesses, ou il était trop occupé quand le week-end arrivait. Si Sandra ou son frère se mettaient à pleurer de déception, leur père devenait furieux. Il lui est ainsi arrivé plusieurs fois de quitter la maison sur un accès de colère tout un samedi en prenant la voiture.

De nombreuses personnes suscitent des rêveries chez les enfants mais celles qui laissent planer un flou entre le « faire-semblant » et les promesses m'ont toujours inquiétée. Certaines personnes, que l'on dit très chouettes avec les enfants, jouent un jeu dangereux en faisant naître en eux des attentes qu'elles ne satisferont pas. Les parents ne devraient jamais prendre des engagements qu'ils n'ont pas l'intention de tenir.

Un grand nombre de promesses faites à Sandra par son père auraient pu être tenues. Cela n'a pas été le cas. Il a probablement moins sorti ses enfants que les autres parents du voisinage.

Alors Sandra vivait dans ses rêveries. Ses difficultés avec la réalité sont apparues dans sa vie professionnelle et dans ses relations personnelles. Elle avait monté une société de conseil en matières industrielles qui marchait bien. Mais elle ne respectait pas son travail, pensant qu'il était stupide. Elle ne s'intéressait pas aux hommes « ordinaires » et se liait à des hommes charmeurs et hypocrites pendant de courtes périodes. Elle souffrait ensuite terriblement à chaque rupture, craignant de ne jamais arriver à se marier, ce qui était à ses yeux une humiliation telle qu'elle préférait ne pas y penser. Elle avait tant souffert de déceptions répétées dans l'enfance qu'elle voulait désespérément qu'un de ses rêves devienne réalité : il fallait qu'un prince charmant transforme sa vie.

Elle faisait partie de ceux qui rêvassent parce que la réalité est trop décevante à leurs yeux. Certaines personnes considèrent que c'est normal, que tout le monde est ainsi, mais il n'en est rien. (Nous ne préférons pas tous les rêveries à la réalité. Nous ne trouvons pas tous que la vie est décevante.) Si vous êtes dans ce cas, il est important que vous réfléchissiez sérieusement aux causes de votre déception. Découvrir ce qui vous est arrivé vous ouvrira les yeux.

La compréhension est la première étape et la plus importante pour transformer votre vie et faire renaître vos intérêts et vos désirs. Le reste, c'est des vétilles.

Quand la lumière illumine...

Quand la lumière illumine soudain la partie sombre de notre esprit où nous conservons nos plus anciennes convictions, tout notre univers nous paraît différent. Comprendre simplement ce qui nous tourmente, prendre conscience que chacune de nos difficultés a un nom, une cause et sa propre logique est une délivrance. Rien ne vous rend plus impuissant que l'ignorance. La vérité *pourra* vous libérer. Voici comment certaines personnes ont résolu leur problème.

JACKIE : « Je savais que je détestais les critiques de ma mère mais je n'avais jamais fait le lien avec mon problème. J'ignorais pourquoi j'étais toujours de mauvaise humeur même quand je ne l'avais pas vue depuis plusieurs mois. Maintenant, je sais que je m'infligeais ce que ma mère me faisait auparavant ! »

CHRIS : « J'avais vraiment l'impression d'être un perdant parce que j'étais si prudent, et si peu sûr de moi. Mon frère et ma sœur étaient ceux que papa engueulait. J'avais oublié que j'avais décidé de me faire tout petit pour qu'il ne me voie pas. »

CANDACE : « Je pensais que j'étais *paresseuse*, mais maintenant je vois que j'attendais sans cesse que l'on vole à mon secours. Prendre soin de moi m'a flanqué une crise d'angoisse épouvantable, comme si on m'avait abandonnée. »

Jackie, Chris et Candace ont de la chance parce qu'ils voient ce qui a entravé leur désir naturel. Ils ont désormais franchi l'étape la plus importante en vue de se libérer de leur attitude négative habituelle. J'espère que leur histoire vous a aidé à en faire de même. *Même si vous ne savez pas pourquoi vous avez enfoui votre désir, vous savez maintenant que sa disparition n'est pas un mystère.* Il s'est produit quelque chose, c'est sûr.

Voyons ce qu'il faut pour que votre enthousiasme naturel remonte sur scène.

Faire du monde un endroit sûr où le désir pourra s'exprimer

Comprendre pourquoi votre enthousiasme est en berne ne suffira pas à redresser la tête. Votre passé emprisonne une grande partie de votre énergie. Pour la récupérer, il vous faut une stratégie.

Les stratégies varieront en fonction des menaces qui ont pesé sur votre désir, mais il existe quelques petites choses que chacun peut faire. Jackie, Chris et Candace ont recouru à certaines de ces stratégies simples pour transformer leur vie. Les voici :

Solution n° 1 : Cédez à la critique.

Si, comme Jackie, vous n'arrivez pas à vous dépêtrer d'une relation néfaste, vous aurez besoin d'une stratégie qui vous évitera d'être embarqué dans des « jeux psychologiques ». L'une de mes préférées est la suivante :

si on essaie de vous convaincre que vous n'êtes pas quelqu'un de bien, *soyez d'accord avec votre interlocuteur* et vous le verrez lâcher le morceau, surpris.

« La lutte en elle-même est votre ennemi, ai-je dit à Jackie. Si vous ne pouvez pas gagner, il vaut mieux perdre la partie temporairement. Détendez-vous et soyez malheureuse. Trouvez un travail, allez à vos affaires et laissez votre mère gagner la partie. Je pense que vous aurez de bonnes surprises. »

Jackie était furieuse à l'idée même de prétendre être d'accord avec les critiques de sa mère, mais elle a finalement décidé d'essayer. Lorsqu'elle a parlé à sa mère au téléphone la fois suivante, elle a cessé de lui dire que tout allait bien et lui a ainsi ôté l'occasion de la démolir. Au lieu de cela, elle lui a dit que tout allait de travers : « Je suis vraiment nulle. Je ne vaux pas un clou. Je n'ai jamais rien accompli. »

Au début, sa mère a réagi comme à son habitude : « C'est ta faute, c'est toi qui as tout fait échouer. » Jackie s'est cette fois-ci bien gardée de gober l'hameçon et de se lancer dans la bataille habituelle. « Tu as raison. C'est moi qui ai tout fait échouer. Je ne sais pas pourquoi je suis aussi stupide. J'ai toujours été stupide. »

Sa mère était stupéfaite. « Tu n'as jamais été stupide », lui a-t-elle répondu en hésitant, et le jeu s'est inversé ! Après quelques conversations téléphoniques, elle s'est mise à encourager sa fille : « Tu n'es pas stupide. C'est la faute de ton patron. Ne le laisse pas te démolir. »

Jackie m'a dit : « C'est la première fois de ma vie qu'elle ne me critique pas. Qu'est-ce qui se passe ? »

Jackie avait réussi à paralyser la dynamique habituelle de sa mère. La « chance » de sa fille suscitait en elle de la rancœur parce que sa propre existence avait été très difficile. Aussi chaque fois que Jackie essayait d'épater sa mère, elle devenait sa cible. À la minute où Jackie a rangé sa batte et laissé passer les balles, le jeu a cessé.

Solution n° 2 : Écrivez des Modes à vos défenses et à vos défauts.

Vos défenses sont la cause de vos ennuis. Votre défense contre la critique ou les interruptions consistait à devenir passif, indécis ou inerte. Donnons pour une fois à ces tactiques le respect qu'elles méritent : elles vous ont gardé en vie, après tout, et elles ont protégé votre précieuse capacité de désirer de la critique et de la colère qui vous tombaient dessus.

Exercice 1 : Glorifiez votre mécanisme de défense

Partie A : Il est temps de commencer à admirer ce mécanisme de défense qui vous interdit de bouger. Louez-le pour avoir eu l'intelligence de protéger votre désir contre la brutalité. Écrivez cela sous la forme d'un sonnet ou d'un poème humoristique, d'une chanson ou d'une aria. Je sais que cela peut paraître bizarre, comme si vous deviez chanter les louanges de vos freins parce qu'ils avaient arrêté votre voiture, mais rappelez-vous ceci : votre mécanisme de défense a conservé votre passion intacte pendant toutes ces années. Il mérite louanges et gratitude !

Partie B : Voici une autre façon de cesser de combattre votre critique. Rendez hommage par écrit à ce que l'on vous a reproché. Si on vous a par exemple traité d'imbécile, écrivez un « hommage à l'imbécillité ».

Exemple : Les imbéciles sont doux, drôles, gentils et généreux. Ils ne blessent pas les autres et ne les humilient pas. Ce sont souvent des personnes attentives à ce qu'on leur dit. (Et puis elles ne sont pas aussi imbéciles que ça. Elles sont suffisamment intelligentes pour se taire et avoir l'esprit ouvert.)

Si on vous accuse d'être prétentieux ou trop timide, écrivez une chanson sur les gens agressifs, les superstars et les grandes gueules, ou sur les personnes silencieuses et les ringards. Écrivez une ode à tous ceux qui entreprennent une foule de choses et échouent. (Quelle imagination ils ont ! Quel courage !) Ou bien, écrivez une ode à tous ceux auxquels l'argent brûle les doigts. (Comme ils sont faciles à vivre, généreux, détendus, comme ils sont différents de ceux qui placent l'argent au-dessus de tout !)

La prochaine fois que quelqu'un vous donnera le sentiment d'être imbécile (ou bruyant, vaniteux ou égoïste), rappelez-vous cet hommage et dites-le à haute voix : « J'aime bien les imbéciles. Ils sont assez drôles, etc. » et vous verrez que votre interlocuteur en aura le bec cloué. Il aura peut-être l'impression que vous êtes un peu bizarre mais *en vous fichant de ce qu'il pense*, vous lui aurez ôté des mains son arme la plus puissante !

Vous êtes en effet en train de lui dire : « Et alors ? »

Lorsque vous dites : « Et alors ? », vous détournez de vous le projecteur pour le braquer sur celui qui vous critique. Vous mettez en évidence le fait *qu'il vous traite d'imbécile parce qu'il est en colère et non l'inverse*, et vous lui dites en substance : « Je ne suis pas obligé de me battre avec toi simplement parce que tu en as envie. Pense et fais ce que tu veux. »

Chris, qui a observé son père ridiculiser ses frères quand il était enfant, s'est mis à craindre la moindre critique. Jusqu'au jour où il a appris à dire : « Et alors ? »

Quelque chose de très intéressant s'est produit. Il s'est rendu compte qu'il acceptait mieux sa vie. Il a cessé de se dire qu'il n'était pas heureux ; il a arrêté d'avoir des crampes d'estomac en pensant aux échecs de la journée passée et il a commencé à prendre chaque jour comme il venait.

« Je suis allé skier l'autre jour et j'ai passé un bon moment, m'a-t-il dit. J'en avais déjà eu auparavant mais dès que je rentrais à la maison, je les effaçais en me disant : "D'accord, mais je n'ai pas de métier qui me

convienne, de femme qui m'aime, de vie que j'aime."
Rien ne comptait tant que je n'étais pas au nirvana. Cette fois-ci, j'ai refusé de voir les choses ainsi. J'ai simplement pensé que je m'étais bien amusé, et je suis retourné à mes affaires. *Je commence à prendre conscience que ma vie n'est pas aussi malheureuse que je le croyais.* »

L'existence n'est pas censée être une bataille entre « tout ou rien », entre le malheur et le bonheur total. La vie n'est d'ailleurs pas censée être une bataille du tout. Et quand on en vient au bonheur, il faut reconnaître que de temps en temps la vie est bien, parfois elle est confortable, parfois merveilleuse, parfois ennuyeuse et parfois désagréable. Quand votre journée n'a pas été parfaite, ce n'est pas un échec ni un drame. C'est simplement une journée qui vient de s'écouler.

Solution n° 3 : « Ozez » vos parents.

Si après avoir mis en lumière votre problème, cédé à la personne qui vous critiquait, composé un poème ou une chanson d'amour sur vos « défauts » et dit : « Et alors ? », vous n'arrivez *toujours pas* à profiter de la vie telle qu'elle est (c'est le cas de Sandra) alors il faut que vous « oziez » vos parents. Je m'explique : vous vous rappelez la scène du *Magicien d'Oz* dans laquelle Toto le chien ouvre un rideau pour révéler que le Grand et Puissant Oz n'est qu'un petit homme nerveux ?

Il faut que vous cessiez de conférer à vos parents un pouvoir excessif en prenant conscience de leurs capacités réelles. Cet exercice vous ouvrira les yeux, je vous le garantis.

Exercice 2 : Découvrez votre ennemi
(Jouez le rôle de la personne qui vous critique)

Faites comme si vous étiez la personne qui vous a rendu la vie si difficile. Puis, à l'aide d'une feuille de papier et d'un stylo, écrivez *votre* histoire. Adoptez le point de vue de cette personne, expliquez *pourquoi* vous vous êtes montré si critique, ou pourquoi vous n'avez jamais tenu vos engagements.

Pour quelles raisons une personne promettrait-elle monts et merveilles aux enfants pour manquer ensuite à sa parole ?

Sandra croyait tout savoir de la vie de ses parents mais les différents éléments dont elle avait déjà connaissance se sont assemblés différemment dans son esprit quand elle a interprété le rôle de son père. (Elle a utilisé ce que sa famille lui avait dit et imaginé le reste. Vous pouvez faire la même chose.)

Le père de Sandra dit par sa fille :

« Dans les années 20, quand j'étais enfant, mon père était riche et nous menions une existence insouciante et pleine de rêves. Nous possédions des yachts, nous organisions des garden-parties et des voyages à Paris. Mais Papa a fait de mauvais investissements et il a tout perdu dans le krach boursier. Je ne lui ai jamais pardonné. J'ai cessé de rêver pour devenir dur et pragmatique.

« Je pensais que je détestais les rêveurs. Mais je suis finalement tombé amoureux d'une femme n'ayant aucun sens pratique. Elle était plus belle à mes yeux que toutes les femmes pragmatiques que j'avais jamais rencontrées. Au début, j'ai bien aimé être celui qui prenait tout en main et qui s'occupait d'elle. Mais quand les enfants sont arrivés, le charme que lui donnait son côté rêveur a commencé à s'estomper et je me suis mis à me montrer irritable avec elle.

« Ma fille Sandra était rêveuse comme je l'avais été à son âge. Une partie de moi aimait cela. J'adorais voir ses yeux briller quand je lui racontais les choses merveilleuses que nous allions faire, comme aller au cirque.

« Mais quand le cirque arrivait en ville, je devenais irascible. Je pensais : "Le cirque, c'est stupide. Si nous passons notre vie au cirque, nous n'accomplirons pas les choses importantes qui doivent être faites. Et ma fille deviendra une cloche comme sa mère." Chaque fois que Sandra me demandait la permission de faire quelque chose de frivole, comme d'aller au cinéma, cela m'irritait et je lui répondais : "Dis-moi un peu quel en est l'intérêt ? Qu'est-ce que cela va t'apporter ? " Cela me rend malade de voir qu'elle n'a aucun sens pratique et cela me fait peur. »

Sandra s'est montrée très troublée après avoir joué le rôle de son père. Elle m'a dit : « Quand il se bat contre moi, c'est contre lui qu'il se bat en fait ! Il s'est trompé de personne. C'est bizarre ! »

J'ai expliqué à Sandra que les parents faisaient souvent erreur sur la personne. On appelle cela une « projection ».

Quand elle a compris que son père ne tenait pas ses promesses parce qu'il craignait de redevenir un rêveur, et que cela n'avait rien à voir avec elle, elle a commencé à se créer une existence dans la réalité. Elle a décidé de cesser de rechercher l'éclat et de trouver un homme sympa qu'elle pourrait épouser. Elle a emménagé dans un immeuble où vivaient de nombreux célibataires et elle a rencontré autant de personnes que possible. Elle s'est mise à passer du temps à la piscine, elle est allée à des barbecues et elle a même organisé une soirée chez elle. Elle a commencé à rencontrer des hommes sympas.

« Au début, je détestais cela. Je n'aimais pas les hommes normaux et pragmatiques. J'étais persuadée qu'ils allaient m'entraîner dans une vie ordinaire et monotone. Mais en fait, ils s'en sortaient bien mieux que moi et ils méritaient le respect », m'a-t-elle dit. Elle s'est efforcée de respecter ses nouveaux petits amis. Et elle a travaillé plus dur que jamais pour développer son entreprise de conseil. Elle a même utilisé son don pour la rêverie au lieu de se laisser utiliser par lui, en entrant dans une troupe de théâtre et en concevant les décors.

« La personne que je devais d'abord apprendre à respecter, c'était moi-même, m'a-t-elle dit. Quand mes affaires se sont améliorées et que j'ai vu un bon article sur un de mes décors dans le journal, j'ai commencé à éprouver le sentiment que je comptais pour quelque chose dans le monde réel. Après cela, il m'est devenu plus facile de respecter les autres. »

Sandra n'est pas la seule à compenser sa déception en mettant la barre très haut. Pour trouver le bonheur, il faut qu'elle change sa façon de voir les choses.

LE BONHEUR

Il se peut que l'on veuille trop de bonheur.
Il n'est pas toujours bien vu de dire de telles choses, et je suis pour ma part convaincue qu'il faut essayer de rendre ses journées aussi belles que possible. Mais quand je rencontre quelqu'un qui est mécontent dès qu'il n'est pas au nirvana, je me pose des questions.

Quand j'ai vu Jackie pour la première fois, elle avait déjà occupé une douzaine d'emplois. Elle s'est exclamée : « Je veux un job qui me fasse rayonner de joie ! »

Je lui ai répondu : « Vous êtes déjà tellement *mal*heureuse, alors que diriez-vous de commencer par un job qui pour une fois ne vous rendrait simplement pas malheureuse ? On passera à la joie rayonnante après.

— Non, a-t-elle insisté, je veux être heureuse ! »

Quand serai-je heureuse ?
Les personnes négatives de manière chronique semblent attendre plus de bonheur de la vie que les personnes ordinaires ! On imaginerait plutôt que ceux dont le moral est toujours à zéro se contenteraient de se sentir « pas trop mal », mais ce n'est pas le cas.

Ces personnes semblent ignorer que la plupart d'entre nous ne sont pas dans un état de béatitude totale en permanence, et que cela ne leur pose aucun problème. L'insistance de Jackie sur la « joie rayonnante » m'a intriguée.

Nous avons dû regarder son histoire de plus près. Vous vous souvenez qu'elle était coincée dans une lutte avec sa mère. *Elles se battaient au sujet du bonheur.*

« Est-ce que votre mère voulait que vous soyez *malheureuse* ? lui ai-je demandé.

— Non, mais elle détestait entendre que j'étais heureuse. Elle en éprouvait de la rancœur », m'a répondu Jackie.

Cette dynamique était évidente, mais je ne l'avais pas relevée auparavant. Si vous observez des personnes qui ont été trop critiquées ou interrompues dans leur enfance, vous remarquerez souvent la même chose. Un de leurs parents (ou les deux) est perturbé quand son enfant est heureux indépendamment de lui. Comment est-ce possible ? Aucun parent n'envie le bonheur de ses enfants ?

Certains, si !

Les parents, comme tout le monde, peuvent avoir des sentiments et des pensées irrationnels. Voici des exemples :

- « Si elle est heureuse, elle partira et elle me quittera. »
- « Si un enfant est trop heureux, c'est un mauvais présage, quelque chose de terrible va se produire. »
- « Si mon fils est heureux, il est égoïste. Et moi ? » (Ou, comme dirait le romancier américain Richard Ford : « Les mots chargés de colère sont tous les mêmes. Ils disent tous "Et moi ?" »)

Sans l'admettre vraiment, de nombreux parents éprouvent des réactions négatives face au bonheur de leurs enfants.

Pas étonnant alors que les personnes chroniquement négatives *attendent tant de joie de la vie au lieu de se contenter d'être simplement satisfaites*. Elles sont coincées dans une lutte avec leurs parents et ont besoin d'un grand bonheur pour se défendre contre la pression parentale qui les poussait vers une vie malheureuse. Elles ont pris l'habitude de se refugier dans la quête du plaisir pour échapper au mécontentement permanent.

Apprendre doucement à ses parents à lâcher prise est la tâche de l'enfant devenu adulte. Au lieu d'être leur enfant, vous devez maintenant être un adulte bienveillant mais ferme. *Vous le leur devez*. Ils vous ont aidé à ne pas avoir peur d'entrer à l'école ; maintenant vous les aidez à se détacher de vous et à reprendre le cours de leur vie.

Candace a très doucement commencé à sevrer sa mère. Elle s'est mise à lui envoyer plus de cartes postales et à moins lui téléphoner, à lui rendre visite moins souvent. *Quand elles discutent ensemble, elle s'arrange pour que sa mère parle d'elle-même.*

« Elle avait pour habitude de me passer à la question, de vouloir savoir tout ce qui m'était arrivé. Elle était tellement gentille que je n'aimais pas refuser de lui répondre alors j'ai mis au point une technique. *Je l'ai vraiment utilisée* et elle ne s'est pas rendu compte de ce qui se passait.

« Si elle fait pression sur moi en me demandant quand je vais me marier, je lui dis : "Savais-tu que tu allais épouser Papa quand tu l'as rencontré ? " et elle se met à me raconter l'histoire de sa vie. Je sais que c'est une ruse, mais elle est salutaire et je ne suis pas du genre à blesser les autres en me fermant comme une huître. »

Vous disposez désormais de techniques qui feront de votre monde un lieu où votre désir pourra s'exprimer sans courir le risque de se voir écraser. Il ne reste plus qu'à convaincre votre enthousiasme qu'il peut sortir de sa cachette.

Comment prendre un risque

Protéger votre enthousiasme en vue de jours meilleurs était une sage décision de votre part.

Ces jours meilleurs sont arrivés.

Vous pouvez vous permettre de vous intéresser à quelque chose à nouveau. C'est vrai, cela ouvrira la porte à la déception, à la critique ou au ridicule – en tout cas de votre part – mais vous avez le droit de faire ce que vous aimez, sans tenir compte de l'avis des autres. Voilà ce que signifie réellement vivre dans le risque. Il ne s'agit pas de tenter des cascades mettant votre vie en péril mais d'oser simplement vouloir quelque chose dont vous vous êtes activement détourné depuis l'enfance. Oser essayer. Oser même passer pour un imbécile.

ÉLOGE DES IMBÉCILES

La pire chose qui puisse vous arriver en tant qu'adulte enthousiaste est de passer pour un imbécile aux yeux de ceux qui ont besoin de critiquer. L'enthousiasme vaut la peine de courir ce risque, croyez-moi. Lorsque vous vous autoriserez à être enthousiaste, vous serez tellement rempli d'émerveillement que vous vous moquerez bien de ce que penseront les autres.

Isaac Bashevis Singer[1] raconte l'histoire d'un sot, histoire merveilleuse à laquelle j'aimerais que vous réfléchissiez. La voici :

Un jour, un ami du sot et de sa femme vient chez ceux-ci. Il leur dit : « Il faut que vous sortiez ! Il y a une vache qui grimpe le long du mur de la maison. »

Le sot se lève et dit : « Vraiment ? »

---

1. Isaac Bashevis Singer (1904-1991), écrivain américain d'origine polonaise prix Nobel de littérature en 1978. *(N.d.T.)*

Sa femme dit : « Il te raconte des coups encore une fois. Tu *sais* qu'il n'y a pas de vache en train de grimper le long du mur de la maison. »

Mais le sot sort pour voir.

Quand il revient, sa femme lui dit : « Alors, y avait-il une vache en train de grimper le long du mur de la maison ? »

Embarrassé, le sot répond que non.

Son ami éclate de rire.

« Alors pourquoi l'as-tu fait ? Pourquoi marches-tu *à chaque fois* ? » lui demande sa femme.

Avec un léger sourire, le sot lui dit : « Je savais qu'il n'y avait probablement pas de vache en train de grimper le long du mur de la maison. Mais s'il y en avait eu une ? Je n'aurais voulu manquer cela pour rien au monde. »

Dans la vie comme dans la littérature, les vies extraordinaires sont menées par ceux qui ont la confiance et l'ardeur des enfants, qui sont disposés à prendre des risques, et même à avoir l'air sot si nécessaire.

Mozart et Shakespeare étaient prêts à passer pour des sots et leur vie a été extraordinaire. Si vous voulez rendre la vôtre intéressante, il faut que votre enthousiasme réapparaisse. Et pour cela, il faut que vous soyez sûr de vous.

La Bible dit ainsi : « Un espoir différé rend le cœur malade, mais un désir accompli est un arbre de vie » (Proverbes, 13 ; 12).

13

En rage contre l'ordinaire

Vivez-vous au-dessus de vos moyens, financièrement, psychologiquement, ou d'une autre façon ? Avez-vous un ou deux rêves que vous n'avez jamais vraiment réalisés ? Faites-vous des promesses que vous ne pourrez pas tenir ?

Y a-t-il de nombreuses personnes folles de rage contre vous ?

En ont-elles assez de vous aider ? Attendent-elles que vous payiez vous-même vos factures, que vous vous preniez en charge, et que vous accomplissiez les choses ordinaires que tout un chacun est bien obligé de faire ? Ignorez-vous ces personnes, ou au contraire, vous sentez-vous furieux et incompris ?

Si vous avez répondu oui à ces questions, c'est que vous refusez énergiquement de gérer votre vie comme tout le monde, parce que vous vous réservez pour un destin particulier. *Vous êtes en rage contre l'ordinaire.*

PORTRAIT D'UN ENRAGÉ

Contrairement à de nombreuses personnes, un enragé, lui, peut formuler ses objectifs en deux secondes : « Je veux gagner ma vie en vendant mes dessins », « Je veux jouer dans un groupe digne de mon talent », « Je suis un(e) (artiste, investisseur, directeur, femme, homme) fabuleux(se) et je veux que le monde me donne (la célébrité, la fortune, la reconnaissance, un chevalier en armure, l'ange de mes rêves) auquel/à laquelle j'ai droit. »

Si vous êtes en rage contre l'ordinaire, vous ne voulez pas être peintre, non, vous voulez être *le plus grand* peintre qui ait jamais existé. Vous ne voulez pas être un homme d'affaires puissant, vous voulez être l'homme d'affaires *le plus puissant*. La gloire est si importante à vos yeux que vous ne supportez pas les corvées et les détails incontournables qui font partie de la vie. Vous fuyez tout ce qui vous rappelle l'ordinaire dans votre ascension vers la gloire, aussi vivez-vous dans la précarité. Vous méritez le succès, et *tout de suite*. Vous n'avez pas le temps ou l'envie d'acquérir des savoir-faire et des compétences qui vous permettraient de l'obtenir.

Les rêves des « enragés » ne sont pas en cause. Ils sont merveilleux et valent la peine qu'on cherche à les réaliser. Mais ils comportent aussi des pièges, comme celui qui consiste à penser que tout ce qui n'est pas le « top » est sans intérêt. Commencer tout en bas, cheminer progressivement dans l'apprentissage d'un métier est intolérable. Un enragé a besoin de se sentir un maître dans un domaine avant de l'être réellement, ce qui le conduira malheureusement tout droit à la frustration ou au rejet.

Les enragés sont rongés intérieurement par des sentiments douloureux et intenses la plupart du temps.

La pression qu'implique son style de vie précaire, la frustration qu'il éprouve parce qu'il n'obtient pas la reconnaissance et les récompenses qu'il pense mériter rendent l'enragé irritable, impatient, craintif ou sur la défensive. Si vous êtes dans ce cas, vous essayez peut-être de camoufler ces sentiments en critiquant les autres ou en vous montrant cynique, ce qui complique probablement vos relations avec eux. Vous vous disputez souvent avec ceux qui pourraient justement vous aider à réaliser vos rêves et vous êtes persuadé qu'ils sont les fautifs. Les gens ne voient pas les choses comme vous. Tout le monde est en colère contre vous et vous, *vous êtes* en colère contre tout le monde et encore plus fâché avec le destin.

Si vos rêves sont plus grands que les nôtres, vos désastres le sont aussi. En tout cas, c'est comme cela que vous le ressentez. Aux yeux des autres, l'enragé manque terriblement de réalisme et s'inflige de nombreuses difficultés et souffrances inutiles. Il est *toujours* au bord du gouffre et s'en sort chaque fois de peu.

L'enragé se vit comme un génie incompris, ce qui lui donne un charme considérable, charme qui est encore accru par la multitude de désastres auxquels il échappe chaque fois de justesse.

Les enragés font partie des personnes les plus charismatiques qui soient. Quand il est heureux, un enragé est une personne tout à fait exquise. Mais lorsqu'il a peur, ou qu'il a des ennuis, ses besoins matériels font craqueler sa façade séduisante. Il apparaît sous un autre jour, manipulateur et même égoïste.

C'est son charme qui attire les gens autour de lui, même lorsqu'ils ont été embarqués à plusieurs reprises dans ses problèmes… et un enragé en a toujours beaucoup ! Il n'a pas d'argent pour payer son loyer, pas le temps de dactylographier un mémoire qui doit être rendu le lendemain, ou doit vous emprunter votre voiture ou vos plus beaux vêtements. Et cela ne se produit pas qu'une fois ou deux, c'est une façon de vivre.

Les enragés ne veulent surtout pas s'occuper des détails.

Ils croient se donner beaucoup de peine pour réussir dans leur travail mais quand il s'agit de passer aux détails pratiques permettant de faire avancer les choses, il n'y a plus personne.

C'est une tragédie parce que ce sont souvent des personnes bourrées de talents.

Les enragés laissent les autres perplexes. Comment peuvent-ils supporter de vivre au bord du gouffre ? Comment font-ils pour frôler la catastrophe sans arrêt alors qu'il leur suffirait de réfléchir un peu à l'avenir pour pouvoir l'éviter ? Pourquoi ne veulent-ils pas se prendre en charge ? Ils sont tellement capables et intelligents. Ils n'ont vraiment pas *besoin* d'utiliser les autres. Ils n'ont pas non plus à tenir le monde entier pour responsable de leur situation difficile. Leur comportement est un mystère pour leur famille et leurs amis.

Ils ne sont pas paresseux non plus !

Les enragés sont des travailleurs acharnés.

Ils s'obligent en fait à travailler plus dur que les autres parce qu'ils sont sur deux fronts en même temps. Ils travaillent en permanence – ou réfléchissent – à leurs plans, leurs projets ou leurs inventions. Ils sont de plus constamment en train de gérer une crise ou une autre, trouvant de nouveaux stratagèmes pour qu'on les aide et se montrant d'excellents vendeurs – amadouant, négociant ou faisant de grandes promesses – pour se sortir du chaos dans lequel ils se trouvent.

COMMENT MENER UNE VIE EXTRAORDINAIRE

Vous avez peut-être envie de me dire : « Attendez une minute. Et Michel-Ange, et Mohammed Ali, et tous ceux qui ont accompli des choses extraordinaires ? Est-ce qu'ils se sont contentés d'une vie terne style "métro-boulot-dodo" ? Les vrais gagnants ont besoin de prendre de gros risques, non ? » Suis-je en train de vous suggérer de plonger dans un abîme de médiocrité ?

Bien sûr que non !

Les enragés commettent une énorme erreur de calcul. Ils ne voient pas la différence entre être en colère contre l'ordinaire et *être extraordinaire*. Une vie extraordinaire, une vie pleine de réussite, c'est aussi une foule de détails très banals, beaucoup de travail et de patience. Les chercheurs célèbres doivent aussi payer leurs factures et promener leur chien. Les comédiens connus doivent aussi faire la queue quand ils vont au marché. *La vie quotidienne de tout un chacun est ordinaire.*

Les personnes extraordinaires ne gaspillent pas leur énergie à s'énerver contre l'ordinaire. Elles se fichent d'ailleurs de savoir ce qui est ordinaire et ce qui ne l'est pas. Elles sont trop occupées à avancer pas à pas dans leur vie. Vous pouvez être un prodige, être extrêmement doué, mais plus vous serez doué, plus vous devrez travailler dur pour créer quelque chose qui sera à la hauteur de vos exigences. *Le talent, associé à la patience, vous permettra de maîtriser votre art, et c'est grâce à cette maîtrise que vous réaliserez vos rêves.*

À cela l'enragé répond : « Il y a tant de gens moins doués que moi qui obtiennent le job que je veux. C'est tous des pistonnés. Tout dépend si vous acceptez ou non de faire de la lèche ! Alors ne me parlez pas de maîtrise ! »

Peu importe que l'enragé ait tort ou raison car en grattant un peu, *vous vous apercevrez toujours qu'il n'est pas aussi accompli qu'il le devrait et qu'il ne travaille pas assez dur pour le devenir*. J'ai demandé un jour à une actrice enragée si elle était aussi bonne qu'elle aurait dû l'être. Mal à l'aise, elle m'a répondu : « Peut-être pas, mais des personnes qui ne valent pas plus que moi ont décroché des jobs. » S'il est difficile pour les enragés de se perfectionner dans leur art, imaginez combien ils détestent accepter des emplois qu'ils estiment « indignes » d'eux, simplement pour gagner leur vie.

Tous ceux qui ont essayé de réaliser leurs rêves savent qu'il est frustrant de perdre un temps précieux à gérer les nécessités de la vie comme régler ses factures ou trouver un job alimentaire. J'ai été serveuse pendant des années pour payer mes études à l'université, et je n'ai *jamais* aimé cela. J'avais mal aux pieds, les cuisiniers étaient désagréables, et les clients sans égards. En plus, j'avais besoin de ce temps-là pour étudier.

Personne n'aime ce genre de boulot. Mais chaque fois que je recevais mon chèque, je savais que cela en valait la peine. Je me suis offert des études à l'université. Je savais d'où provenait l'argent qui servirait à payer les droits d'inscription du semestre suivant. J'étais fatiguée, mais *je n'ai jamais eu peur de manquer d'argent.*

La plupart des gens se plaignent des corvées que la vie leur impose, mais ils les font quand même parce que les récompenses sont évidentes.

Si vous êtes en rage contre l'ordinaire, vous n'êtes pas comme la plupart des gens. Accomplir les corvées quotidiennes n'est pas seulement désagréable à vos yeux, c'est aussi injuste, humiliant et scandaleux. *Ces sentiments pénibles font que vous refusez de prendre votre vie en charge, et ils vous contraignent à l'immobilisme.* Comme vous ne voulez pas semer des graines ou entretenir le jardin, vous ne savez jamais d'où proviendra la prochaine récolte.

Vous pensez que vous êtes spécial, et c'est probablement vrai. Mais l'étape suivante de votre raisonnement est un peu curieuse.

« Je suis spécial donc je ne devrais faire que ce que je veux. Sinon, *cela m'enlève mon côté spécial.* »

Voyons cela de plus près.

Voici votre cheminement intellectuel : Un connard ordinaire peut accepter un job quelconque pour gagner sa vie. Si j'en fais autant, cela signifie que je ne vaux pas plus que lui. Cela signifie que je suis un connard ordinaire comme lui.

Vous avez peut-être l'air occupé, vous peignez, ou vous concevez de nouvelles inventions du matin au soir mais vous ne prenez pas en main les préparatifs essentiels ni l'organisation à long terme qui vous permettraient d'exposer vos tableaux dans des galeries, ou de montrer vos inventions à des gens importants. Vous risquez de ne jamais arriver nulle part parce que vous ne supportez pas la « basse besogne », et vous le savez.

Chaque fois que vous avez la possibilité de gagner de l'argent en faisant un travail ordinaire, vous le vivez très mal.

• « Je me suis sentie complètement humiliée le mois dernier, m'a dit Yona, une jeune femme traiteur de vingt-neuf ans qui avait des difficultés pour payer son loyer. J'ai essayé de cuisiner pour un autre traiteur pendant l'été pour gagner de l'argent. Cela m'a fichu le moral par terre. Je préférerais encore mendier dans la rue. »

• « Vous dites que vous ne voulez pas ramper pour obtenir ce que vous voulez. Qu'entendez-vous par ramper ? ai-je demandé à Sylvia, une jeune femme âgée de trente-deux ans qui avait étudié l'opéra.

— Je veux dire accepter un job avilissant.
— Qu'est-ce qu'un job avilissant ?
— *N'importe quel job.* »

• J'ai un jour demandé à Patrick, un sculpteur de quarante-cinq ans : « Qu'est-ce que cela vous coûterait sur le plan psychologique d'être un type qui construit simplement ce que lui demande son client, et qui peut payer son loyer chaque mois ?

— Ce serait comme demander à Coco Chanel ou à Yves Saint Laurent de travailler comme tailleur, m'a-t-il répondu.

— Mais pourquoi ne pourriez-vous pas être un grand styliste *et* un tailleur en même temps ? Après tout, les stylistes savent coudre et poser des épingles. Ils peuvent tout faire. La plupart d'entre eux ont commencé tout en bas. »

Patrick a rougi, hoché la tête vigoureusement de droite à gauche, et dit avec une parfaite sincérité : « Je ne devrais pas être obligé de faire ça. »

Contrairement à ce que croit Patrick, tous les génies ne sont pas aussi rebutés que lui par le travail « ordinaire ». Einstein travaillait dans un bureau de brevets pour gagner sa vie, et ne trouvait pas cela humiliant.

Tant que vous serez en fureur contre l'ordinaire, vous gaspillerez toutes vos chances de réaliser vos véritables rêves. Malgré votre puissant désir de réussite, vous vous *empêchez* de mener une vie extraordinaire.

Comment est-ce que je sais tout cela ?

Faisons un peu mieux connaissance avec Yona, Sylvia et Patrick.

LES ENRAGÉS QUE J'AI RENCONTRÉS

Yona qui travaille 365 jours par an

Yona, c'est le traiteur qui refusait un job supplémentaire de serveuse alors qu'elle manquait toujours d'argent. Sa meilleure amie, Patricia, travaillait dans un restaurant. Bien qu'étant souvent fatiguée, Patricia venait après son service aider Yona qui terminait de cuisiner tard le soir, parce que celle-ci lui faisait pitié. Elle lui prêtait de l'argent que Yona acceptait à contrecœur. Patricia m'a dit un jour : « Yona est la personne qui travaille le plus et qui gagne le moins que je connaisse. »

Patricia gagnait 12 000 francs par mois. Elle en économisait la moitié et vivait avec le reste. Elle a procédé ainsi pendant des années. Elle a alors pu s'acheter un appartement. Elle avait également quelques avantages sociaux et des congés payés grâce à son emploi salarié. Quand j'ai rencontré Yona, elle n'avait pas pris de vacances depuis l'enfance.

Sylvia, la pillarde

Pendant quelques années, Sylvia a mené une existence de rêve. Elle portait du vison et des bijoux précieux, savourait du champagne dans des soirées élégantes, étudiait l'opéra en Europe et ne travaillait jamais. Mais elle avait toujours une meute de créanciers affamés grondant derrière sa porte, et son propriétaire menaçait de la jeter à la rue. C'était dur pour elle nerveusement. Pourtant elle se refusait à trouver une source de revenus stables. Dès que ses difficultés financières prenaient une tournure alarmante, elle téléphonait à sa famille et à ses amis pour qu'ils la tirent de là.

Comment Sylvia parvenait-elle à vivre comme la jet-set tout en étant au bord de la ruine ? *Parce qu'elle arrivait à convaincre n'importe qui de n'importe quoi.* Elle était belle, séduisante et complètement égocentrique. Elle réussissait à persuader tout le monde – amants, amis, parents et même le facteur – que la gloire l'attendait ou qu'un désastre allait lui arriver. Ils se précipitaient alors tous pour lui donner l'argent qui lui permettrait de saisir cette grande opportunité, ou de se sauver de la banqueroute, en se promettant souvent qu'elle ne les y reprendrait plus. Quand la séduction ne marchait plus, elle avait carrément recours à la contrainte. Elle les appelait en leur disant : « Tu *dois* faire quelque chose sinon je vais me retrouver à la rue », et réussissait ainsi à les *obliger* à l'aider. On aurait dit que toutes les personnes « ordinaires » qu'elle connaissait se devaient de la sauver. Elle n'avait bien sûr pas imaginé une seconde qu'elle pouvait se trouver un job.

J'ai rencontré Sylvia, quand, après avoir épuisé tout son répertoire de comédie, elle *avait* finalement été jetée dehors. Elle n'était plus la bienvenue chez aucun de ses amis et elle risquait sérieusement de devenir S.D.F. Il ne m'a pas fallu longtemps pour la jauger.

« Vous êtes une pillarde, lui ai-je dit. Vous vivez là-haut dans les montagnes. Dans la vallée, des fermiers cultivent des champs, bâtissent leur foyer et vivent de manière responsable. Vous, vous ne supportez pas l'idée d'être cultivatrice, ce n'est pas digne de vous. Alors quand les cultures ont poussé, vous descendez et vous pillez. Vous vous emparez de toute la nourriture et même des chandeliers posés sur la table, puis vous courez vous réfugier tout là-haut. Vous menez alors une existence princière avec des chandeliers d'argent qui appartiennent à d'autres personnes qui, elles, les ont *gagnés* en se crevant à travailler dans leur ferme. Ne vous sentez-vous pas coupable de prendre ce que les autres ont gagné par leur travail ?

— Non, s'ils n'avaient pas voulu m'aider, ils ne l'auraient pas fait, m'a-t-elle répondu.

— Et vous préféreriez *mourir* plutôt que d'être vous-même cultivatrice, n'est-ce pas ? »

Sylvia m'a regardée quelques instants puis s'est exclamée : « Vous avez diablement raison ! »

Patrick, le passéiste coléreux

Patrick était le fils renfrogné et mécontent d'une famille d'ouvriers du Middle West. Il avait commencé les Beaux-Arts et abandonné au bout de six mois. C'était un sculpteur extrêmement doué. Il était également arrogant, caractériel et, comme Sylvia, à deux doigts de se retrouver à la rue. Il avait traîné plusieurs années à New York et, comme de nombreux artistes, il était devenu la coqueluche de la société branchée. Il se faisait entretenir par une succession de femmes qui le logeaient obligeamment en lui proposant soit leur canapé, soit leur propre lit. Ne voulant pas se former pour obtenir un bon job, il ne lui restait plus que les emplois subalternes. Il les refusait également : pas question pour lui de nettoyer des bureaux ou de travailler derrière le comptoir d'une quincaillerie ! Il avait le sentiment que ces jobs étaient en dessous de ses capacités (ce qui était bien sûr le cas) mais l'argent qu'il aurait pu ainsi gagner lui aurait permis à la fois d'acheter le matériel dont il avait besoin pour créer et de tenir le coup financièrement, le temps pour lui de se bâtir une réputation. Il acceptait parfois une commande puis, le plus souvent, il se disputait avec ses clients. Il ne risquait donc pas de se voir à nouveau confier du travail !

Quand Patrick est venu me voir, il vivait seul dans un taudis à New York. Il avait deux mois de loyer en retard. Au moment même où son propriétaire allait glisser un avis d'expulsion sous sa porte, son sauveur est apparu en la personne d'un syndic de copropriété qui était en train de refaire l'entrée d'un grand immeuble. Il avait besoin d'une sculpture. Un des rares clients avec lesquels Patrick ne s'était pas brouillé avait en effet donné ses coordonnées au syndic. Celui-ci savait exactement ce qu'il voulait et avait montré à Patrick quelques dessins. Il était disposé à payer Patrick suffisamment pour couvrir quatre mois de loyer.

Patrick a accepté la commande mais une chose curieuse s'est produite. Plus il parlait avec le client des détails de la sculpture, plus il sentait la colère monter en lui. Grâce à son expérience passée, Patrick savait que d'ici peu, les choses tourneraient mal. Il se disputerait âprement avec le syndic, il y aurait une escalade de cris, peut-être agrémentée de coups de poing sur la table et de piétinements rageurs. Il perdrait son job et peut-être même son appartement. Il n'avait déjà plus d'amis. Avant que ne se produise ce désastre, Patrick a cherché de l'aide.

QUE SE PASSE-T-IL VRAIMENT CHEZ LES ENRAGÉS ?

Que disent les enragés ? Quel est leur discours latent ?

Que veulent-ils vraiment ?

SYLVIA : « J'ai un véritable don pour le chant et quelqu'un devrait me subventionner. Voilà ce que je pense. Je suis destinée à quelque chose de spécial. Je ne vais tout simplement pas abandonner pour devenir une espèce de secrétaire débile qui fait du neuf heures-cinq heures. »

PATRICK : « La plupart des jobs que je pourrais décrocher sont nuls. Je ne vais tout de même pas devenir ouvrier en attendant que le monde se décide à acheter mes œuvres. J'ai des idées fabuleuses. Je mérite une bourse. »

YONA : « Je suis un *grand* chef, un vrai. Je suis déjà obligée de faire le traiteur pour les ventes de charité, alors je ne vais sûrement pas faire des omelettes dans des bouis-bouis infâmes pour payer mon loyer. Je préfère mourir de faim plutôt que de cuisiner pour des gens qui n'apprécieront pas mon talent. »

Entendez-vous une supplication réitérée ? Moi, oui.

Le message est clair : *Quelqu'un est censé voler à mon secours.*

Pourquoi quelqu'un serait-il censé voler à votre secours ?

Quand cela fait un moment que vous connaissez un enragé, vous commencez à voir que, derrière son comportement bizarre, *il essaie* de régler des comptes. Il veut que l'on répare une injustice passée par un grand sauvetage. (Tant qu'il ne l'obtiendra pas, il demandera sans arrêt des petits sauvetages dont il ne se contentera en fait jamais.)

Si vous êtes un enragé, vous ne comprenez probablement pas pourquoi vous vous mettez ainsi en situation d'échec. Vous ne savez pas pourquoi vous voulez régler des comptes. Vous pensez que *les gens ordinaires peuvent marcher, les génies, eux, doivent voler*. Et pendant ce temps, vous êtes profondément mal à l'aise parce que vous savez très bien que vous avez passé l'âge que l'on vole à votre secours.

Yona a failli perdre son commerce mais un jour elle s'est ressaisie et a changé sa manière de vivre.

« J'ai créé ce commerce mais je n'arrivais pas à le faire marcher convenablement. Je détestais me lever tôt et rechercher de nouveaux clients. J'ai même frôlé la faillite. Je détestais me prendre en charge, c'est tout.

« *Je pensais que si je prenais soin de moi, cela prouvait simplement que je ne méritais pas que l'on s'occupe de moi.* Pour moi, si on était génial, on n'avait pas à travailler pour les autres. On était traité comme un prince. Être capable, ce n'était à mes yeux qu'un lot de consolation. L'idée même que je pouvais créer mon propre monde allait totalement à l'encontre de tous mes rêves. »

Votre histoire

Plusieurs années après, quand elle a cessé d'être en colère, Sylvia m'a dit : « Quand je vivais comme cela, je pensais toujours : Cette fois-ci, quelque chose de merveilleux va sûrement se produire. Je n'aurai plus jamais à me préoccuper de problèmes ordinaires. Je comptais sur une fin de conte de fées. »

« Je ne pensais alors qu'à être reconnue pour mon talent ou à gagner à la loterie », m'a dit Yona.

Est-ce que cet espoir d'un grand sauvetage vous rappelle quelque chose ?

Voyons maintenant quel genre de sauvetage grandiose vous espérez au fond de vous.

Exercice 1 : Quel est votre conte de fées ?

Partie A : *Le conte.*

Vous savez déjà quel est votre rêve. Fermez les yeux et savourez-en le meilleur moment. Comment voulez-vous exactement qu'il se produise ? Quel est l'apogée du « film » de votre vie ?

Quand vous aurez suffisamment goûté à ce doux rêve, ouvrez les yeux. Dites ce que vous avez vu en quelques mots.

Voici ce que d'autres personnes ont dit :

Yona : « Un riche et bel étranger m'épouse, et m'emmène parcourir le monde avec lui. Je prépare parfois des dîners somptueux pour nous deux mais travailler, cuisiner ou servir quelqu'un d'autre, c'est terminé ! »

Sylvia : « Une lettre m'apprend que quelqu'un m'a entendue chanter lors d'une soirée et me propose 50 000 $ pour chanter à la Scala. »

Patrick : « Le directeur du musée d'Art moderne voit mes sculptures et dit : "Qu'on fasse venir ce type tout de suite. C'est un génie ! Je veux ses sculptures dans nos jardins ! " »

STOP ! Ce sont de beaux rêves. Tout le monde a le même genre de rêverie, non ?

Bien sûr. Mais il y a une sacrée différence entre le rêveur occasionnel et ceux qui ont désespérément besoin d'une fin style conte de fées.

Voyons cela de plus près.

Partie B : L'analyse.

Réfléchissez à votre fin heureuse. Posez-vous les questions suivantes.

1. Faut-il nécessairement l'intervention de quelqu'un pour que votre rêve se réalise ?

2. La fin est-elle une espèce de sauvetage ou de récompense qui n'arrive qu'aux personnes spéciales ?

3. Est-ce que quelqu'un vous « trouve » ou vous « découvre » dans votre rêve ?

Et, surtout,

4. Est-ce que votre vie n'a plus aucun intérêt sans cette fin heureuse ?

Si vous avez répondu « oui » à ces questions, alors vous allez tout droit à la catastrophe. Vous devrez *attendre* qu'une chance extraordinaire survienne pour que votre vie se réalise enfin.

Vous vous empêchez de sortir et d'obtenir ce que vous voulez. *Pour une mystérieuse raison, vous croyez que si vous devez le faire vous-même, tout s'écroulera.*

« Je ne devrais pas avoir à lutter pour arriver au sommet, m'a dit Patrick, c'est à la portée de n'importe quel laquais ! »

Patrick était coincé. Si vous êtes un enragé, vous vous êtes fait un serment qui vous empêche de lever le petit doigt pour gagner votre vie, achever vos projets, vous occuper des détails essentiels de l'existence. Vous avez au fond de vous une sorte de projet secret. Si vous vivez selon les règles des enragés, vous observez les autres sortir pour obtenir ce qu'ils veulent mais vous, vous devez rester là où vous êtes et attendre que cela vienne à vous… et maudire le destin si cela n'arrive pas.

Vous vous êtes mis dans une camisole de force.

Tant que vous attendrez passivement, vous ne donnerez pas la moindre chance à votre rêve de se réaliser. Tant que vous vivrez ainsi, vous gaspillerez votre vie (et je ne suis pas convaincue que nous puissions compter sur la réincarnation).

Si vous êtes un enragé, on vous a sûrement dit plus d'une fois que votre comportement était sans excuses et c'est peut-être vrai. Mais il a une *raison*.

Il y a une raison à tout.

Vous vous rendez la vie difficile pour une raison qui vous surprendra : vous faites en sorte que votre rêve ne se réalise pas parce que vous ne voulez pas briser l'espoir que vous nourrissez qu'un jour quelqu'un volera à votre secours. *Et être sauvé est plus important pour vous que de voir votre rêve devenir réalité.* Si l'on vous sauve, cela prouvera une fois pour toutes que vous êtes une personne de valeur. Ce sauvetage aura une autre répercussion qui est très importante à vos yeux : il réparera une injustice passée et rétablira le bon ordre des choses.

Comment pouvez-vous être sûr qu'il s'agit d'une injustice *ancienne*, une injustice qui remonte à votre petite enfance ?

Parce que votre comportement est celui de quelqu'un qui est resté coincé dans l'enfance.

VOTRE COMPORTEMENT EST COMPRÉHENSIBLE

Comment quelqu'un peut-il se mettre dans une telle situation ? Vous avez toujours des ennuis, vous êtes toujours mécontent et vous rendez les autres furieux contre vous ? Vous attendez une vie de conte de fées pendant que la vie réelle vous file entre les doigts.

On dirait bien un cas d'arrêt du développement, non ? Oui, c'est bien ça. Quand un adulte se comporte à ce point comme un enfant, c'est que quelque chose a tourné de travers dans son enfance et qu'il s'est accroché à celle-ci dans l'espoir de la réparer. Cet événement traumatique est encore le drame majeur de son existence.

Quelque chose ou quelqu'un l'a abandonné et exposé au danger à un âge où il aurait dû être protégé. L'impuissance dans laquelle il s'est trouvé lui a fait perdre toute assurance et estime de soi, ce qu'il essaie de camoufler désormais en se prenant pour un dieu.

Quelqu'un a choisi d'être responsable de nous, c'est notre première expérience de la vie. Quand nous étions enfants, nous étions si mignons qu'une personne nous a nourris, nous a gardés au chaud, nous a fait des câlins et nous a souri. La sensation que l'on prend soin de nous quand nous sommes petits façonne la manière dont nous envisagerons les choses pour le restant de nos jours. Nous savons en grandissant que nous devons quitter cette position de dépendance, mais si nous avons été projetés hors du monde de l'enfance trop tôt (par la naissance d'un frère ou d'une sœur, par des responsabilités d'adulte prématurées, par le décès d'un parent ou par des mauvais traitements), nous devenons comme le fermier qui, exproprié injustement, voit arriver les bulldozers : nous nous enchaînons à la maison.

Contre toute raison, nous refusons de quitter l'enfance. *Pas question*. Des années après, il se peut que nous ne sachions plus pourquoi nous nous sommes enchaînés à l'enfance, mais nos chaînes sont toujours là.

Si un de vos parents vous a fait défaut à un âge crucial – parce qu'il est mort, qu'il a été malade longtemps ou qu'il vous a négligé – ou s'il a été rejeté ou humilié sous vos yeux, l'enfant que vous étiez alors a gravement et injustement souffert. L'injustice doit être réparée d'une façon ou d'une autre. Comment ? Vous devrez *recevoir* de grandes récompenses, et non avoir à les gagner. Vous *devez* maintenant être une vedette et être reconnu, pas parce que vous êtes doué – bien que vous le soyez – mais parce que ce n'est que justice.

Vous vivez votre existence d'adulte en pensant que vous avez été volé quand vous étiez enfant, et que le monde vous doit aujourd'hui quelque chose de spécial. Ou bien, vous croyez qu'en atteignant le sommet vous distribuerez de meilleures cartes à vos parents que celles que le destin leur a jusqu'alors réservées.

Si vous êtes un enragé, vous appartenez à un groupe de personnes tyrannisées par le petit enfant qui vit en elles *et les oblige à mener une existence qu'aucun adulte n'envisagerait de vivre*. Vous êtes coincé parce que prendre votre vie en charge vous-même vous ferait éprouver un immense désespoir. Si vous acceptiez un job ordinaire qui vous procurerait un minimum de sécurité financière, cet enfant aurait l'impression d'être enterré vivant.

Et vous ne pouvez tout simplement pas lui dire de disparaître.

D'abord, personne ne sait où l'enfant s'arrête et où vous commencez. Deuxièmement, vous ignorez sa détermination à vos risques et périls. L'enfant qui est en vous a conçu ses projets à un âge où le Moi est tellement obstiné et tenace qu'il ne tient aucun compte du prix à payer. Avez-vous déjà essayé de raisonner avec un enfant de deux ans quand il est fatigué ? N'essayez surtout pas. Avec un enfant aussi jeune, mieux vaut reculer et avoir beaucoup d'humilité, ou essayer de faire marcher sa tête car question obstination, il est le plus fort. Un enfant de deux ans se fiche de ce qui va lui arriver. Il faut qu'il ait ce qu'il veut.

L'enfant qui est au fond de vous est pareil. Il veut vraiment obtenir quelque chose. Il veut ce que vous voulez : l'amour, la célébrité et la gloire, votre rêve quel qu'il soit. Mais il veut que vous l'obteniez à sa façon. *Et vous ne pouvez pas l'obtenir à sa façon*. Vous ne pourrez qu'échouer si cet enfant continue à diriger votre existence.

Cet enfant tyrannique en vous est un véritable problème. Et il ne rigole pas.

À cause de lui, vous menez des batailles anciennes ou inexistantes et *votre énergie vitale est dirigée vers le passé, même si vous ne vous en rendez pas compte*. Vous êtes peut-être convaincu d'utiliser la totalité de votre potentiel pour aller de l'avant alors qu'en fait vous l'employez pour trouver une solution à un drame ancien. Chaque action, chaque échec et chaque réussite est perçu dans le contexte de ce drame. Si vous ne décrochez pas une bourse, cela prouve que le monde est injuste. Si vous l'obtenez, cela confirme votre droit à la gloire et aux prix. Après avoir rejoué votre drame du passé, il ne vous reste plus aucune force pour gérer votre vie actuelle. Tant que vous n'arriverez pas à le laisser derrière vous et à investir votre énergie dans ce que vous voulez *aujourd'hui*, vous ne pourrez aller nulle part.

Sylvia m'a dit : « Dites ce que vous voulez, je ne peux pas changer. Je ne le peux pas et ne le veux pas. J'ai l'impression que ce sale gosse au fond de moi, c'est moi, tout entier ! *Je me sens coupable d'utiliser mes parents et mes amis, mais quand on éprouve ce que j'éprouve, on ne peut pas s'en empêcher.* »

Patrick a désormais changé sa manière d'être : il expose en permanence ses sculptures et il est payé régulièrement. Il m'a dit ceci : « J'étais devenu un drogué de la manipulation. Le besoin que j'avais d'obtenir ce que je voulais au moment où je le voulais me submergeait tellement que j'aurais été prêt à trahir mes amis, même si j'étais très mal à l'aise quand je me regardais au milieu de mon numéro de manipulateur. J'entendais les rouages fonctionner et je voyais la bonne poire en train de mordre à l'hameçon. J'imaginais même l'avenir, quand le ciel me tomberait sur la tête parce que je ne pourrais toujours pas rembourser. Je savais tout cela mais il me fallait quand même une intraveineuse d'aide, et tout de suite. »

Les enfants n'imaginent pas les conséquences de leurs actes. Votre enfant intérieur ne voit pas le prix que son obstination va vous coûter. Et vous êtes coincé.

Combien êtes-vous prêt à payer pour satisfaire ses exigences ?

Si seulement nous pouvions oublier le passé et aller de l'avant. Facile à dire !

Il existe un moyen de réduire suffisamment le pouvoir du passé pour grandement améliorer les choses : *remonter aux sources des sentiments de l'enfant.*

Racontez comment vous avez été dépouillé.

LE CŒUR DU PROBLÈME

Il a fallu du temps pour découvrir d'où provenait le besoin d'acquisition effréné de Sylvia, et comprendre pourquoi l'idée de payer elle-même son loyer la plongeait dans une amère dépression. Bien que voulant vraiment changer, elle ne se montrait pas souvent coopérative. Je la poussais un peu en lui posant des questions sur son enfance, sa vie de famille, l'école, questions auxquelles elle répondait par des « oui » et des « non » laconiques, et des « je ne sais pas ». Quand j'ai vu que la méthode douce ne marchait pas, j'ai employé les grands moyens.

« Arrêtez d'escroquer vos amis, lui ai-je dit, ce n'est pas moral. Trouvez un job et remboursez vos dettes. »

Mes paroles l'ont vraiment fait sortir de ses gonds. « Pas question, m'a-t-elle lancé, pourquoi devrais-*je* accepter un job minable ? Vous voulez quoi ? Que je me pourrisse la vie dans un de ces bureaux cage à lapin ? Ou bien vous seriez heureuse si je devenais serveuse pour que je me retrouve au service de quelqu'un toute la journée et que l'on me traite comme une sous-catégorie de personne ? »

Si vous êtes du même avis que Sylvia, si l'idée de gagner votre vie vous fait frémir, vous attriste ou vous remplit de ressentiments, prenez une feuille de papier et un crayon. Nous allons faire un petit voyage.

Exercice 2 : Faire une clarté totale

Fermez les yeux et choisissez un job, n'importe lequel. Plus il vous dégoûtera, mieux cela sera. Imaginez que vous vous êtes levé, que vous avez fait le trajet épouvantable jusqu'à votre lieu de travail et qu'une journée de huit heures vous attend. Vivez-le vraiment au fond de vous. Qu'éprouvez-vous ? C'est indigne ? Injuste ? Effrayant ? Laissez ce sentiment s'intensifier.

Essayez de vous rappeler quand vous avez ressenti cette émotion pour la première fois. Quel âge aviez-vous ? Écrivez celui qui vous vient à l'esprit en premier. *Notez toutes les circonstances qui ont entouré cet événement*. Ne corrigez pas votre texte, laissez-vous aller simplement, sans analyser. Où étiez-vous à l'époque ? À la maison ? À l'école ? Qui était avec vous ? Vos parents ? Un enseignant ? Un groupe d'amis ? Et surtout, qu'est-ce qui vous a tant bouleversé ? Faire revenir en mémoire des souvenirs douloureux n'est pas toujours facile. Attendez-vous à des résistances et essayez d'utiliser les images qui vous reviennent pour retrouver les détails de ces souvenirs.

L'exercice de clarté totale est une technique puissante et efficace pour retrouver l'origine des sentiments douloureux issus du passé. Cela vous permettra d'exprimer *ceux-ci dans un contexte où ils ont un sens*. Si vous ne pleurez pas à cause de ce qui vous a réellement attristé, vous pleurerez éternellement et pas pour les bonnes raisons. Vous pouvez voir à quel point cela est vrai lorsque vous remontez aux sources d'un sentiment chronique ou d'une réaction excessive. Il s'intensifie soudain pendant quelques instants *parce qu'il est enfin à la bonne place*. Les sentiments qui n'ont pas été exprimés s'accrochent à tous les aspects de votre vie et vous font voir la réalité de manière biaisée. Vous constaterez qu'après les avoir exprimés face à la situation réelle qui les a engendrés *vous changerez*.

Vous avez sûrement découvert des choses surprenantes dans votre comportement en faisant cet exercice et cela vous a libéré. Voici un extrait de ce dont Sylvia s'est souvenu :

« J'avais deux ans et demi. Nous vivions au Canada à l'époque. Ma mère est tombée malade. Nous étions très proches elle et moi et, presque chaque nuit – c'est curieux, mais on dirait que ce souvenir me revient souvent en été – presque chaque soir, nous nous allongions sur son lit, près du ventilateur et elle me lisait Babar et la reine Céleste, puis elle me chantait de drôles de chansons et je m'endormais dans ses bras.

« Mais un soir, on ne m'a plus laissée entrer dans sa chambre. La porte restait fermée la plupart du temps. Parfois mon père, l'un de mes oncles, ou l'une de mes tantes, pouvait entrer et chaque fois j'essayais de me précipiter à l'intérieur mais ils me jetaient dehors. Une fois, j'ai réussi à m'engouffrer et j'ai grimpé sur ma mère et je n'oublierai jamais son triste et doux sourire. Mais ils m'ont arrachée à elle comme si j'étais une sangsue, et j'ai piqué une crise. Je criais, je donnais des coups de pied et je hurlais, la totale. On m'a dit pour finir que j'étais trop vilaine pour rester à la ≤maison, et on m'a expédiée chez ma tante Alma au Québec.

« J'ignorais à l'époque que ma mère avait la sclérose latérale amyotrophique. Elle est morte en l'espace d'un an. Je ne l'ai jamais revue. Lors de son enterrement – je ne me rappelle pas avoir fait cela, c'est mon père qui me l'a raconté – j'ai essayé de grimper sur son cercueil encore une fois et bien sûr, quelqu'un m'a donné une tape sur les fesses et m'a ramenée à la maison. »

À l'âge de deux ans, Sylvia a été dépouillée de ses droits. Elle a eu l'impression d'être négligée par sa famille et abandonnée par sa mère à l'un des âges où les enfants sont les plus tenaces, un âge où un enfant privé de quelque chose peut hurler pendant des heures. Alors elle a conservé en elle cette obstination de l'enfant de deux ans jusqu'à l'âge adulte avec la ferme intention de se faire rembourser la dette qu'on avait envers elle.

Sylvia, trop occupée à obtenir des réparations pour cette injustice passée et à récupérer ce qui lui appartenait de droit, n'avait jamais pu développer une réelle estime pour elle-même. Elle n'avait aucune idée de la fierté que l'on peut éprouver quand on réussit quelque chose parce qu'elle n'avait jamais exploité ses dons ni mené à bien un quelconque projet. Elle aimait chanter et prenait parfois des cours pour progresser mais elle finissait toujours par s'arrêter si elle n'était pas immédiatement récompensée de ses efforts.

En remontant à la source de ses sentiments, Sylvia a retrouvé son « projet secret », une tâche inachevée de l'enfance : elle pensait que le monde se devait de lui faire mener une vie fastueuse en raison de la perte qu'elle avait subie quand elle avait deux ans.

Quand Patrick a fait l'exercice de clarté totale, il a réactivé ses sentiments du passé en s'imaginant en train de nettoyer des bureaux chaque nuit pour gagner sa vie. La fureur s'est immédiatement manifestée. Patrick est remonté jusqu'à sa source, quand il avait sept ans. Il s'est montré très agité en écrivant ce qui va suivre :

« Je suis en Indiana, dans la maison où j'ai grandi. Dans le salon, du papier à fleurs, mauve avec des roses. Des meubles victoriens usagés. Ma mère est là. Pam, ma petite sœur, aussi. Et mon père a la tête penchée en avant. Il parle, la voix brisée. Il dit : "Ils m'ont coulé. Smitty, Bud et Cy, tous." Il parlait de l'usine. Mon père s'était présenté pour être chef de la section syndicale locale. Il devait être élu, et c'était normal parce qu'il était honnête et juste et que tout le monde le savait. C'était la seule chose qu'il attendait de sa vie pourrie. Mais il n'avait pas terminé l'école, et certains ont pensé que c'était mauvais pour leur image de marque, pour leurs négociations avec le patronat. Ils se sont réunis, ont formé une coalition et ont massivement soutenu un autre gars, un jeune contremaître radical nommé Dennis qui suivait des cours du soir. Ils ont répandu des tas de mensonges, que Papa savait à peine lire et écrire, etc., des saloperies. Alors il a perdu, pas de beaucoup, mais c'était suffisant. Les salauds l'ont trahi, même Jack Wade, l'un de ses plus vieux amis. »

« Qu'a fait votre père ensuite ? ai-je demandé à Patrick après avoir lu son histoire.

— Que pouvait-il faire ? Il s'est écrasé. Il devait travailler avec eux, vous savez. Il n'avait rien d'autre. Mais ça l'a brisé. À la maison, c'est là qu'il l'a montré, on aurait dit qu'on l'avait piétiné. Il ne parlait presque plus. C'est quelqu'un de gentil, de très modeste et qui manque de confiance en lui. À sa place, d'autres hommes se seraient défendus ou auraient pris des cours du soir (il était encore jeune à l'époque). Il aurait alors pu devenir agent de maîtrise. Mais ce coup-là, ça a été trop pour lui.

— Et qu'avez-vous ressenti face à tout cela ?

— Je voulais tous les tuer, m'a dit Patrick. Tous ceux qui lui avaient fait du mal. Cela m'arrive encore parfois. »

Patrick a pris conscience qu'il avait passé son temps à essayer de sauver son père, à tenter de réparer l'humiliation qui avait brisé l'homme qu'il adorait. Patrick allait faire quelque chose de grandiose dans sa vie, il retournerait ensuite dans l'Indiana, il emmènerait son père et toute sa famille au sommet de la colline et leur construirait un palais pour en mettre plein la vue à ceux qui avaient trahi son père trente-cinq ans auparavant.

Patrick avait le sentiment qu'il devait commencer tout en haut parce que gravir les échelons l'un après l'autre n'irait pas assez vite. Or, bien entendu, personne n'allait embaucher quelqu'un pour le placer tout de suite au sommet de la hiérarchie, aussi le monde l'écrasait-il comme il avait écrasé son père auparavant. S'il n'était devenu rien de plus qu'un honnête travailleur, Patrick aurait eu le sentiment de trahir son père. Alors, chaque fois qu'il était face à une tâche qui n'était pas grandiose – même si elle allait lui rapporter l'argent dont il avait besoin –, Patrick laissait exploser toute la colère et la haine qui auraient dû être réservées à Smitty, à Cy et à tous les ouvriers qui avaient conspiré pour que son père reste à sa place.

Une fois que vous serez remonté à la source de vos sentiments, vous saurez *pourquoi* vous avez du mal à vous prendre en charge de manière efficace. Vous vous sentirez aussi plus calme car une grande partie de l'émotion qui ne s'était pas exprimée dans le passé aura pu s'extérioriser.

YONA m'a dit après que sa rage a un peu diminué : « Être obligée de me débrouiller par moi-même m'irritait profondément. Mes parents étaient des incapables et j'ai donc dû me prendre en charge dès l'âge de six ans. J'ai été obligée de ne compter que sur moi-même beaucoup trop jeune et j'ai détesté cela. J'avais vraiment le sentiment que cela prouvait que je ne méritais pas d'être aimée. Je me suis toujours sentie escroquée. »

SYLVIA : « Je laisse les factures s'accumuler parce que je pense qu'il est scandaleux que je doive souffrir alors que j'ai déjà tant souffert quand j'étais enfant. J'ai le sentiment que quelqu'un m'a fait du mal et qu'*on* devrait payer pour ça, *pas moi* ! »

PATRICK : « Le monde a anéanti ma famille. Je ne le laisserai pas m'anéantir. Pas question d'être l'esclave de qui que ce soit. Je suis trop bien pour ça. »

Remonter à la source de vos sentiments pénibles ne vous en débarrassera pas forcément mais le drame caché qui les avait engendrés vous sera désormais clair. Vous verrez soudain *pourquoi* vous n'arrivez pas à emprunter une voie simple pour obtenir ce que vous voulez, et *pourquoi* votre vie est si compliquée et si difficile. Ce n'est que lorsque vous comprendrez ce qui vous pousse à agir ainsi que vous pourrez vous débarrasser de votre comportement impulsif.

Quel est votre projet secret ?

Pourquoi vous prendre en charge vous-même vous rendrait-il si malheureux ?

APRÈS LA CHUTE

Quand vous aurez déterminé ce qui se cache derrière votre rage actuelle, j'aurai de bonnes et de mauvaises nouvelles pour vous.

Les bonnes nouvelles : *vous pouvez obtenir tout ce que l'adulte au fond de vous souhaite*. Vous pouvez avoir un super-job. Vous pouvez faire ce que vous aimez, devenir célèbre, accompli, respecté et être heureux. Vous pouvez faire en sorte que de grandes choses se produisent, visiter des pays étrangers, trouver un compagnon, fonder une famille ou devenir une vedette. Tous vos rêves d'adulte, si somptueux soient-ils, seront réalisables.

Et les mauvaises nouvelles ?

Vous ne pouvez pas obtenir ce que l'enfant au fond de vous souhaite. Vous ne pourrez pas faire en sorte que les scélérats réparent le mal qu'ils vous ont fait il y a si longtemps, vous ne pourrez pas soulager le chagrin de vos parents, ni gagner l'amour qui ne vous a pas été accordé dans l'enfance. Vous ne rendrez pas la santé à votre mère. Même si vous pouviez obtenir aujourd'hui l'amour que vous attendiez enfant, vous ne le supporteriez plus. Vous ne pourrez jamais changer le déroulement et l'issue de ce drame ni réparer une injustice passée.

Mais il y a d'autres bonnes nouvelles.

Lorsque vous aurez redécouvert ce drame ancien et exprimé les sentiments qu'il a provoqués en vous au lieu de les déplacer sur autre chose, ceux-ci finiront par relâcher leur emprise sur votre vie actuelle. Vous n'interpréterez plus vos problèmes présents à travers les prismes du passé. Votre enfant interne vous laissera prendre votre envol. Que faire pour l'aider à cesser définitivement ce combat d'arrière-garde?

Chanter ses louanges.

Exercice 3 : Chanter les louanges de votre enfant interne

Vous vous devez d'admirer ce gosse obstiné qui vit au fond de vous. Il vous a causé de nombreux ennuis, vous a empêché de mener une vie confortable, il a ralenti votre progression mais il n'a jamais voulu capituler devant l'ennemi. Il a refusé d'oublier le passé et s'est montré très déterminé à régler vos comptes. *Il est assez surprenant et très intègre !* Alors avant de poursuivre, je pense qu'il est temps de l'admirer et de lui écrire un péan.

Un péan est un hymne destiné à vous guérir. Ce nom, puisé dans l'*Iliade* d'Homère, renvoie à Paean, un médecin des dieux de l'Olympe. Il a ensuite été donné à Apollon, le guérisseur.

J'ai découvert la puissance de guérison des hymnes en créant un « atelier anti-mauvaises habitudes » destiné à aider ceux qui voulaient s'arrêter de fumer, ou cesser de se ronger les ongles, et à ceux qui étaient chroniquement désorganisés. Ils se montraient sévères envers eux-mêmes et disaient par exemple : « Je ne sais pas pourquoi je fais cela. Je suis en train de me tuer. Je me déteste. Et je ne peux pas m'arrêter. » Les critiques qu'ils s'adressaient à eux-mêmes m'ont surprise, bien qu'il m'arrive de faire parfois la même chose. Dire « Je me déteste », c'est très étrange. C'est comme si on était deux personnes. L'une est vilaine et l'autre la réprimande. Aucun acteur n'interpréterait un « traître » de cette façon. S'il veut jouer ce rôle, il faut d'abord qu'il cesse de le haïr. Un comédien sait qu'un « traître » ne se lève pas un beau matin en décidant qu'il va être « méchant » ce jour-là. À ses yeux, son comportement est justifié.

Alors j'ai conseillé à mon groupe qui avait de mauvaises habitudes de reconnaître et d'assumer cette partie « mauvaise » d'eux-mêmes (ou sale gosse) qui était convaincue de bien faire, au lieu de la réprimander.

Reconnaissez que votre enfant interne a toujours essayé de vous protéger. Vous devez maintenant le remercier.

Vous devez vous dire : « Il y a un enfant en moi qui refuse d'arrêter de fumer (ou qui refuse de payer ses factures, ou de cesser de se disputer avec ses collègues) et il ne lâchera pas prise. Il ne comprend pas le mal qu'il me fait. Il s'est simplement accroché à ses principes et s'est trouvé un petit coin tranquille où l'on ne viendra ni le contraindre, ni le compromettre. »

Cet exercice est utile pour se débarrasser de tous les comportements que l'on aimerait ne plus avoir tels que choisir systématiquement des partenaires en amour qui ne conviennent jamais, s'endormir au lieu de faire ses devoirs, dire « oui » quand on veut dire « non », bref, *tout ce qui vous pose problème*.

Prenez un carnet et un crayon et interrogez votre « sale gosse interne » sur son mauvais comportement. Passez d'abord en revue les faits. Il ne me laisse pas trouver de job, il ne me permet pas d'être fiable, etc. Posez-lui ensuite des questions jusqu'à ce que vous sachiez *pourquoi* il se comporte ainsi.

Puis *remerciez-le*.

Voici un exemple puisé lors d'un de mes ateliers. Nous avons utilisé la technique des deux chaises de Fritz Perls[1] dans laquelle on passe d'une chaise à l'autre en fonction de la partie du moi qui s'exprime sur le moment.

Q : *Tu es la fumeuse qui habite Cheryl. Pourquoi ne t'arrêtes-tu pas ?*

R : *Je ne le veux pas.*

Q : *Pourquoi ne la laisses-tu pas arrêter ?*

R : *Je ne le veux pas.*

Q : *Pourquoi ça ?*

R : *Elle fait toujours ce que l'on attend d'elle. Pour une fois, elle ne le fera pas.*

Q : *Es-tu folle de rage contre elle ?*

R : *Oui, un peu. Mais j'essaie de l'aider. J'essaie de l'aider à envoyer tout le monde au diable.*

Q : *Tu es vraiment de son côté, alors ? Tu mérites que l'on soit reconnaissant envers toi.*

R : *Il faut qu'elle fasse quelque chose de mal sans qu'on la persuade de ne pas le faire.*

---

1. Fritz Perls, psychanalyste d'origine allemande fondateur de la Gestalt-thérapie. *(N.d.T.)*

Après qu'un fumeur a fait l'éloge de son enfant interne, chaque fois qu'il prend une cigarette, sa résistance à l'idée d'arrêter de fumer diminue un peu plus *car le conflit a disparu*. Si fumer est pour vous une manière de dire « Je vous emmerde » et si vous *le savez*, fumer commencera alors à vous paraître un peu ridicule. Vous serez ainsi sur la bonne voie pour vous arrêter définitivement. (Si vous n'arrivez pas à vous débarrasser de votre mauvaise habitude tout de suite, remplacez-la par quelque chose de moins néfaste pour vous mais qui dira toujours « Je vous emmerde » au monde entier. Je connais par exemple une femme qui a cessé de fumer et s'est mise à dévorer de mauvais romans au lieu de la bonne littérature qu'elle lisait auparavant.)

Regardez maintenant *votre* entretien. Que remarquez-vous ?

« Il a vraiment du courage, a dit Yona au sujet de son enfant interne. Il sait ce qui est bon pour lui et *rien*, ni la colère, ni le mépris, ne le fera transiger. Il sait combien il va être grondé. Mais la rébellion était le seul moyen d'empêcher notre mère de nous négliger quand nous étions petits. Et ce petit gosse en moi essaie toujours de faire en sorte que je ne sois pas négligée. »

L'enfant tenace qui est en vous a encore besoin d'une chose pour admettre la souffrance qu'il a endurée et prendre conscience que le jeu est fini. Il faut que vous lui « donniez » un adulte compréhensif – un ange gardien – qui sera tout acquis à sa cause.

Exercice 4 : Annoncer les nouvelles à l'enfant

Imaginez que vous allez en tant qu'adulte dans le foyer de votre enfance pour rendre visite à l'enfant que vous étiez. Entrez dans la maison, jetez un coup d'œil sur les meubles du salon, la chambre de l'enfant, ses vêtements et ses jouets. Où est-il ? Que fait-il ? Observez-le pendant un moment. De quelle humeur est-il ? Si vous rencontriez un enfant comme lui aujourd'hui, que lui diriez-vous ?

Dites-le alors à haute voix.

« Elle a l'air si triste ! Elle est trop grosse, a dit Yona. Assise dans un fauteuil, elle s'empiffre de barres chocolatées et elle lit de mauvais romans policiers. Elle est débraillée. Ses cheveux sont emmêlés. Si je pouvais lui dire quelque chose, je lui dirais la vérité : "Tu es une chouette gamine dans une situation difficile. Ce n'est pas ta faute si personne ne prend soin de toi." »

Sylvia a dit : « Elle sort par la fenêtre de sa chambre au milieu de la nuit, elle n'est pas assez chaudement vêtue, elle va au-devant des ennuis. Le lendemain matin, sa tante va l'engueuler. Elle sera épuisée. Elle n'aura pas fait ses devoirs alors toute la journée de classe sera un cauchemar. Elle se sent bien seule quand elle sort par la fenêtre, à la recherche d'un ami, en quête de sensations fortes. Je veux lui dire : "Tu mérites de dormir dans ton lit, tu mérites la gentillesse et la chaleur de ta famille. Tu ne devrais pas avoir à te mettre en danger pour obtenir ce dont tu as besoin. *Ce n'est pas ta faute si tu te conduis ainsi.*" »

L'enfant qui est en vous a toujours été incompris et réprimandé y compris par vous-même. Après tout, vous êtes censé être adulte et, à cause de lui, vous avez l'air d'un enfant, et vous vous comportez comme tel. Les enfants incompris finissent par être fatigués. Ils voudraient bien se reposer mais ne le pourront pas tant que personne ne les prendra comme ils sont, avec compassion et compréhension.

Quand l'enfant en vous sentira que son chagrin est entendu et respecté, il est très possible que vous versiez tous deux quelques larmes, et que vous fassiez une petite sieste comme un bébé, puis que vous vous réveilliez en meilleure forme. Vous pourrez ensuite laisser ces injustices du passé derrière vous et vous occuper de votre vie présente.

LE VIDE

Vous devriez être en pleine forme maintenant que votre enfant interne commence à se détacher de ses préoccupations concernant l'injustice que vous avez subie. Pourtant, cela ne va pas si bien que ça. Vous vous étiez habitué à votre souffrance et à votre rancune parce que vous aviez vécu presque toute votre vie en leur compagnie. Sans votre souffrance, vous êtes différent. Quelque chose vous manque. Vous éprouvez un sentiment de vide.

Un patient m'a dit un jour : « J'ai essayé de changer. Ça a été épouvantable ! »

Quand on a passé sa vie à essayer d'obtenir la réparation d'une injustice et à éviter des désastres quotidiens, on se sent très bizarre une fois que tout cela cesse.

Patrick m'a dit : « J'avais tout le temps peur, j'étais à la merci de mes créanciers et du peu d'amis qu'il me restait. Mais la vie était tellement chargée de sens. Quand j'ai dit à mes amis qu'ils ne m'aidaient pas en me prêtant de l'argent, tout a empiré. Je suis content d'avoir changé, mais au début cela a été difficile. »

Après avoir rendu visite en pensée à son enfance, Sylvia m'a dit : « J'aimais vraiment cette enfant et, lorsque je me suis laissée aller à ressentir de la bienveillance et de la compréhension pour elle, mon attitude défensive a soudain disparu pendant quelques minutes. Dès qu'elle s'est complètement dissipée, je me suis sentie extrêmement triste. »

Admettez-le : même *vouloir* grandir est difficile.

Au départ, on a l'impression d'une grande perte. Quand tous vos contes de fées se sont évanouis, la dure réalité devient évidente : vous êtes dans un monde où personne ne se sent obligé de vous consacrer sa vie entière et où les choses ne sont pas toujours justes.

Un adulte est toujours seul. Il a perdu l'illusion que ses parents, les enseignants, les « grands » en général sont dévoués à sa cause, et il sait que les événements ne tournent pas forcément à son avantage. C'est un compromis qui s'avère finalement positif parce que c'est comme cela que l'on devient adulte. Seul un adulte a la possibilité de se construire une vie qui lui conviendra.

SAUVÉ PAR L'ALTRUISME

Pour passer de l'enfance à l'âge adulte, il nous faut tous apprendre et réapprendre une dure leçon : nous devons abandonner notre nombrilisme petit à petit, jusqu'à ce que nous devenions de véritables membres du monde des adultes, en nous associant aux autres, en vivant notre vie, et en les laissant vivre la leur, et en renonçant à notre besoin de manipulation et de contrôle.

Si vous êtes un enragé, cette leçon vous sera particulièrement bénéfique et difficile parce qu'il va falloir que vous vous attaquiez sérieusement à ce dur problème de narcissisme.

Les enragés sont des gens peureux. Quand vous fulminiez, vous étiez tellement polarisé sur vous-même que vous ne pouviez rien voir d'autre, et qu'il vous était impossible de vous construire une vie stable. Personne n'aurait pu remédier à cela à votre place.

Je vais vous suggérer quelque chose qui va vous surprendre. *Le meilleur moyen pour un enragé de commencer à voir le monde qui l'entoure et de se stabiliser est de tirer quelqu'un d'autre du pétrin !* À la minute où vous commencerez à vous occuper d'une autre personne, vous deviendrez plus stable.

Exercice 5 : Sauver quelqu'un d'autre

Je voudrais que vous vous entraîniez à être un sauveteur « sur le papier » avant d'aider quelqu'un dans la réalité. Alors, à votre stylo. Vous allez résoudre les problèmes de quelqu'un d'autre.

Dans vos jours de rage narcissique, vous avez peut-être oublié que vos amis et les membres de votre famille avaient eux aussi leurs propres crises et leurs propres chagrins. Il est temps de vous éveiller au monde qui est plus vaste que vos problèmes. Rappelez-vous ceci : *aider quelqu'un, ce n'est pas faire pénitence, c'est prendre du recul*. Voir le monde comme étant plus grand que vos propres problèmes vous libérera de l'emprise que le narcissisme a sur vous.

Choisissez quelqu'un ayant de sérieux ennuis qui ne sont pas de son fait : une amie proche, veuve avec des enfants, une vieille tante malade sur le point d'être jetée à la rue, ou un ami dont la carrière ne mène nulle part et qui a besoin qu'on l'aide à se remettre sur la bonne voie.

Rédigez maintenant un scénario dans lequel vous prenez une part active dans les problèmes de cette personne ou dans ses projets. Concevez des stratégies et des solutions pour elle, offrez-lui votre aide et une épaule sur laquelle pleurer. Mais quoi que vous fassiez, ne vous centrez *jamais* sur vous-même.

Sylvia a choisi d'aider son père. Sa quincaillerie était au bord de la faillite en raison des sérieuses difficultés économiques que connaissait sa région. De plus, sa seconde femme venait de le quitter et il s'était mis à boire. Sylvia avait toujours eu des rapports difficiles avec son père mais elle l'aimait et celui-ci l'avait longtemps soutenue financièrement. Pourtant, quand il l'a appelée au secours, elle a d'abord rechigné. L'idée de retourner au Canada, de se retrouver coincée dans un job ordinaire et terne la rendait folle de rage et la terrifiait. Et puis, c'était lui qui l'avait éjectée de la chambre de sa mère malade et expédiée à Montréal. *Il* avait une dette envers *elle*.

Mais elle a pris conscience que laisser tomber son père ne réparerait pas l'injustice qu'elle avait subie quand elle était toute petite. Elle est alors retournée chez lui et elle a accepté de travailler à plein temps gratuitement comme gérante de sa quincaillerie. Une fois dans la place, elle s'est servi de son don pour la vente et de sa capacité de résoudre des problèmes pour aider son père – et non elle-même – et elle a découvert qu'aucun commerce n'était ennuyeux quand on s'y investissait à fond. Non seulement elle a permis à son père d'économiser 100 000 francs par an de salaire mais en plus comme elle était un monstre d'énergie quand elle le voulait, elle a redressé son entreprise. Elle était extraordinairement créative à la grande surprise de celui-ci. Elle a ainsi lancé « la semaine des femmes et de la menuiserie » qui s'est achevée par la construction d'une charpente de maison par des femmes casquées devant des caméras de télévision. Le chiffre d'affaires de son père a presque doublé cette semaine-là.

Mais Sylvia ne faisait pas seulement don de son travail. Elle a aussi beaucoup soutenu son père moralement dans les difficultés qu'il traversait, et elle l'a encouragé à s'inscrire dans un club de célibataires.

L'altruisme vous paraît-il une tactique trop simpliste ? Essayez et vous changerez d'avis. Par où commencer ? Regardez autour de vous. Y a-t-il un hôpital qui recherche des bénévoles pour s'occuper des enfants ? Avez-vous une voisine qui voudrait apprendre à lire ? Vous trouverez dans votre vie un moyen d'aider les autres qui vous conviendra et enrichira votre existence.

Yona qui sert désormais la soupe populaire dans une partie oubliée de la ville m'a dit : « J'ai retrouvé un cœur. J'ai arrêté de me plaindre. Maintenant, j'aime la vie que je mène. J'ai cessé de perdre mon temps à être rancunière. »

Patrick a commencé à donner des cours de dessin à des enfants défavorisés. « J'ai l'impression d'être un mec bien, pour changer. »

Devenir généreux, soutenir quelqu'un d'autre pendant un moment augmente de manière extraordinaire l'estime que l'on se porte.

L'égoïsme, même au nom de l'injustice que l'on a subie, diminue le respect que l'on a pour soi-même et donne honte. Une des raisons pour lesquelles vous aviez tant de mal à vous sauver était le manque d'estime que vous aviez pour vous-même. C'est ce qui a provoqué votre résistance face à des jobs que vous considériez comme indignes de vous. Il faut en effet un solide ego pour accepter n'importe quel job, et pour se rappeler que l'on est toujours soi-même. Vous n'aviez pas un tel ego. *Si vous avez l'impression d'être défini par un job quel qu'il soit, c'est que votre image de vous-même n'est pas assez solide*. Si vous changez votre refrain qui était « On m'a volé » pour « J'ai fait des choses bien dans ce monde », vous verrez que cette image en sera aussi transformée.

André Gide a écrit dans son *Journal* qui lui a valu le prix Nobel de littérature :

« Chacun de ces jeunes littérateurs qui s'écoute souffrir du "mal du siècle", ou d'aspiration mystique ou d'inquiétude, ou d'ennui, guérirait instantanément s'il cherchait à guérir ou à soulager autour de lui des souffrances autrement *réelles*. Nous, fortunés, nous n'avons pas droit à la plainte. Si, avec tout ce que nous avons, nous ne savons pas encore être heureux, c'est que nous nous faisons du bonheur une idée fausse. Quand nous aurons compris que le secret du bonheur n'est pas dans la possession mais dans le don, en faisant des heureux autour de nous, nous serons plus heureux nous-mêmes. » (*In* Gide, A., *Journal*, Paris, Gallimard, Collection La Pléiade, 1951, p. 868.)

LE MERVEILLEUX RÊVEUR

Vous contrôlez désormais un peu mieux votre rage contre l'ordinaire. Est-ce que cela signifie que vos rêves n'étaient rien de plus qu'une tentative de réparer le passé ? Devriez-vous les oublier ?

Pas du tout. Ces rêves viennent du plus profond de vous-même et ils sont merveilleux. Mais en les utilisant pour réparer l'injustice que vous avez subie, vous les avez encombrés d'un fardeau qui n'avait rien à faire là, d'autant plus qu'il vous empêchait de réaliser ces rêves *et* qu'il n'avait aucun effet sur votre passé.

Ce passé va désormais relâcher son emprise sur vous. Vos rêves pourront enfin devenir réalité.

Vous êtes un merveilleux rêveur ; poursuivez simplement vos aspirations de manière efficace. Donnez-leur une chance raisonnable de se réaliser. Vous avez prouvé que rien ne pouvait vous arrêter, alors faites des progrès que rien n'arrêtera. Comment ? *Devenez fermier au lieu d'être un pilleur.*

Soyez responsable et travaillez dur comme un fermier. Trouvez-vous un job stable et gagnez de l'argent. Vous avez besoin d'apprendre que vous avez le pouvoir de réparer votre propre vie ; il faut que vous compreniez que l'argent, les compétences et la sagesse s'accumulent petit à petit avec le temps. Vous devez vous habituer à supporter la frustration et à différer la satisfaction de certains désirs.

Vous devez acquérir un vrai métier et cesser de vous laisser porter par les événements comme si vous étiez quelqu'un de spécial qui n'avait pas à obéir à la règle. Vous devez apprendre à planifier et à aimer *partir en quête* de ce que vous voulez, au lieu d'attendre que cela vous tombe tout cuit dans le bec. *Vous avez le droit d'aller à la recherche de ce que vous voulez et de l'obtenir.*

APRÈS : LE POUVOIR ET LA GLOIRE

Il est dur de changer. Permettez-moi de citer Gide à nouveau :

« Que de fois n'ai-je pas porté mon attention, mon étude sur telle fugue de Bach, par exemple, précisément parce que d'abord elle me rebutait ; par besoin de me faire violence et guidé par cet obscur sentiment que *ce qui nous contrarie et exige de nous le plus grand effort est aussi ce qui peut le mieux nous instruire.* » (*In* Gide, A., *Journal*, Paris, Gallimard, Collection La Pléiade, pp. 875-876.)

Yona est désormais employée dans une nouvelle école de cuisine en Caroline du Nord. Elle rédige une rubrique culinaire dans une circulaire destinée aux clubs de gourmets et celle-ci va peut-être devenir un livre !

Sylvia me téléphone tous les ans pour me dire combien la vie est merveilleuse. Son passage du narcissisme à l'altruisme a provoqué des changements importants dans son existence. Au cours de son séjour chez son père, elle s'est progressivement rappelé pourquoi elle aimait vivre là. Elle s'est aussi remise à chanter. Elle a repris des cours très sérieusement. Six mois plus tard, on lui a proposé un poste à temps partiel dans la section musicale d'une université. C'était il y a deux ans.

Quand Patrick a découvert la source réelle de sa colère, ses éclats et les querelles avec ses clients ont cessé. En retrouvant la trace d'anciennes relations professionnelles, il a rencontré des entrepreneurs qui étaient aussi peintres, photographes et écrivains. Il a appris grâce à eux que la construction n'est jamais banale pour un artiste. Il a bien sûr dû faire des jobs peu prestigieux mais ses collègues-artistes lui ont montré combien ils devaient tous travailler dur dans leur art. Il a ainsi été touché par quelque chose de relativement nouveau pour lui : l'humilité. Il a accepté cela car, malgré ses dons innés, *il y avait* des choses qu'il ignorait, des techniques et des raccourcis que les professionnels utilisent chaque jour pour se faciliter la vie. Pendant trois ans, deux soirées par semaine, Patrick est reparti de zéro en suivant des cours aux Beaux-Arts au milieu d'étudiants qui avaient la moitié de son âge, et ce, jusqu'à ce qu'il s'estime prêt à se lancer seul.

Ses vieux schémas de comportement ont mis presque trois ans pour disparaître et laisser la place à de nouveaux. « Je me promenais, perdu, dans une maison remplie de miroirs et maintenant me voilà avec les autres, prêtant attention aux panneaux "stop" et aux feux rouges. »

Yona et Sylvia ont, comme Patrick, abandonné leur nombrilisme pour entrer dans le monde réel. Pour la première fois, ils éprouvent de la fierté à se prendre en charge et à montrer de la compassion pour les autres. Qu'est-il arrivé à leurs rêves magnifiques ?

« J'ai appris quelque chose de tout nouveau pour moi, m'a dit Yona. Cela s'appelle la patience. Le contraire de la rage s'est avéré être la patience. Je construis ma carrière patiemment, déjà pour commencer. »

La patience avec l'ordinaire. Cela sonne bien. La patience avec l'ordinaire conduit un peu plus chaque jour Yona, Sylvia et Patrick vers la réalisation de leurs rêves magnifiques et une vie merveilleuse.

14

Faire diversion en s'efforçant à tout prix d'aimer quelque chose que l'on ne veut pas vraiment

Il m'a fallu sonder Lee longtemps pour qu'elle admette enfin la vérité.

Lee, une jeune femme représentante complètement épuisée, était venue me voir en me disant qu'elle voulait changer radicalement de carrière. Nous avions été toutes deux très frustrées pendant des semaines parce qu'aucun objectif ne la satisfaisait vraiment. Nous savions ce qu'elle aimait : les jardins, la musique et écrire des comédies. Mais, même quand nous réunissions ces passions pour créer ce qui aurait dû être un programme de vie exaltant, Lee paraissait encore très malheureuse.

« Vous allez avoir du mal à écrire des comédies dans cet état d'esprit, lui ai-je dit.

— Je sais, a-t-elle répondu.

— Vous aimez vraiment tout cela, n'est-ce pas ? Vous aimez les jardins, la musique et écrire des comédies ?

— Oui, vraiment.

— C'est la vérité ?

— C'est la vérité. »

J'ai finalement suivi mon intuition.

« Lee, est-ce *toute* la vérité ?

— Que voulez-vous dire ?

— Excusez-moi de me montrer intrusive, mais où en est votre vie amoureuse ? » lui ai-je demandé.

Lee s'est mise à pleurer.

La vérité était que Lee se fichait de sa carrière. Elle *essayait* de vouloir se trouver une profession. Ce qu'elle voulait vraiment, c'était Steve. Steve était un mathématicien doux et timide qu'elle voyait depuis deux ans. Il venait de mettre un terme à leur relation à la suite de sa mutation dans une autre ville.

« Pourquoi avoir caché cela ? Pourquoi ne l'avez-vous pas mis en haut de votre liste ?

— Parce que c'est impossible, m'a-t-elle répondu. Il ne veut pas de moi. Et puis, j'ai l'impression d'être une ringarde parce qu'un homme est plus important pour moi que ma carrière. »

J'avais eu une bonne intuition. Sa volonté de se trouver une nouvelle profession était une diversion. Elle voulait détourner son attention de Steve parce qu'elle était gênée de préférer un homme à sa carrière. Elle s'efforçait d'avoir un cœur « politiquement correct », ce qui est impossible. Si vous êtes comme Lee, permettez-moi de vous rappeler quelques faits que nous connaissons tous mais que nous avons tendance à oublier.

Fait numéro un : vous ne pouvez pas dicter ses volontés à votre cœur. C'est lui qui vous les dictera.

Essayer de soumettre ses sentiments à son esprit, c'est comme jeter par la fenêtre le mode d'emploi d'une existence heureuse.

C'est le meilleur moyen de se retrouver complètement perdu.

Votre cœur est au centre d'un système de survie vieux d'un million d'années. S'il recherche l'amour, c'est pour une bonne raison.

Alors si vous éprouvez des difficultés à vous lancer dans ce que vous êtes *censé* faire parce que quelque chose d'autre vous préoccupe, posez vos outils, cessez d'essayer de travailler et *commencez à écouter* les messages que votre cœur vous adresse.

Pour Lee – et pour beaucoup de femmes –, le souhait interdit est celui de l'amour. Parler d'amour nous renvoie aux vieux clichés du genre « les femmes sont nées pour aimer et les hommes pour gagner leur croûte » qui ont été rabâchés à nos mères. Cette propagande a fait beaucoup de tort aux femmes qui souhaitaient mener une carrière intéressante et qui voulaient avoir la possibilité d'entrer dans l'arène car elles savaient qu'elles y brilleraient. Nous avons l'intelligence de ne pas tomber sous le charme de cette propagande ancienne. Mais gardons les idées claires : le droit à un travail intéressant n'annule pas pour autant notre besoin d'aimer quelqu'un.

Aucun *homme* ne considérerait une seconde qu'il est impensable de vouloir aimer tout en souhaitant s'accomplir soi-même.

Il existe bien sûr des gens qui sont parfaitement heureux de vivre seuls. Je suis contente que l'époque où une femme ou un homme seul était considéré comme incomplet ou à plaindre soit révolue. Ce n'est pas trop tôt ! L'histoire de Yumie Hiraiwa intitulée *La dame des visages du soir* s'achève alors qu'une femme quitte son mari dans ce qu'un critique a qualifié « d'acte classique de libération » : « Elle était effectivement seule mais elle était libre. Elle pourrait dès lors ne vivre que pour elle-même. Elle remarqua que les hommes et les femmes qui se promenaient en ville en pensant comme elle étaient curieusement assez nombreux. Ils paradaient l'air triomphant le long des abîmes de la ville avec l'expression élégante de la noblesse du célibat. »

Si vous vous sentez comme cette femme, vous n'avez pas besoin de lire ce chapitre. Si vous pensez, en revanche, que les personnes seules perdent une occasion extraordinaire de nouer des liens, si vous avez un don pour établir de bonnes relations avec les autres, *vous ne serez jamais heureux seul*. Si vous voulez aimer, partez à la recherche de l'amour ; vous devez en tout cas essayer de mettre toutes les chances de votre côté.

Fait numéro deux : si vous recherchez ce que vous voulez le plus, vous serez en meilleure position pour obtenir tout le reste.

Ordonnez vos priorités. Occupez-vous d'abord de ce qui est en premier sur votre liste. Si votre cœur est vide, cherchez de quoi manger. Si votre tête est vide, retournez à l'école. Si votre cœur est vide, prenez en main votre vie amoureuse. C'est probablement la meilleure chose à faire pour trouver ensuite une carrière merveilleuse.

Quand vous aurez réussi à remettre votre vie amoureuse sur les rails, vous serez libre pour un nouveau but. Vous ne pourrez pas dire « Ça y est ! Je t'ai trouvé ! » en vous affalant sur votre canapé pour le restant de vos jours.

Si c'est l'amour que vous voulez, vous devez essayer de l'obtenir. Être aimé vous aidera dans votre vie professionnelle.

VOTRE VIE AMOUREUSE

Permettez-moi d'élargir la définition du mot « amour ». Dans une situation de diversion comme celle dont nous parlons, il ne s'agit pas forcément d'amour romantique. Cela peut être autre chose, une chose que vous souhaitez ardemment et que vous croyez ne pas pouvoir obtenir. Vous partez alors en quête d'une nouvelle carrière pour faire diversion. Prenez l'exemple de Celia. Celia avait consacré dix ans de sa vie à l'étude du chant en vue de devenir chanteuse d'opéra. Elle avait découvert un professeur de chant extraordinaire et étudié avec assiduité et intelligence. Sa carrière était désormais à sa portée. Encore un an et elle aurait été prête à auditionner.

J'ai été étonnée quand elle est venue me consulter pour réfléchir à un changement d'orientation. Ma surprise devait se lire sur mon visage parce que la première chose que Celia m'ait dite a été : « Le chant, c'est terminé. Je ne veux pas en parler. Aidez-moi à trouver autre chose. »

Obéissant à ses ordres, j'ai commencé à lui poser des questions évidentes : voulait-elle rester dans le domaine de la musique ? Elle pensait que non. Voulait-elle entrer dans le monde des affaires ? Elle a répondu non.

Je lui ai alors dit : « Qu'est-ce qui se passe ?

— Mon prof m'a flanquée dehors », m'a-t-elle répondu en fondant en larmes.

Quelques jours plus tôt, sur un coup de cafard, son professeur avait refermé le piano et annoncé qu'elle ne donnerait plus de cours, ni à Celia, ni à quiconque. Elle avait ajouté qu'elle en avait assez et qu'elle avait d'autres choses à faire. Elle ne voulait plus enseigner. C'était terminé, la décision était sans appel, voilà. Celia avait essayé de supplier son professeur, de lui proposer plus d'argent. Mais celle-ci s'était montrée intraitable. Celia avait alors passé deux jours au fond de son lit à pleurer.

« Je déteste être aussi faible. Je dois surmonter cela, c'est tout, m'a dit Celia.

— Vous allez peut-être un peu trop vite en besogne », lui ai-je répondu.

AVANT D'ABANDONNER UN RÊVE...

Vous devez faire deux choses avant d'abandonner un rêve.

D'abord, cherchez si vous entendez son cœur battre car votre rêve est peut-être encore vivant. Si vous êtes très mal à l'idée d'abandonner une chose que vous aimez, réfléchissez à deux fois. Il se pourrait qu'il soit prématuré de penser que tout est fichu.

Deuxièmement, cessez d'essayer d'être un spartiate et apprenez à être un chic type. Un spartiate sait survivre malgré les privations. Un chic type ose demander ce dont il a besoin. Un spartiate a une certaine forme de courage : il, ou elle, peut endurer des douleurs effroyables sans un murmure. Un chic type – autrement dit une personne réelle, quelqu'un qui fait ce qu'il faut – a plus de courage qu'un spartiate : il peut mettre sa fierté de côté et laisser parler son cœur.

Avant de tourner le dos à votre rêve, vous devez trouver le courage de laisser votre cœur s'exprimer. C'est la chose à faire.

Exercice 1 : Dites la vérité

Cet exercice est rapide mais pas toujours facile. Prenez une grande feuille de papier et écrivez à l'aide d'un feutre : « Je veux… et je n'ai pas honte de le dire. » Remplissez le blanc.

Punaisez maintenant cette feuille au mur.

Dites-moi, mais où est passée votre fierté ?

Vous venez d'admettre que vous vouliez l'amour de quelqu'un qui vous a rejeté. Et pour quelle raison est-ce que je vous demande de faire cela ?

Pour vous rappeler que votre amour vous appartient.

Même s'il apparaît que vous ne pouvez pas – ou que vous ne devriez pas – nouer une relation intime avec une personne que vous aimez, *cela ne signifie pas que vous ne l'aimez pas.*

Votre amour n'est pas dans les mains de quelqu'un d'autre. Il vous appartient. Il provient de votre nature aimante, de votre imagination et de vos meilleures intuitions. Si cette personne ne veut pas de vous, et même si elle n'est pas vraiment digne de votre amour, vous ne serez pour autant pas en mesure de tuer votre passion pour elle et *vous ne devriez pas essayer.*

Vous devez vous tenir à l'écart de ceux qui ne vous aiment pas en retour ou qui ne sont pas suffisamment dignes de confiance pour accueillir votre amour. Mais il n'y a aucune raison de réprimer vos sentiments. Ce ne sont pas vos sentiments qui sont en cause, c'est l'aimé.

Quand vous serez vieux et sage, vous penserez avec bonheur à toutes ces personnes bonnes ou mauvaises qui vous ont ému.

L'amour n'est pas un sport de compétition. On laisse sa fierté au placard. Même si le pire se produit, et que vous soyez rejeté, il y a beaucoup de dignité à dire : « Je l'aimais mais elle ne m'aimait pas. C'est vraiment dommage, non ? » Rien ne vaut cette dignité sincère et ouverte, et la fierté n'en est qu'un maigre substitut. Ce genre de comportement honnête peut vous *paraître* risqué mais il reflète une force intérieure admirable qui n'a rien à voir avec le fait de montrer ses sentiments à tout le monde.

OÙ VOUS SITUEZ-VOUS DÉSORMAIS ?

Regardons votre situation froidement.

Vous êtes-vous contenté d'une réponse négative un peu trop vite ?

Si dans vos moments de calme vous savez pertinemment que l'autre personne ne veut pas nouer de relation avec vous, arrêtez-vous. Vous savez très bien si vous êtes en train de vous raconter des histoires ou non, et je ne suis pas du genre à encourager les illusions. Mais la plupart de ceux qui font diversion sont des gens parfaitement stables, qui ont présumé un peu *trop tôt* qu'il n'y avait aucun espoir. Ce n'est pas dans leurs moments de calme qu'ils ont décidé qu'on ne voulait pas d'eux, c'était quand ils souffraient. Quand on souffre, on perd tout bon sens. On n'a qu'une idée : se glisser dans un trou et se faire oublier. On n'acceptera d'en sortir que pour marmonner que la vie et l'amour sont sans espoir.

Quand vous dites : « À quoi bon ? Je crois que je n'obtiendrai jamais ce que je veux dans cette vie. C'est comme ça », ce n'est pas du bon sens. C'est une blessure ouverte.

Vous savez très bien que vous devriez essayer encore une fois d'obtenir ce que votre cœur désire, mais vous ne pouvez pas vous empêcher de vous protéger tout en ayant besoin d'évacuer votre frustration. Il ne sert à rien de vous raisonner pour l'instant parce que les sentiments sont plus forts que la raison. Pourquoi ne pas laisser s'exprimer votre douleur pour détendre l'atmosphère ?

Exercice 2 : Vingt raisons pour lesquelles il n'y a aucun espoir

Dressez une liste.

C'est bien cela, notez vingt raisons pour lesquelles vous ne pouvez obtenir ce que vous voulez. Vingt ? Oui. Si une fois parvenu à six, vous séchez, continuez d'écrire jusqu'à ce que vous atteigniez les vingt, même si c'est pour dire : « J'adore le sushi et il n'aime pas ça. »

N'ayez pas peur de la négativité. Vous ne resterez pas coincé là, je vous le garantis. J'adore m'offrir une petite séance de récriminations à voix haute (c'est très important !) et sur un mode comique. Il est bien de pousser la négativité jusqu'à ce qu'elle prenne une tournure exagérée, complaisante à l'égard de soi-même et grotesque. Essayez et vous verrez l'orage se dissiper.

Prenez un crayon et écrivez tout en haut d'une feuille de papier : « Je veux X mais je n'ai aucune chance parce que... » puis laissez-vous aller. Voici ce que vous pourriez dire :

... « ses parents me détestent. »
... « je ne gagne pas assez d'argent. »

... « il m'a dit qu'il ne me pardonnerait jamais. »
... « elle m'a dit qu'elle pensait ne jamais pouvoir se remarier. »
Poussez maintenant cela à l'extrême.
« Je suis nul et bon à flinguer. Elle a tout à fait raison. »
« Il a probablement vingt-cinq top models chez lui en ce moment. Qu'est-ce qu'il pourrait bien trouver à une ratée comme moi ? »
Voilà, vous vous sentez mieux ?
Une bonne séance de plaintes fera sortir cette négativité au grand jour au lieu de la laisser se tapir en vous, là où elle a bien trop de pouvoir. Ébrouez cette négativité comme un chien qui sort de l'eau parce qu'il est temps de faire des projets.

PRÉVOIR UN PLAN D'ACTION

Voici ce qui est arrivé à Lee.
Elle a protesté quand je lui ai suggéré d'essayer de renouer avec Steve.
« Mais il m'a dit qu'il ne *voulait* pas vivre avec quelqu'un, m'a-t-elle assurée. Que dois-je faire ? L'*obliger* à m'épouser ?
— Ne vous aime-t-il pas ? lui ai-je demandé.
— Si. Pas sa famille. Nous sommes très heureux quand nous sommes ensemble. C'est pourquoi c'est si terrible.
— Ne se pourrait-il pas qu'il ait peur tout simplement ?
— Oui, c'est possible. Mais il a pris sa décision.
— Combien de fois vous a-t-il dit que tout était fini ?
— Une seule. Mais avec lui c'est suffisant. Tout est fini. Je ne peux rien faire d'autre.
— J'ai une idée de ce que vous pourriez faire.
— Laquelle ?
— Allez vous installer dans la même ville que lui. »

Lee m'a regardée fixement. Je lui ai expliqué que, si elle allait s'installer près de chez lui, elle pourrait lui rendre visite et voir s'il ne changeait pas d'avis. Elle s'était de toute façon peu à peu détournée de son job à New York, alors rien ne la retenait plus. Elle pouvait sous-louer son appartement et vivre sur ses économies pendant quelques mois pendant qu'elle apprendrait à mieux connaître sa priorité n° 1 : Steve.

Lee a accepté de le sonder. Elle lui a téléphoné pour lui dire qu'elle songeait à s'installer dans la même ville que lui, et elle lui a demandé s'il pourrait l'aider à trouver un endroit où s'installer. S'il lui avait répondu non, elle aurait dû respecter son souhait mais il était d'accord.

Elle a pris son chat et sa machine à écrire, et elle est partie s'installer à cinq cents kilomètres de là, dans l'appartement qu'il lui avait trouvé tout près de chez lui. Il ne lui a fallu que quelques jours pour se joindre à un groupe d'écrivains et se mettre à écrire des comédies.

Steve ne pouvait pas se passer d'elle. Elle lui avait terriblement manqué. Il avait essayé lui aussi de justifier sa décision par une foule de bonnes raisons. Quelque temps plus tard, sa crainte s'est dissipée et il a demandé à Lee de l'épouser. Voilà dix ans qu'ils sont mariés et aucun d'eux ne l'a jamais regretté. Au cours de ces deux dernières années, Lee a achevé deux romans et elle travaille désormais à son troisième.

L'histoire de Celia n'était pas terminée non plus.

Après que Celia m'a raconté ses déboires avec son professeur de chant, je lui ai demandé : « Qu'allez-vous faire à ce sujet ?

— Que puis-je faire ? Elle m'a dit qu'elle n'enseignerait plus, un point c'est tout.

— Avait-elle l'air raisonnable ? Sa décision avait-elle été mûrement réfléchie ? Vous avait-elle prévenue ? Vous a-t-elle donné des conseils pour vous aider à progresser de votre côté ?

— Non, elle m'a juste flanquée dehors. Sans préavis !

— Vous ne trouvez pas ça bizarre ? Qu'est-ce qui aurait pu l'énerver ?

— Je ne sais pas. Mais je lui ai dit que j'avais besoin d'elle et que, sans elle, ma carrière allait prendre un retard considérable ! Elle a eu l'air encore plus furieuse !

— Est-elle du genre à se mettre dans des situations où elle donne beaucoup d'elle-même, presque trop ? Les professeurs peuvent très facilement tomber dans ce piège.

— Ah oui, ce serait bien son style. Elle est incroyable. Elle fait de chaque leçon un événement merveilleux. Elle est vraiment unique.

— Alors je sais quoi faire, ai-je ajouté en souriant.

— Quoi ?

— Offrez-lui une douzaine de roses. »

Le professeur de Celia se comportait comme quelqu'un de surmené qui n'était pas apprécié à sa juste valeur et qui avait un grand besoin de reconnaissance.

Le lendemain, Celia a acheté un bouquet de fleurs puis elle est allée frapper à la porte de son professeur de chant. Elle a été inspirée ce jour-là en lui parlant. Elle ne savait pas trop d'où lui venaient ses paroles mais elle était sincère. Elle lui a dit qu'elle n'avait jamais imaginé à quel point la vie d'un professeur était difficile, et surtout celle d'un professeur qui était si brillant et donnait tant de lui-même.

« Je ne vous demande pas de me reprendre comme élève parce que vous avez parfaitement le droit de ne plus enseigner. Mais je voudrais avoir la possibilité de faire quelque chose pour vous, lui a dit Celia. Je renflouerai votre compte en banque, je ferai votre ménage, vous préparerai de bons petits plats, ou je répondrai à votre courrier. Vous m'avez donné plus sur le plan professionnel que n'importe qui d'autre. J'ai eu de la chance de travailler avec vous. Je veux maintenant vous aider. »

Son professeur a fondu. Comme la plupart des enseignants, elle n'avait aucun moyen de montrer qu'elle était épuisée et blessée par les exigences inconsidérées de ses élèves. Elle a reconnu qu'il était difficile d'être toujours celle qui donnait. Quand elle a entendu les regrets sincères de Celia et compris son souci pour elle, elle n'a plus eu le sentiment d'être considérée comme une chose acquise. Son énergie est revenue et elle a repris Celia comme élève.

« Je me suis rendu compte en lui parlant que je l'aurais aidée même si elle avait refusé de me donner à nouveau des cours. Elle ne m'aurait pas laissée faire mais ce n'est pas le problème. J'avais pris l'habitude de penser qu'elle était une machine à donner, pas un être humain. Je ne la considérerai plus jamais comme m'étant définitivement acquise. »

Vous pouvez faire changer d'avis les gens si vous n'abandonnez pas trop tôt !

Lee et Celia ont réussi à éviter une tragédie inutile.

Une blessure d'amour-propre et l'impression qu'elles étaient impuissantes avaient dérouté Lee et Celia pendant un moment. Mais elles ont pu se ressaisir et poursuivre leur existence comme elles le devaient : en allant à la recherche de ce qu'elles aimaient.

Comme votre situation est bien entendu différente de celle de Lee et de Celia, vous allez concevoir votre propre plan d'action.

VOTRE PLAN D'ACTION

Que devriez-vous faire ? Il va falloir que vous trouviez des idées nouvelles. Le meilleur moyen que je connaisse est de réunir des amis pour qu'ils vous aident.

Exercice 3 : Le brainstorming

Vous ne trouverez pas beaucoup d'idées nouvelles si vous restez seul à réfléchir dans votre coin. Vous avez en tête une foule d'obstacles chargés sur le plan émotionnel et il vous est difficile de départager les vrais des faux. Il est donc temps d'organiser une « soirée-idées ».

Voici comment : téléphonez à vos amis et dites-leur que vous avez besoin de leur super-cerveau pour une « soirée-idées ». Chacun peut imaginer ce dont il s'agit, et presque tout le monde aime être convié à ce genre de soirée. Demandez à vos amis d'amener un invité ou deux si possible. Je sais par expérience que des inconnus peuvent se montrer d'extraordinaires « brainstormers ». Ils apportent souvent une foule d'informations nouvelles, et abordent le problème posé de manière originale. Dites à vos amis de ne pas venir les mains vides. On se détend et la glace se brise une fois que l'on se retrouve dans la cuisine à tout déballer et à chercher où sont rangées les casseroles.

Ces réunions informelles sont un bon moyen de mettre les gens à l'aise, et en condition, pour trouver des idées intéressantes. La bonne franquette crée une sorte de chaos confortable. Chacun se détend, a le sentiment que la soirée est un peu la sienne, et meurt d'envie de donner le meilleur de lui-même.

Commencez l'étape de brainstorming en expliquant simplement ce que vous voulez, pourquoi vous n'arrivez pas à l'obtenir, et demandez des suggestions. Une conversation tranquille s'ensuivra, ce qui éclaircira votre situation. Ce premier échange ne devra cependant pas excéder une demi-heure. Il n'apportera probablement pas d'idées vraiment nouvelles. Passez ensuite au jeu suivant. Il s'agit là de penser à toute vitesse, trop vite pour que les idées puissent être censurées.

Première étape : Le brainstorming.

Choisissez quelqu'un qui écrit vite et qui prendra des notes, ou mettez en marche votre magnétophone pour ne rien perdre de ce qui sera dit. Branchez la sonnerie de votre réveil. Faites asseoir tout le monde en cercle autour de vous. Énoncez chaque obstacle l'un après l'autre. Vous pourriez imaginer que vous les lancez en l'air comme des cibles de céramique et que chacun essaie de les pulvériser. Vous pourriez dire par exemple : « Je devrais sous-louer mon appartement, ce que mon bail m'interdit. » Chacun pointerait alors son fusil imaginaire sur cette cible virtuelle et dirait à haute voix toutes les solutions qui lui passeraient par la tête pendant une minute : « Sous-loue-le à ta mère ! », « Marie-toi ! », « Laisse-le inoccupé ! », « Demande à ton propriétaire de modifier ton bail ! », « Reste là », etc.

Laissez chacun « tirer » sur l'obstacle pendant une minute.

Quand la minute se sera écoulée, jetez en l'air votre obstacle suivant et répétez l'opération. Une fois que vous aurez énoncé tous les obstacles les uns après les autres, vous vous retrouverez avec une feuille de papier, ou une cassette, remplie d'idées sur la manière dont vous pourrez surmonter chacun d'eux.

Seconde étape : Travailler sur la liste.

Votre liste contiendra plus d'idées que vous n'en utiliserez jamais. Il reste à les étudier et à sélectionner les meilleures. Ne vous laissez pas tromper par les apparences. *Chacune d'elles peut se révéler utile.*

Alors, analysez chaque idée car il n'y a pas d'idée dénuée d'intérêt, même si vous êtes, au départ, persuadé du contraire.

Si, par exemple, vous avez besoin de faire de la publicité pour votre commerce à domicile, et si vous n'avez pas de budget pour cela, quelqu'un pourrait vous dire : « Téléphone à la rédaction d'un journal local et dis-leur que tu vas mettre le feu à ta maison si tu n'obtiens pas des commandes rapidement. » En quoi cette idée est-elle intéressante ? À cause de la publicité gratuite. Vous devez maintenant trouver un meilleur moyen de l'obtenir.

Dès que vous aurez trouvé l'intérêt réel d'une idée, occupez-vous de son autre aspect, celui qui ne marchera pas. Considérez-le comme un nouvel obstacle à surmonter, pas comme une raison de tout abandonner. Dans l'exemple précédent, vous pourriez dire : « Cette idée de publicité gratuite est géniale, mais que puis-je faire si je ne tiens pas à brûler ma maison ? » Un nouvel exercice de brainstorming vous donnera d'autres idées, moins radicales, pour obtenir de la publicité gratuite.

Au cours de l'exercice, une solution que vous n'aviez pas envisagée vous paraîtra soudain géniale : *elle deviendra votre nouvel objectif.*

Vous allez maintenant transformer cet objectif en plan d'action, en le décomposant en petites étapes faciles à mener à bien. Puis, vous vous lancerez. Vous aurez probablement besoin d'un soutien continu pour vous aider à poursuivre votre action. En cas de découragement, vous disposerez déjà d'un groupe de soutien, grâce à toutes ces personnes que vous aurez réunies autour de votre problème. Après votre dîner à la bonne franquette, nombre d'entre elles auront envie de vous voir atteindre votre but parce qu'elles vous auront aidé à le concevoir ! Demandez à certaines de jouer le rôle de « pote-téléphonique » : vous pourrez les appeler pour discuter cinq minutes quand vous aurez quelque chose de particulièrement difficile à exécuter, et elles vous téléphoneront pour voir si vous vous en tenez à votre programme.

Il est merveilleux d'avoir des amis qui vous poussent à réaliser ce que vous voulez *accomplir*. Un point important : ne rabâchez pas au téléphone. Ce serait trop demander à votre copain, et ce serait injuste. Et surtout, *trop parler d'un objectif est encore un autre moyen de ne pas le réaliser.*

Veillez à ce que vos conversations téléphoniques soient rapides et centrées sur le problème. Par exemple : « Dis-moi que je ne suis pas un imbécile d'appeler Éléonore pour lui rappeler à quel point elle m'aime. » Votre ami répondra : « Tu n'es pas un imbécile d'appeler Éléonore pour lui rappeler à quel point elle t'aime. Tu es un type sympa. Vas-y. »

Vous serez ensuite en mesure de passer ce coup de fil ou d'envoyer une douzaine de roses.

ET AU SUJET DE VOTRE CARRIÈRE...

Je veux que vous trouviez ensuite un deuxième objectif. Il ne doit pas entrer en conflit avec le but que vous essayez d'atteindre en ce moment. Vous allez mettre au point un programme pour réaliser ce nouveau but. Sans abandonner le précédent ! Quand vous semez des graines dans votre jardin, vous ne restez pas planté devant à les regarder pousser. Vous passez à autre chose.

C'est pourquoi vous devez avoir un autre projet en chantier. Lancez-vous, c'est le moment.

Vous pouvez jouer à deux jeux en même temps. Vous impliquer dans un objectif professionnel vous évitera de vous sentir vide ou désespéré. Cela vous donnera aussi de la patience, ce dont vous avez besoin aujourd'hui plus que jamais. Rappelez-vous ceci : quand vous avez affaire aux résistances d'autres personnes, le « timing » est essentiel.

Je m'explique : si Lee avait eu pour seul projet de récupérer Steve, elle aurait perdu patience et aurait précipité les choses. Alors elle a entamé sa nouvelle carrière d'écrivain en même temps. Elle savait que son amour était ce qui comptait le plus pour elle à ce moment-là, mais ce n'était pas son seul centre d'intérêt. Poursuivre deux objectifs en même temps était essentiel si elle ne voulait pas oublier qui elle était.

Et puis, c'est tellement plus facile de réaliser ce dont on a envie sans être dans l'urgence ! Je connais des écrivains qui n'ont aucun problème pour terminer un livre qui leur a été commandé mais qui n'avancent pas dans la rédaction du manuscrit de leurs rêves. C'est un trouble fréquent et vous pouvez maintenant le tourner à votre avantage. Choisissez un objectif professionnel, dressez la liste des obstacles à sa réalisation, trouvez des idées nouvelles, élaborez un plan et créez un groupe de soutien, comme vous l'avez fait précédemment pour votre « objectif amoureux ».

Vous pouvez désormais reprendre votre vie et vous sentir mieux parce que vous savez maintenant qu'il vous est possible d'obtenir l'amour dont vous avez besoin.

Et s'il n'y a pas de fin heureuse ?

Si votre plan marche et si vous vous retrouvez avec la personne que vous aimez, très bien, vous n'avez plus besoin de mes conseils ! *Mais si ça ne marche pas ?* Et si la personne que vous aimez ne veut pas de vous ? Vous avez fait tout ce qui était humainement possible et la conclusion est qu'aucun doute ne subsiste. La fête est terminée.

Que se passe-t-il ?

Si l'amour que vous portez à cette personne n'est pas réciproque, rangez votre merveilleux sentiment dans votre poche, et reprenez le cours de votre vie.

Avec un cœur comme le vôtre, vous aimerez à nouveau.

Le poème de Ralph Waldo Emerson[1] « Donne tout à l'amour » débute ainsi : « Donne tout à l'amour ; obéis à ton cœur. »

Et si votre amour vous quitte ? Emerson sait exactement ce qui se produira alors :

> *Bien que l'aimant comme toi-même,*
> *Comme un être d'argile plus pur,*
> *Bien que son départ obscurcisse le jour,*
> *Dérobant la grâce en tout être vivant,*
> *Tu sais profondément*
> *Que lorsque les demi-dieux s'en vont,*
> *Les dieux arrivent.*

---

1. Emerson (1803-1882), écrivain et philosophe américain. Auteur d'une philosophie « transcendantaliste », il prône le mépris des richesses matérielles et un amour de Dieu fondé sur la joie. *(N.d.T.)*

Quand les demi-dieux s'en vont, les dieux arrivent.
Partir en quête de ce que vous voulez en y mettant tout votre cœur en vaut toujours la peine. Mieux vaut avoir aimé et perdu cet amour que n'avoir pas aimé du tout. Si malgré tous vos efforts, vous n'avez pas obtenu ce que vous désiriez ardemment, vous éprouverez curieusement un sentiment de plénitude, et vous serez en mesure de reprendre le cours de votre vie. Vous serez peiné mais vous serez peut-être surpris de constater que vous souffrez moins que vous ne l'auriez imaginé.
Le cœur déteste laisser les choses en suspens.
Vous ne pouvez pas abandonner la partie tant que vous savez au fond de vous que vous n'avez pas joué toutes vos cartes. Quand vous aurez posé votre dernier atout, votre cœur vous libérera.
Alors ne vous préoccupez pas du dénouement. Si vous trouvez l'amour comme Lee et Celia, vous serez aux anges. Et sinon, les dieux arriveront.

Épilogue

Si vous avez lu chaque chapitre, ce que je souhaite, vous avez fait un voyage long et mouvementé, empli de réalisations et de sentiments nouveaux. J'espère que vous avez désormais découvert pourquoi vous n'arriviez pas à partir en quête de ce que vous vouliez ou même à *savoir* ce que c'était.

Les désirs enfouis sont tout l'objet de ce livre. Quand nous prenons conscience des dangers qui menaçaient nos rêves – la critique, les attentes, le chagrin de voir les autres malheureux, le manque de soutien et d'informations –, nous ne nous étonnons plus de les avoir enfouis au plus profond de nous-mêmes pour les protéger.

Vous avez réussi cela à merveille. Bravo ! Et comme vous le savez maintenant, vos aspirations ont survécu, intactes et aussi belles que jamais.

La compréhension mène à l'action. C'est, j'espère, ce qui s'est produit pour vous dans chaque chapitre : vous avez découvert ce qui vous bloquait, et vous avez fait les exercices vous permettant de surmonter ces obstacles.

Si vous avez réalisé un bond en avant important en lisant ces pages, vos souhaits doivent déjà être en train de se manifester : ils réapparaissent timidement, ou frappent à la porte de votre mémoire bruyamment en réclamant leur droit de cité.

Vous aurez toujours à faire face à des blocages internes. Chaque fois qu'un objectif vous tiendra vraiment à cœur, vous pourrez vous attendre à des cris de la part de vos vieux mécanismes de défense. Ils croiront encore vous aider parce qu'ils n'ont *jamais* compris que les dangers du passé étaient écartés.

Dès qu'ils réapparaîtront, relisez ce livre, y compris les chapitres qui semblent ne pas vous concerner directement. Relire ces pages, ainsi que celles que vous avez écrites lors de votre première lecture, vous éclaircira les idées chaque fois que vous perdrez votre rêve de vue.

Vous ne serez plus jamais complètement bloqué. Vous pouvez agir dès maintenant : commencer à chanter, monter votre société, trouver un compagnon, en deux mots réaliser tout ce qui vous fait rayonner. Vous pourrez obtenir cela sans compromis, sans sacrifier votre sécurité ni blesser quiconque.

Langston Hughes[1] a dit qu'un rêve différé « sèche tel un raisin laissé en plein soleil ». Il s'atrophie comme un membre dont on ne se sert plus. Un rêve *vécu* chaque jour devient, en revanche, plus fort. Et plus beau. Plus sain et plus fortifiant.

Qui sait où cette force nouvelle vous conduira ? Novalis, un poète du XVIIIe siècle, a écrit : « Nous sommes humains, notre lot est d'apprendre et d'être précipités dans de nouveaux mondes inimaginables. »

Alors, bon voyage !

---

1. Langston Hughes (1902-1967) est un écrivain et un poète américain. (*N.d.T.*)

Composition Nord Compo
Achevé d'imprimer en Europe (Allemagne)
par Elsnerdruck à Berlin
le 18 mai 1999
Dépôt légal mai 1999. ISBN 2-290-07141-2

Éditions J'ai lu
84, rue de Grenelle, 75007 Paris
Diffusion Flammarion (France et étranger)